Basic cooking
for family

...schmeckt gut richtig Kleinen und Großen was Alles,

Cornelia Schinharl Sebastian Dickhaut

Basic cooking for family
Inhalt

Basic Rezepte

Schnelle Teller — 30
Von Wurstsalat mit Paprika und Gurke über
Pasta Bolognese bis Reisauflauf mit Zimtkirschen

Gemütliche Tische — 82
Von Feier-Pizza über Landpasteten-Aufstrich
bis Birchermüesli mit Birnen

Menüs für viele — 112
Von extrazartem Tafelspitz über mariniertes
Gemüseallerlei bis Aprikosen im Gläschen

Draußen essen — 134
Von Mini-Quiches mit Tomaten über Stockbrot
bis Kindamisu

Register — 154
Impressum — 159
24 ganz andere Tage zum Feiern im Jahreslauf — 160

Basic Know-how

Probieren erlaubt	**6**
We are family	8
10 gute Gläschen von klein bis groß	10
Auf dem Weg zum guten Essen	14
Vom Muffelkochen	16
Kinder an den Herd	18
Der kleine smarte Partyplaner	20
Und jetzt für viele!	22
Etwas zum Trinken	24
Die 11 Basic-Supertricks – Deko-Ideen und Serviertipps, alles schön zum Aufessen: Fächerkartoffeln, Blätterteiglöffel, Brotröllchen, Suppenbrötchen, Brottorte	26
Radieschenraketen, Tomatentulpen, Gemüsefiguren, Schokoladenfiguren, Schokoladengitter, Pudding „Surprise"	27

Wir kochen jetzt in Familie*

Weil plötzlich ganz Kleine mit am Tisch sitzen, werden wir in unserer Küche ganz schnell erwachsen. Also sehr, sehr entspannt.

Wisst Ihr noch, unsere erste Küche? Mit dem Dreiplattenherd, der mit dem Riesenspaghettitopf schon fast voll war. Solange wir nur an unsere schwedische Werkbank konnten, ging's. Auf der haben wir täglich Knoblauch gehackt und irgendwann das Mayonnaise-Rühren gelernt. Bis dann unser erstes Aioli-Fest kam, bei dem wir den Fisch lässig im Backofen gedünstet haben – während die Garnelen im Kühlschrank vergessen gingen. „Kinder", hat die Mama morgens am Telefon gesagt, „dann macht halt jetzt Knoblauchgarnelen." Wie denn? „Steht in Eurem orangen Buch mit der Zitrone vorne drauf." Wenn wir damals die Mama und „Basic cooking" nicht gehabt hätten ...

Heute haben wir selbst Kinder und die meisten unserer Freunde auch. Schreihälse und stille Genießer, Vielfraße und Hungerkünstler, Beiköche und Küchenmeister – das volle Programm eben. Die alle satt und zufrieden zu bekommen, ist schon ein Job für sich. Um das dann jeden Tag zu schaffen, braucht es eine Portion Basiswissen, eine Extraportion Entspanntheit und ganz viele Portionen gutes Essen. „Basic cooking for family" will ab jetzt kräftig dabei mithelfen, dass von allem immer genug da ist.

Wie mach' ich meine Jüngste zum Lieblingsesser, wie krieg ich den Ältesten zum Kochen, wie feiere ich ein entspanntes Familienfest? Steht alles auf den nächsten Seiten. Vor allem aber bekommt man über 140 Antworten auf DIE Familienfrage des Tages: „Was gibt's heute zu essen?"

Nun etwa: 20-Minuten-Teller und 4-Stunden-Braten, Menüs für Veggies und Eintöpfe de luxe, Familienklassiker und Überraschungsbesuchsideen. Vieles davon nach dem Wer-mag-Prinzip – was heißt, dass es auch funktioniert, wenn man typische Mag-ich-nicht-Zutaten weglässt oder durch Beliebteres ersetzt, statt für jeden extra zu kochen. Nach dem Motto: Ein Essen für alle, kommt alle zum Essen. We are family.

(* Gilt auch für Patchworker, Allein- und WochenenderzieherInnen, wilde Eltern, Kinderfreundeskreise.)

Know-how

Probieren erlaubt

Wer was Gutes essen will, muss es sich nehmen. Oder kochen.

„Mmh, das schmeckt aber gut!" Wer in Familie isst, erlebt oft Überraschungen. Und sei es nur die, dass Kinder meist genau wissen, was gut für sie ist – selbst wenn die Eltern das oft ein wenig anders sehen. Doch mit ein bisschen Hilfe finden alle zusammen ihren Weg zum guten Essen. Folgt ganz einfach unseren Wegweisern auf den nächsten Seiten.

We are family

Wie geht's zu beim Essen in einem Haushalt von heute? Ein ganz normaler Tag bei Familie Bunt mit (mindestens) drei Mahlzeiten.

Der Wecker, Freitag, morgens um sechs: „Piepiepiepiepiepiep…" Papa Bunt (unterm Kissen): „Hört das denn nie auf?" Mama Bunt (neben ihrem Kissen): „Wenn man eine Dreizehnjährige und einen Sechsjährigen hat, geht das ein Vierteljahrhundert so." Papa Bunt: „Dabei haben wir so früh angefangen." Mama Bunt: „Och, ich hätt' gerne noch gewartet mit dem Kinderkriegen." Papa Bunt: „Hast du damals nix von gesagt auf dem WG-Sofa." Mama Bunt: „Und du …" Papa Bunt: „Und du redest zu viel im Bett." Mama Bunt: „Willste lieber noch ein Drittes?" Die Tür fliegt auf: „Maaamaaaa!" Papa Bunt: „Wenn man vom Axel spricht …" Axel Bunt: „Mama, gibt's zum Frühstück Spiegelei? Und den Karamelltoast, den Papa früher immer für dich gemacht hat?" Mama Bunt: „Frag deinen Vater." Papa Bunt: „Kaum ist der Junge wach, denkt er nur ans Essen. Hattest du da mal was mit einem Italiener?" Mama Bunt: „Die frühstücken doch gar nicht."

Morgens …

… am Küchentisch. Mutter Bunt trinkt Cappuccino und schmiert sich Tomatenaufstrich aufs Vollkornbrot, Papa Bunt starrt seit fünf Minuten in seinen Darjeeling und überlegt, ob er heute Zitronenmarmelade oder Tannenhonig nimmt, während Tochter Rebecca stumm aus ihrer Müslischale löffelt. Da haut **Axel** mit seinem Messer auf den Teller und ruft: „Affenbrot!"
Papa Bunt: „Was ist das denn?"
Axel: „Schokocreme mit Banane auf Toast."
Papa Bunt: „Hm, klingt nicht schlecht, warum baust du dir das nicht mal selbst, so als Schulkind?"
Axel: „Wieso denn?"
Mama Bunt: „Mir würd's schon reichen, wenn du mal nix Süßes willst."
Papa Bunt: „Wieso denn?"
Mama Bunt: „Du und deine Witze. Könntest mich ruhig mal ein bisschen unterstützen …"
Rebecca: „Hey, kann man hier nicht mal in Ruhe essen? Gleich kriegt Ihr mein Frühstück."
Axel und Papa Bunt machen Geräusche, die nicht in ein Kochbuch gehören.
Rebecca: „Ihr tut mir ja so leid. Aber Amaranthmüsli mit Sojamilch ist wirklich lecker. Und gesund."
Papa Bunt: „Und ich muss jetzt wirklich gehen. Ui, du gehst ja heute nicht ins Büro, Schatz. Lohnt sich's, schon zum Mittagessen Schluss zu machen?"
Mama Bunt: „Nö. Ich weiß ja noch nicht mal, was ich Axel aufs Schulbrot schmiere."

Mittags …

… nach der Schule. **Axel** schmeißt die Haustür zu: „Bin wieder da."
Mama Bunt: „Na, und wie war's heute?"
Axel: „Gut."
Mama Bunt: „War irgendwas Besonderes?"
Axel: „Nö."
Mama Bunt: „Habt ihr was Neues gelernt?"
Axel: „Ja."
Mama Bunt: „Oh Mann, deine Schwester hat wenigstens erst mit acht so viel aus der Schule erzählt."
Axel: „Was?"
Mama Bunt: „Ach nix. Aber dein Schulbrot hast du schon gegessen?"
Axel: „Nö."
Mama Bunt: „Du hast nichts gegessen?"
Axel: „Doch."
Mama Bunt: „Was denn?"
Axel: „Affenbrot!"
Mama Bunt: „Hey, wo kam das denn her?"
Axel: „Vom Fabien."
Mama Bunt: „Der mag doch gar nix Süßes."
Axel: „Aber deine Schulbrote. Und zwar lieber als die von seiner Mama, deswegen bestellt er bei ihr immer Affenbrot zum Tauschen."
Mama Bunt: „Na ihr seid mir ein paar süße Schlawiner, und heute Mittag gibt's auch noch Apfelpfannkuchen."
Axel: „Da wird sich Papa aber freuen."

Abends …

… um sechs. Alle stehen in der Küche rum, und alle sind richtig hungrig.
Papa Bunt: „Apfelpfannkuchen? Och nö, in der Kantine gab's heute schon Kaiserschmarrn."
Rebecca: „Bei uns Bulgursalat in der Mensa, mit Rosinen und Mandeln."
Papa Bunt: „Kaiserschmarrn also. Aber Salat wäre nicht schlecht, soll ich meinen Spezial machen, mit Sojasauce, Honig und Sahne?"
Mama Bunt: „Gerne, mein Süßer, und ich hol schnell noch ein paar Garnelen dazu."
Rebecca: „Aber BIO bitte, wegen der Mangroven."
Axel: „Wie schmecken Mangroven?"

Später …

… auf dem Sofa nach elf. **Papa Bunt** benutzt Mama Bunts Schoß als Kissen und die Armlehne als Fußbank: „Boah, bin ich satt."
Mama Bunt: „Kein Wunder, wenn du doch noch zwei Pfannkuchen zum Nachtisch isst."
Papa Bunt: „Morgen machen wir Diät."
Mama Bunt: „Axel bestimmt nicht. Und Peter hat angerufen, ob wir abends zum Essen kommen."
Papa Bunt: „Dein Bruder Peter oder dein Ex-Peter?"
Mama Bunt: „Mein Ex-Peter."
Papa Bunt: „Ein Glück, seine Frau kann einfach toll kochen. Fast so toll, wie sie aussieht."
Mama Bunt: „Alter Italiener! Magst du einen Espresso?"
Papa Bunt: „Au ja."
Mama Bunt: „Dann mach mir einen mit."

10 gute Gläschen von klein bis groß

10 gute Gläschen von klein bis groß

Nachtisch: Schokogläschen

Von den Zutaten her eine Wucht, von der Zubereitung her ein Klacks: 100 g Zartbitterschokolade hacken, 150 ml Milch mit 1 Päckchen Vanillezucker aufkochen. Schokolade mit 100 g Sahne zugeben und darin schmelzen lassen, ohne dass es kocht. 4 Eigelbe (Größe M) glatt rühren und unter die Schokomischung rühren (nicht schaumig schlagen). Alles in vier gründlich gesäuberte Einmachgläschen (je 100 ml Inhalt) füllen und diese in einen weiten Topf stellen. So viel Wasser einfüllen, dass die Gläschen zu drei Viertel darin stehen. Das Wasser fast zum Sieden bringen und die Schokomasse bei geringer Hitze offen 45 Minuten garen, bis sie gestockt ist. Herausnehmen, abkühlen lassen und zugedeckt 4 Stunden kühlen. Dann auslöffeln – wer es herrlich heftig mag, gibt flüssige oder geschlagene Sahne obenauf. Die Schokogläschen schmecken auch noch am nächsten Tag, ab dann werden sie nicht besser.

Doppelglassauce: Pesto-Mayo

Die passt gut zu Ofenkartoffeln, zu gekochtem wie gegrilltem Fleisch oder Fisch nach südländischer Art. Da die Basiszutaten jeweils aus dem Gläschen kommen, ist die aromatische Sauce dann auch fast so schnell wieder in einem solchen drin und fertig. Dazu einfach 1 gehackte Scheibe Toastbrot mit 4 EL heißer Gemüsebrühe mischen und abkühlen lassen. Nun mit 150 g Mayonnaise (aus dem Glas) und 2 EL Pesto (aus dem Glas) sowie 1/2 TL Zitronensaft verrühren und in 3 gründlich gesäuberte Schraubgläschen (je 100 ml Inhalt) füllen, voilà! Die Pesto-Mayo schmeckt mit vollem Aroma gekühlt 1 Woche lang (halten tut sie aber sogar 2 Wochen).

Babybrei: Kürbis-Birnen-Gläschen

Mal was anderes als Möhre und Apfel. Geht gut mit Hokkaido, dessen Schale leicht zu schälen und eigentlich sogar essbar ist – fürs Baby aber lieber nicht. Daher 500 g Hokkaido-Kürbis halbieren, von den Kernen befreien und schälen, sodass etwa 300 g Fruchtfleisch übrig bleibt. Das wird gewürfelt und kommt mit 100 ml Wasser in einen Topf. Dazu 1 Birne schälen und bis auf das Kerngehäuse hineinreiben. Jetzt noch 80 g feine Haferflocken in den Topf und alles unter Rühren 6–8 Minuten sanft kochen lassen, bis der Kürbis weich ist. Dann alles mit dem Pürierstab oder im Mixer fein zerkleinern. 1 EL vom besten Lieblingsöl reinrühren und den Brei in fünf gründlich gesäuberte Breigläschen (je 100 ml Inhalt) füllen – wenn nicht schon jemand brüllt ... Sonst die Gläschen einfach in den Kühlschrank stellen, bis sie gebraucht werden. Sie halten sich dort 4–5 Tage.

Frühstück: fixe Zwetschgenkonfitüre

Anders als das Pflaumenmus, das ewig gekocht werden muss, ist diese kalt gerührte Version im Nu fertig. Die Kraft des Pürierstabes lässt Früchte und Gelierzucker eine Verbindung eingehen, die 1–2 Wochen frisch bleibt – dann sollte aber alles verbraucht sein, was überhaupt nicht schwer fällt. Für die Konfitüre werden 500 g Zwetschgen gewaschen, entsteint und ganz grob gehackt, dann mit 500 g Gelierzucker und 2 Messerspitzen Lebkuchengewürz (oder je 1 Messerspitze Zimtpulver und gemahlenen Nelken) so lange gemixt, bis der Zucker sich ganz gelöst hat und die Masse gut bindet. In acht gründlich gesäuberte Schraubgläschen (je 150 ml Inhalt) füllen und kühlen. Nach dem Öffnen bald verbrauchen oder auch verschenken, die Konfitüre hält sich so nur etwa 1 Woche.

Toller Dip: Dukkah

Für die vielleicht schnellste Vorspeise der Welt kommen Weißbrot zum Abreißen (Baguette, Ciabatta oder Fladen), bestes Olivenöl zum Stippen und diese würzige Mischung zum Dippen auf den Tisch.
Für Blitz-Dukkah 200 g Sesamsamen in der Pfanne goldbraun rösten und mit 2 TL Steakgewürz, 1 TL grobem Meersalz und je 1/2 TL braunem Zucker und gemahlenem schwarzem Pfeffer mischen.
Bei mehr Zeit: 150 g Sesamsamen mit je 50 g Koriander- und Kreuzkümmelsamen sowie Haselnusskernen in der Pfanne rösten. Abgekühlt mit 1 TL grobem Meersalz und 1/2 TL schwarzen Pfefferkörnern grob mörsern oder im Blitzhacker mixen.
Beide Würzmischungen ergeben gut 200 g und bleiben verschlossen 2 Wochen lang aromatisch.

Fish to go:
Lachs-Häckerle

Geht als kleiner Imbiss beim Picknick oder als Aufstrich fürs Abendbrot. Dazu werden 4 Eier (Größe M) hart gekocht, geschält und dann grob gehackt (daher der Name). Ebenso gehackt werden 200 g Räucherlachs, 50 g Silberzwiebeln (aus dem Glas) und die Spitzen von 1/2 Bund Dill. Das alles nun mit 50 g weicher Butter mischen und in vier gründlich gesäuberte Gläschen (je 150 ml Inhalt) damit. Fein zu Pumpernickeltalern oder zu gerösteten Toastecken. Im Kühlschrank 3–4 Tage haltbar.

Erwachsenenkompott:
Würzorangen

Ist eine feine Beilage zu Schinken, Salami oder Pastete auf dem Büfett: 2 Knoblauchzehen und 1 Stück frischen Ingwer (etwa 3 cm) schälen, in Scheiben schneiden und mit 1 TL Wacholderbeeren, 2 Lorbeerblättern, 350 g Zucker und 1/2 TL Salz in 1/2 l Wasser 5 Minuten kochen lassen. 4 Bio-Orangen heiß abwaschen, vierteln und im Würzsud 45 Minuten köcheln lassen, bis die Schale weich ist. Die Orangen samt dem heißen Sud in vier gründlich gesäuberte Schraubgläser (je 250 ml Inhalt) geben und gleich verschließen. Am besten 1 Woche durchziehen lassen. Ungeöffnet halten die Orangen im Vorratsschrank 3–4 Wochen, geöffnet im Kühlschrank 2 Wochen.

Hors-d'œuvre:
Tomaten-Verrines

400 g Kirschtomaten waschen und in Scheiben schneiden. 2 Stängel Estragon waschen und trocken schütteln, die Blättchen abzupfen und hacken. Die Tomaten und den Estragon in einer Schüssel miteinander mischen und mit Meersalz und schwarzem Pfeffer würzen. 1 Bund Frühlingszwiebeln waschen und putzen, das Weiße und Grüne getrennt voneinander fein hacken. Beides in je 1 EL Öl langsam mit je 1 Prise Salz weich dünsten. 150 g Mascarpone mit 100 g Sahne schaumig-steif schlagen, halbieren und unter je eine Hälfte das Weiße und das Grüne der Frühlingszwiebeln mischen. Die Estragontomaten in einem Sieb gut abtropfen lassen, den Saft dabei auffangen. Sechs Gläschen (je 150 ml Inhalt) abwechselnd mit den Tomaten sowie der weißen und grünen Zwiebelcreme füllen und ein wenig Tomatensaft darüberträufeln. Mit kleinen Löffeln zum Auslöffeln sofort servieren. Die Verrines schmecken frisch am allerbesten, halten sonst 1 Tag.

Dessert:
Hotty Frutty

Tutti Frutti für Fortgeschrittene: Bunte Melonenwürfel werden ins Gläschen geschichtet und mit einem Pfeffersirup süß geschärft. Dazu kommt in vier Gläschen (je 250 ml Inhalt) insgesamt 600 g buntes Melonenfleisch (rot, gelb und grün) in etwa 1 cm großen Würfeln. Für den Sirup werden 150 ml Wasser mit 100 g Zucker aufgekocht, bis der sich gelöst hat. 1 Vanilleschote der Länge nach aufschlitzen, das Mark herauskratzen und beides mit 1 TL grob zerstoßenem schwarzem Pfeffer zum Sirup geben. Dies 5 Minuten kochen lassen, durch ein feines Sieb gießen und heiß über die Melonen geben. Gläschen verschließen und das Hotty Frutty mindestens 1 Stunde kühlen, bevor es serviert wird. Schmeckt frisch am besten.

Käse fürs Fondue:
Parmesancreme

Passt ganz toll zu Fondues mit Fleisch oder auch Gemüse: 100 g Sahne mit 80 g frisch geriebenem Parmesan erhitzen, bis der Käse geschmolzen ist, dann abkühlen lassen. 50 g Pinienkerne in der Pfanne goldbraun rösten und abkühlen lassen. Käsesahne und Pinienkerne samt 100 g Magerquark mit dem Pürierstab pürieren und mit Salz und Pfeffer abschmecken. In vier gründlich gesäuberte Gläschen (je 100 ml Inhalt) füllen. Im Kühlschrank hält sich die Creme 2–3 Tage.

Auf dem Weg zum guten Essen

„Mama, mir schmeckt's!" Das hört man gerne. Wenn's dann auch noch gegessen wird, klingt selbst ein Schmatzen nicht schlecht.

Kinder essen gerne. Fragt sie nur mal, wer einen Schokoriegel möchte. Und schaut dann zu, mit welcher Andacht der genossen wird. Manche kriegen das auch mit einem Pudding hin, mit einem Joghurt gar und sogar mit einer Banane. Manchmal. Dann aber wieder: „Bäh, Banane!" „Joghurt? Iiih…" Gerade Eltern, denen Ernährung sehr wichtig ist, beißen öfters auf granithartes Brot, wenn sie ihre Kinder zum guten Essen bringen wollen. Die wissen dann nämlich, dass sie die volle Aufmerksamkeit erhalten. Nutzen wir das doch einfach aus – dass Kinder so gerne essen und unsere Aufmerksamkeit wollen.

Wir spielen Einkaufen

„Mit dem Kleinen rasch noch in den Supermarkt? Mamma mia, wie buchstabiert man Megastress?" Wissen wir doch selbst, wie das so geht: Irgendwo zwischen Feierabend, Kindabholen und Essenkochen gerade noch die Kurve in den Laden kriegen, dort vor lauter Neins fast vergessen, dass es für den Kartoffelauflauf Kartoffeln braucht, dann doch „Ja!" zur Tüte Lakritzvampire rufen und sich gleich von anderen Eltern abschätzige Blicke einfangen oder zumindest einbilden. Klingt ziemlich anstrengend? Wenn es immer so läuft, ist es das schnell. Weswegen es ab und zu ruhig mal anders sein darf. Wir können ja an einem Tag zumindest so tun.

An solch einem Tag würde „Einkaufen" dann nicht das Stichwort für Jagen & Rammen sein, sondern ein fester Termin wie der Spielplatzbesuch oder die Macchiato-Pause danach (oder zwischendurch, wenn es eher ein Ladenbummel statt eine Supermarktsession sein wird). Was wir wirklich brauchen, wie wir unseren Einkaufszettel schreiben und welche Sachen gut für uns sind, haben wir

natürlich schon brav aus „Basic Cooking 1 und 2" gelernt. Nun geht's darum, wie das alles jetzt mit Kind geht. Zum Beispiel spielerisch: „Hör mal, du darfst dir heute was aussuchen. Egal was – außer Cola und so natürlich. Du hast dafür drei Versuche. Und ich darf zweimal nein sagen." Vergeudet man seine Neins schon bei der Milchschokolade und den Gummibärchen und kommt dann der Waldmeisterschüttelshake – hat der Erziehungsberechtigte Pech und das Kind erst mal seinen Spaß.

Zu riskant? Dann schickt es mal zum Äpfelholen in die Gemüseabteilung, wobei es sich selbst ein Obst nach Wunsch mitnehmen darf. Wichtige Aufträge kommen beim Einkaufen sowieso immer gut an, und wenn man's so schafft, dass die Kinder sich dabei beim Personal einschmeicheln und den Laden als ihr Revier anerkennen,

läuft es beim nächsten Besuch vielleicht noch mal so gut. Aber bitte nicht zu euphorisch werden; die Eltern, die im ganzen Laden lautstark kommentieren, was sie und ihre Kinder da gerade Tolles machen, nerven schnell jene Eltern, bei denen es gerade mal nicht so klappt – und zu denen kann man schon beim nächsten Mal ganz schnell wieder gehören. Um das zu vermeiden, wird so ein Einkaufsbummel auch nicht groß ernährungspädagogisch aufgeladen („Na, mein Urmelchen, weißt du denn noch, warum H-Milch böse, böse, böse ist?"), sondern mit dem Verwöhnprogramm beendet: „Und weil du mir so fein geholfen hast, gibt es jetzt ein Schlumpfeis für dich. Und einen Macchiato für mich." Bio, natürlich.

Die Küche ist (k)ein Spielplatz

„Deiner mag keinen Spinat? Dann fahrt doch mal zum Bauern und holt die grünen Blätter ganz frisch vom Feld. Anschließend zu Hause großes Waschen und Zupfen und Kochen und Dünsten – und am Ende wird der Kleine so darüber staunen, wie der große Blätterhaufen in einen Topf passt, dass er seine Spinatphobie komplett vergisst." Bis er die erste Gabel voll wieder zurück auf den Teller spuckt. Spaß in der Küche haben und Spinat mögen sind nun mal zwei verschiedene Dinge.

Dann doch lieber schön entspannt bleiben: Die Bauern- und Zupfen-Nummer streichen und eins von den anderen 15–25 Gemüsen dünsten, die es im Laden gibt. (Und zwar eins, das mein Kleiner auch mag.) Dabei kann er ja gerne mit Spaß dabei sein und selbst Lust auf das Kochen bekommen – solange er keine Lust auf Spinat bekommen muss. Und in der gewonnenen Zeit lesen wir auf der nächsten Seite mehr übers Kochen für Muffel und übers Kochen mit Kindern auf Seite 18. Oder wir machen einfach ein bisschen Unsinn mit unseren Kleinen und Großen.

Am Esstisch kommt's raus

Wir haben jetzt schön eingekauft und gut gekocht, die anderen haben sonst noch was erlebt an diesem Tag, und alle treffen sich mittendrin – oder zum Schluss am Esstisch. Was schon mal was Gutes ist. Aber auch etwas riskant: Denn dort will jeder seins loswerden – die anderen ihre Erlebnisse, wir unser Essen. Damit beides einigermaßen gelassen über die Bühne geht, hilft erst mal ein bisschen Ordnung zur Gemütlichkeit – mehr dazu im Kapitel „Gemütliche Tische" auf Seite 82. Und auch hier gilt wie im Laden und in der Küche – kein zu großes Ding draus machen.

Natürlich nervt es, wenn der Sohn seine Freunde zum Essen mitbringt und man vor lauter tiefergelegten Baseballcaps nicht mehr weiß, wer der eigene ist – würde man ihn nicht am Schmatzen erkennen. Andererseits – wer will es schon so wie in den Schöner-Leben-Ratgebern haben, in denen Fernsehköche und Filmstars in ihren „Herz-des-Hauses-Küchen" stehen und vom harmonischen Miteinanderessen schwärmen – bevor sie ganz fix zum nächsten Termin müssen? Dann doch lieber eine Runde Spiegeleier mit Bratmöhren, bei der auch schon mal geschimpft und geschmatzt wird. Und stehen am Ende alle auf und sagen „Gut war's!", war's gut. Hilft dann noch jemand beim Ab- und Aufräumen mit, ist es am besten.

Vom Muffelkochen

„Mama, Tim schmeckt's nicht." „Das ist der erste deiner Freunde, der meine Bolognese nicht mag." „Tim sagt, er ist Vegetarier." „Ja dann gibt's für ihn Sugo." „Tim sagt, dass dein Sugo super ist!"

Wenn die Kinder muffeln

Als erstes: Ein Kind, das nicht einmal beim Essen eine Muffelphase hat, gibt es nicht. Dass viele nichts Grünes oder gar Bitteres mögen, soll sogar einprogrammiert sein. So schützt die Evolution ihre Kinder vor Unreifem (= Giftigem), heißt es, und tatsächlich kommt dann irgendwann das Alter, in dem Rucola oder Oliven kein Problem sind – ebenso wie kräftige Käse, die früher offenbar eine Art Bakterienalarm im inneren Kind auslösen. Und manche Eindrücke sind einfach zu heftig fürs Kind – zu scharf, zu hart, zu fettig etwa. Wobei das auch eine Frage des Trainings ist – oder glaubt jemand, Kinderessen in Thailand sind ohne Chili? Dass dagegen fast alle Kinder Süßes mögen, hat einen simplen Grund – Muttermilch ist süß.

Bei Gästen lässt sich Gemuffel am Tisch oft auflösen. Kommen die Muffel aus der eigenen Familie und sitzen so täglich beim Essen, wird es schon schwieriger. Da hilft es, aufs übliche „Mir schmeckt's nicht!" gegenzufragen: „Schmeckt's dir so nicht oder das nicht?" Und dann: „Was schmeckt dir denn und wie?" Damit lässt sich gut was kochen – „positive cooking" also. Ach so, eine Frage sollte man sich noch stellen: Wem schmeckt's nicht? Mehr dazu in unserem folgenden Muffelüberblick.

Aber was, wenn das Kind zum (Extrem-)Beispiel keine Möhren mag? Weglassen? Und alle anderen Rüben ebenso? Das geht vielleicht beim Spinat, aber bei den Möhren würden wir der Kinderküche wirklich was nehmen. Also, Kind, was ist denn so eklig an gedünsteten Möhren? Das Glitschige, aha. Und was ist mit Bratkartoffeln? Schön knusprig, soso. Na, dann machen wir doch Bratmöhren. (Und nennen sie Bratwurzeln – sicherheitshalber. So gehen bei „Heute gibt's Möhren!" nicht alle Zugbrücken hoch.)

Gratinierter statt gekochter Fisch, Geschnetzeltes statt Braten – durch Ändern der Zubereitung lässt sich fast jede Zutat mit Brandzeichen „Bäh!" erst mal gefahrlos wieder auf den Teller bringen. Probieren ist dann Ehrensache. Bleibt es trotzdem liegen, ist das in Ordnung – bis zum nächsten Versuch. Und wenn es auch mit Schnitzel und Bolognese nicht klappt, dann gibt es halt vorerst kein Fleisch, sondern etwa Eier oder milden Käse für den Nährstoffersatz. Denn auch das gehört zum Muffelkochen – den Muffel akzeptieren, damit Essen nicht zum Stress wird.

Daher übertreiben wir es nicht mit dem Ausprobieren. Wenn auf dem Tisch immer wieder Vertrautes und Beliebtes auftaucht, ist das eine gute Basis, um mal was Neues zu wagen. Nachgewiesen kreist der Speiseplan in den meisten Haushalten um fünf Grundgerichte wie „Nudeln mit Sauce" oder „Auflauf plus Salat" – selbst bei Sterneköchen und Gesundheitsfreaks. Und wenn wir dabei ab und zu mal die Zutaten austauschen, wird die Ernährung von selbst abwechslungsreich und bunt. Kinder mögen das.

Was Kindern nicht mögen, was eigentlich keiner mag, ist „leeres" Essen – in Hetze lieb- und gedankenlos zubereitet aus Zutaten, die nach nichts schmecken, nur damit was Gekochtes da steht. Dann lieber ein Käsebrot machen oder ihr Lieblingsmüsli anrühren, ja sogar eine gute TK-Pizza ist hier besser, wenn dafür alle entspannt am Tisch sitzen. Denn zu ernst genommenes Essen kann ebenso nerven – gekocht nur aus ernährungspolitisch korrekten und aufs Beste kalkulierten Zutaten, serviert auf putzigsten Kindertellern, garniert mit Gesprächen über Vitaminmännchen. So viel Perfektion kann Angst vorm Essen machen – dabei ist es doch eine der wenigen wertvollen Möglichkeiten, der Natur (Möhren!) nahe zu sein und den Tiger rauszulassen („Mahlzeit" röhren!).

Wenn der Partner muffelt
Nimmt man das Essensgemecker bei den Kindern noch sportlich statt persönlich, fällt das beim Partner schwerer. Denn den hat man sich schließlich selbst ausgesucht statt von Geburt an zum Lieben gekriegt. Weswegen man sich beim dritten „Schmeckt nicht" in der Woche schon mal denkt – habe ich jetzt in der Küche was falsch gemacht oder schon damals auf dem Sofa? Da dies ein Kochbuch ist, können wir uns hier nur um ersteres kümmern – und auch da nicht um Paarungen wie „Vegane & Fleischfreak", die sich ihre Differenzen sicher selbst schon gründlich überlegt haben, sonst wäre ihnen ohnehin nicht zu helfen.

Wenn's ihm (ja, es ist meistens ein „ihm") nicht schmeckt, kann man eigentlich alles wie beim Kinde machen – den Chicorée mal panieren und frittieren statt zu dämpfen und das dann „Chic Chips" nennen, den Salat dazu dinnerperfekt stapeln ohne mit zu viel Perfektionismus zu verschrecken und ab und zu das Lieblingsessen nicht vergessen. Und ihn ansonsten auch mal muffeln lassen. Was neu ist: Man könnte seine Mutter fragen, was hilft. (Ja, es ist meistens die Mutter.) Oder sogar ihn selber, um rauszufinden, dass er bei „Spinat" an Mamas Rahm-Mehl-Pampe denkt und mir für Blattspinat mit Knoblauch einen dicken Kuss schenkt. Ansonsten gilt: Interessieren statt Missionieren sowie Akzeptieren statt Frustieren. Und ein kleiner Tipp noch zum Schluss: Bei Paaren sollte das Anti-Muffel-Programm allerspätestens dann greifen, wenn aus ihnen eine Familie wird – ansonsten hat man schnell zwei Muffel am Hals, wegen der Vorbildfunktion.

Wenn die Gäste muffeln
Wenn zum Geburtstag eine Lammkeule auf den Tisch kommt und alles klatscht und einer ruft „Oh, ich bin aber Vegetarier", dann geht das vielleicht noch – es gibt ja auch Gratin und Ratatouille, und er hätte es schließlich auch mal früher sagen können. Andererseits muss man mit Fleischverzichtern heute bei jeder Einladung rechnen und mit Lammverschmähern noch dazu. Auch Meeresfrüchte oder höllische Schärfe, Sashimi oder Saumagen sollte man nur Gästen geben, die man gut genug kennt, um ihnen das zuzutrauen.

Ansonsten gilt das Wirtewort „Der Gast hat immer recht". Es sei denn, der kommt zur angekündigten Pizzaparty, ohne seine Glutenphobie angekündigt zu haben, um dann zu meckern, dass er nur Salat kriegt. Außer Ankündigen hilft auch Fragen gegen das Muffeln, vor allem, wenn einem Gäste wichtig sind – der Chef, die Lieblingstante, das Geburtstagskind. Ebenso wichtig: Bei der Menüplanung Rücksicht nehmen auf Kinder (siehe links), alte Menschen (die Zähne), Schwangere und Stillende (das Blähen) oder Allergiker unter den Gästen. Sonst werden die schnell muffelig, obwohl sie gar keine Muffel sind.

Kinder an den Herd

„Anna, das ist ja klasse!" Wenn aus ernährungspädagogischer Beschäftigungstherapie nach Jahren ein gutes Schnitzel wird, haben die Eltern was richtig gemacht. Und die Anna sowieso.

„Jeder kann kochen!" sagt Jamie Oliver. Na klar – außer vielleicht die, die gerade mal das Laufen und Essen gelernt haben. Aber auch die dürfen ruhig schon zum Topfschlagen mit in die Küche kommen, bevor es später vom Mantschen übers Schnippeln ans Köcheln geht. Denn Kochenkönnen lernt man wie alles im Leben in Etappen. Und wer kochen kann, hat erstens immer was zu beißen, mag zweitens oftmals auch gerne essen und wird drittens nie lange alleine bleiben. Aber bitte sich nicht verrückt machen lassen, liebe Jamie-Fan-Mütter, wenn das mit dem Kochenkönnen beim eigenen Kind nicht so klappt – das Essenmögen ist erst mal viel wichtiger. Und das kann man auch ohne Kochen lernen. So oder so, hier sind sie, die fünf Kochtypen von 0–16+.

Die Mantscher

Für diese Azubis im Vorschulalter ist der Hochstuhl nur Kinderkram, sie wollen auf dem Küchenstuhl stehen und selber was machen, also was mantschen. Gib ihnen eine große Schüssel, was Weiches zum Essen sowie etwas Festes zum Mantschen (Kartoffelstampfer, Schneebesen), und du hast erst mal deine Ruhe – bis die Mantscher die Lust und der Mantsch die Schüssel verlässt. Das kann schwierig und vor allem schmierig werden, aber durch diese Phase müssen Eltern und Kinder durch, wenn aus den Mantschern irgendwann Macher werden sollen. Doch erst kommt noch eine andere Phase ...
Ihre erste Lektion: je mehr Umpf, desto mehr Spritz.
Ihr liebstes Hauptgericht: Mantschbananenquark.

Die Gucker

Diese relativ frisch geschlüpften Jüngstköche können bereits sitzen, sodass sie in Arbeitsplattenhöhe neben den Eltern im Hochstuhl hocken und interessiert zuschauen können, was sich da so auf dem Brett und am Herd tut. Viel mehr wird sie allerdings interessieren, wie man mit einem Kochlöffel möglichst viel Krach aus dem Beitisch holen kann und was eigentlich in der untersten Schublade vom Küchenschrank steckt. Schlaue Eltern packen diese gut voll mit unzerstörbarem Kochzeug wie Rührschüsseln und Schneebesen, die das krabbelnde Kind dann mit Genuss durch die Küche fegt – alle anderen Laden und Türen ignorierend.
Ihre erste Lektion: Schubladen können auch beißen.
Ihr liebstes Hauptgericht: Sprung in der Schüssel.

Die Anmacher

Sie gehen schon in die Schule und sitzen danach oft am Küchentisch zum Hausaufgabenmachen, was eine gute Startposition in Richtung Herd ist. Eigentlich nennt man sie mit vollem Namen Anfängermacher, aber dazu haben die anfangs hochmotivierten Anmacher gerade keine Zeit. Denn sie wollen etwas tun: Eier aufschlagen, Teig kneten und Plätzchen ausstechen, später auch mal Pilze schnibbeln (mit dem Buttermesser) und Pfannkuchen werfen (mit ordentlich Schwung). Dabei ziehen sie ihre Jobs nicht immer durch und ab und an geht auch was schief, bis sich zeigt, ob sie bereit sind für die nächste Phase – oder in Zukunft ihre Hausaufgaben lieber woanders machen, damit sie nicht mehr kochen müssen.
Ihre erste Lektion: Pfannkuchen schmeckt auch vom Boden.
Ihr liebstes Hauptgericht: fluffiger Kaiserschmarrn.

Die Macher

Stellt man sie in eine gut sortierte Küche, können sie sich jenseits von Cornflakes und Wurstbrot schon selbstständig ernähren – weil sie bereits kochen können. Und zwar so einfache Sachen wie Gemüsesuppen und Nudelsalate, Käsetoasts und Salami-Sandwiches, Pellkartoffeln und Nudelgerichte, Vanillepudding und Schokoladenkuchen. Dass dabei durchaus das Doppelte der angegebenen Zutaten verbraucht wird, gehört zu dieser Phase dazu und ist vielleicht auch der Grund dafür, dass zum Ende doppelt so lange gespült werden muss wie üblich. Spätestens dann wollen die Macher nicht mehr alles alleine machen, weswegen es gut ist, ihnen schon vorher ab und zu auf die Finger zu schauen.
Ihre erste Lektion: genug einkaufen und sauber abspülen.
Ihr liebstes Hauptgericht: Spaghetti Bolognese.

Die Checker

Sie können und wollen wirklich kochen, aber weniger als tägliche Haushaltshilfe, sondern lieber mit Freunden am Wochenende – nehmen sich aber auch schon mal gegen Honorar für Freunde der Eltern Zeit. Sie bewegen sich gerne in Gruppen, in denen Rezepte aus dem Internet und Kochbücher aus dem Elternregal getauscht, die Einkaufszentren mit Lebensmittelangeboten besucht und

Familienküchen vereinnahmt werden. Selten sind da nur Mädchen oder nur Jungs zu finden, was auch einer der Reize dieser Privatkochshows sind. Die Reize der Hausbar und des Weinkellers sollten allerdings verschlossen bleiben.
Ihre erste Lektion: kein Latte macchiato nach dem Essen.
Ihr liebstes Hauptgericht: Gemüselasagne, Thai-Curry, Wiener Schnitzel, Apfeltarte oder andere Basics aus der Eltern- sowie Café-Küche.

Der kleine smarte Partyplaner

„Nur kein Streeeeess..." lautet das Mantra, und der Weg zum Ziel führt über gute Vorbereitung – dann fliegt alles wie von selbst.

Was ist das Wichtigste bei einem guten Fest? Entspannte Gastgeber. Nur dann können sich auch die Gäste locker machen. Und gerade bei einem Fest mit den lieben Verwandten ist das manchmal nötiger als beim Staatsempfang. Der Anlass beim Familienfest ist meist klar – Geburt, Hochzeit, sonst ein Jubeltag oder einfach die Rückkehr aus dem Exil in Sydney. Die Auswahl der Gäste ist eigentlich auch klar, wenn in der Familie alles klar ist – bei Paaren auch zwischen den Familien untereinander. Nicht klar? Na, dann wollen wir mal.

Wen lade ich ein?

Wer ein Familienfest feiern will, muss auch mit seiner Familie rechnen. Also mit seinen Eltern und mit seinen Kindern. Dazu kommen die Geschwister, falls greifbar, und zwar samt Anhang – auch wenn's Bruders tobende Drillinge sind oder schon wieder ein neuer Freund der Schwester ist. Denn ganz oder gar nicht ist das Motto im engen Familienkreis – für beide Partner. Bei Onkeln und Tanten, Nichten und Neffen, Cousinen und Cousins kann die Gästeliste schon etwas freizügiger nach Sympathie gestaltet werden – allerdings muss man sich dann auf Diskussionen gefasst machen, gerade beim Fest. Am besten das zuvor schon mit den Betroffenen klären – wenn das denn geht. Sonst: nur kein Streeeeess. Und was ist mit Freunden? Wenn es gute sind und sie eh fast zur Familie gehören, gerne – mit Partnern und Kindern. Wenn man sich mag, sie aber die Familie kaum kennen, nicht mögen oder Familiensachen überhaupt nicht lieben – eher nicht.

Wie feiere ich?

Das ist vor allen Dingen eine Platz- und Geldfrage. Reicht es nur für die eigene 3-Zimmer-Wohnung und besteht der engste Kreis trotzdem aus 20 Verwandten, wird die Taufe wohl eine Stehparty werden. Es hilft aber auch, sich seine Wohnung mal kreativ anzuschauen. Zwei Tische diagonal im freigeräumten Wohnzimmer ergeben etwa eine lange Tafel, die à la Bankett mit Platten und Schüsseln anstatt Tellerservice bedient wird; die Schlange vorm Büfett auf der Küchenarbeitsplatte lässt sich durch Ausweichen auf Kommoden (Getränke, Käse, Brot) und breite Fensterbänke (Nachtisch) entzerren. Und wenn Sommer ist und man von der Wohnung ins Grüne kann, ist es eh perfekt, denn da muss nicht alles perfekt sein.

Muss ich alles alleine machen?
Man kann auch einen Veranstaltungsraum mieten und ein paar Leute helfen dort mit, inklusive Mietzuschuss vom Erbonkel – dann funktioniert die große Tafel oder das kleine Büfett auf jeden Fall. Hilfe ist ohnehin immer gut, wenn ein größeres Fest geplant wird – und wenn sie aus der Familie kommt, kann man da bestimmt bald einmal zurückhelfen. Beratung bei Gästeliste und Speisenfolge, Einkaufen von Lebensmitteln, Ausleihen von Geschirr, Unterstützung in der Küche, ein paar Hände zusätzlich beim Ausschenken und Servieren – wer sich darüber früh genug (also nicht erst beim Begrüßen) mit seinen Leuten einigt, hat auf jeden Fall das entspanntere Fest. Vor allem, wenn man selbst der Anlass dafür ist.

Was brauche ich noch?
Wenn es nicht gerade die Stehtparty ist – genug Pätze zum Hinsetzen und Essen. Die müssen nicht an einer großen Tafel sein und auch nicht aus lauter extravaganten Designerstühlen bestehen. Die Tische können sich sogar über die Räume verteilen, sodass sich jeder seine persönliche Insel suchen darf. Eine kunterbunte Mischung aus Küchenstühlen, Wohnzimmersesseln, Gartenbänken und Badezimmerhockern kann ihren Reiz haben, wenn das Fest eher in Bewegung ist, statt sich an der gesetzten Tafel zu bewegen. Für ältere Familienmitglieder und alle, die nicht mehr so gut unterwegs sind, sollte auf jeden Fall ein bequemer Platz reserviert sein.

Wichtig ist, dass genug Geschirr, Besteck und Gläser da sind. Ein Besteck und ein Geschirr pro Gast und Gang sollten es mindestens sein, am besten noch ein bisschen mehr, um sich ständiges Spülen zu sparen. Das gilt noch mehr für Gläser, von denen je Getränk (Wasser, Wein, Bier, Sekt) und Gast ebenfalls mindestens eines gefragt ist. Beim Büfett ist es gut, alles in doppelter Zahl der Gäste dazuhaben. Dazu kommen dann noch Platten, Schüsseln und Schälchen, Vorlegebesteck, Brotkörbe, Servietten sowie vielleicht Tischdecken, Blumenvasen, Kerzenleuchter. Auch hier hilft es, eine hilfreiche Familie zu haben.

Und was gibt's zu trinken?
Vor allem Kaltes und immer was Gutes. An erster Stelle: Wasser. Und nachdem man heute in jedem Restaurant gefragt wird, ob still oder prickelnd, sollte bei der Feier beides da sein. Und weil Limonaden und Saftschorlen inzwischen auch für Erwachsene ohne Gesichtsverlust trinkbar sind, kann man mit originellen Limos und Säften auf der Feier immer Extrapunkte machen. Sind Kinder da, sowieso – wobei die eher auf ihr gewohntes Programm bestehen. Apfel- und Orangensaft sind hier immer richtig.

Kommen wir zum Alkohol: Etwas Prickelndes zum Aperitif vom simplen Prosecco bis zum feinen Champagner ist im Grunde ein Muss, gerne veredelt durch Sirup, Fruchtmark oder Likör. Beim Wein am besten auf eine Sorte Weißen und eine Sorte Roten setzen, speziell können noch Rosé oder Cidre dabei sein. Ähnlich beim Bier: einmal braucht es den regionalen Standard, etwa Helles oder Pils, dazu kann noch ein Extra kommen wie Weißbier oder Maibock. Schnaps und Likör? Für alle Fälle. Das alles vom Guten sein sollte, müssen wir nicht sagen. Und dass Kühles wirklich kühl sein sollte, auch nicht. Am besten schon am Vortag einkühlen, zur Not auch im Kühlschrank des Nachbarn oder am Tag der Feier in Wannen voller Eiswürfel.

Und sonst?
Ruhig bleiben. Egal was passiert und was fehlt – spätestens eine halbe Stunde vorm Start sollte man sich etwas Schönes anziehen, schon mal den Aperitif probieren, sich kurz hinsetzen und an alle denken, die gleich kommen, vor allem an die Netten. Und dann noch das Nötigste tun und die Feier laufen lassen. Nur kein Streeeeess.

Und jetzt für viele!

„Kannst du mir bitte mal das Fass Sauce rübergeben?" Kochen für ein paar mehr Leute als in der durchschnittlichen Kleinfamilie leben – das hat schon was. Hier steht, was es dazu braucht.

„Kochen für viele" fängt für den eingefleischten Single schon beim Essen für zwei an. In diesem Buch geht es aber um die fortgeschrittene Version, die Familie. Und weil die im Schnitt aus vier Essern besteht, sind Kochrezepte für diese vier geschrieben – denn in Familie wird am meisten gekocht. Manchmal reicht die Menge aber nicht, weil Gäste da sind, weil was gefeiert wird, weil man mit Kindergartenkochen dran ist, weil die Schwester mein Nougatsoufflé für ihre 50-köpfige Hochzeitsgesellschaft haben will. Was ich ihr sofort wieder ausrede.

Was koche ich nur für euch alle?

Egal ob Menü oder Büfett, Bankett oder Stehparty, sechs oder sechzig Gäste – vor dem Kochen sollte ich mir das „Was?" genau überlegen. Machen, was ich am besten kann? Schon, aber ein Soufflé für 50 können selbst erfahrene Profiköche selten gut. Ein exotischer Obstsalat mit einem feinen Vanilleschaum ist da für alle besser. Das lässt sich sehr gut vorbereiten und hält mich nicht lange in der Küche fest, wenn meine Gäste draußen warten, und es lässt mich nicht schon Tage vorher ins Schwitzen kommen, wenn meine Energie für anderes gebraucht wird. Die besten Gerichte für viele sind daher: narrensicher und selbsterprobt, lassen sich vorbereiten und halten auch längeres Stehen schadlos aus, schauen fein aus und schmecken ebenso.

Von Salat bis Nachtisch

Fangen wir von vorne an: Beim Salat werden statt zarten Blättchen und frisch gebratenen Filetstreifen lieber fein marinierte Gemüse mit zuvor gekochtem Braten gemischt. Die Suppe ist kraftvoll genug, dass man sie bereits vorkochen kann, ohne dass sie beim Aufwärmen ihre Farbe und ihr Aroma verliert. Bunte Brote sind meistens eine gut Wahl für viele, wenn sie nicht bei längerem Stehen durchweichen oder frisch geröstet werden müssen. Ein ganzer Fisch aus dem Ofen, der am Tisch (gekonnt!) verteilt wird – prima! Ein aromatisches Gemüseragout, in dem zum Schluss marinierte Fischwürfel gar ziehen – perfekt! Auch ein Topf voll Muscheln oder eine Pfanne voll Garnelen sind eine ausgezeichnete Wahl. Wer aber zwölf Fischfilets servieren will, sollte die Pfanne weglassen und den Fisch aufs Blech legen und im Ofen gratinieren.

Beim Fleischgang schenken einem die „Zeitfresser" eher Zeit: Ein langsam vor sich hin schmorendes Kalbsragout oder ein im Ofen brutzelnder Schweinebraten machen einem als Gastgeber weniger Stress als Geschnetzeltes oder Wiener Schnitzel, die einen vorm Servieren lange in der Küche beschäftigen. Und beim Nachtisch wissen wir es ja schon – lieber etwas Kühles und Kompaktes (etwa Obstsalat) als etwas zartes Warmes (Soufflé). Wobei es hier Ausnahmen gibt: Eis ist für sechs perfekt, da es kaum Arbeit macht, für sechzig aber ein Problem, da – na, ihr wisst schon. Dann lieber ein paar Bleche voll heißem und duftendem Apfelauflauf aus dem Backrohr.

Und los geht's – mit Einkaufen

Mit der Zahl der Gäste wächst die Zeitspanne zwischen Loskochen und Einkaufen. Aber auch bei sechs Freunden zum unperfekten Dinner sollten wir nicht erst auf dem Heimweg vom Büro mit Sammeln und Jagen beginnen. Dann sind die tollen Tigertomaten für den Aperitif vielleicht schon weg und der Hähnchen-Gurken-Salat hat nicht mehr genug Zeit zum Durchziehen.

Bei großen Wochenendgelagen kann man schon 6–7 Tage vorher mit dem Besorgen von allem beginnen, das trocken ist und keine Kühlung braucht wie Nudeln, Dosentomaten oder diese eine Curry-Mischung. Gemüse und Obst, das was aushält, kann 3–4 Tage vorm Fest eingekauft werden; Zarteres, Kräuter, Salate, Käse und andere Milchprodukte dürfen 2–3 Tage vorher in den Einkaufskorb, Fisch und Meeresfrüchte, Geschnetzeltes und Geflügel frühestens am Tag zuvor. Und Hackfleisch, frisches Brot und alles aus dem Meer zum Rohessen (Sushi!) wird am Festtag besorgt. Dann sollte auch der Kühlschrank möglichst freigeräumt sein – dabei dran denken, dass fertige Gerichte hier gekühlt werden müssen.

Jetzt geht's richtig los – mit Kochen

Wer es schafft, sollte schon am Tag vor dem Fest ein paar Dinge vorbereiten. Natürlich schmecken viele Gerichte am Tag der Zubereitung oft am allerbesten. Aber bereits ab zehn, auf jeden Fall ab 20 Gästen kann es knapp werden, wenn man erst im Laufe des Tages loslegt. Zum Auftakt ein kompakter Salat mit Gemüse zum Beispiel oder die Creme zum Nachtisch lassen sich gut vormachen, wenn sie dann luftdicht verpackt im Kühlschrank übernachten. Suppe kann ebenfalls vorgekocht werden, und so manche Gemüseragouts gewinnen gar durchs Aufwärmen. Und ist's kein Hefe- oder Biskuitteig, darf auch der Kuchen gerne von gestern sein, was ihn oft reicher macht.

Das Finish kommt dann am Festtag selbst – Salat zum Aufwärmen aus dem Kühlschrank nehmen und garnieren, Desserts mit Sauce und Verzierungen vollenden, Suppen oder auch Torten mit Sahne perfekt machen. Und natürlich alles angehen, was frisch gemacht wird: den Aperitif und die bunten Brote, den Hauptgang und alles was dazugehört, den Wein öffnen und den Kaffee kochen.

Wie viel für was und wen?
Die kleine Basic-Mengenlehre für verschiedene Anlässe

5-Gänge-Menü für 6 Personen
WIE: gängeweise alles auf Tellern in der Küche vorbereiten, der Hauptgang kann auch am Tisch verteilt werden
WAS: 1 Starter zum Aperitif, 1 Vorspeise/Suppe, 1 Fischgang und 1 Fleischgang – jeweils mit Beilagen, 1 Dessert
WIE VIEL: jeweils 1 Rezept, beim Hauptgang 1 1/2
DAZU: 3 Flaschen Wasser, 1–2 Flasche Prickelndes, 2–3 Flaschen Wein, 500 g Brot

Familienfest mit 12 Verwandten
WIE: Bankett für große Tafel, serviert wird vor allem auf Platten und in Schüsseln zum Selbstbedienen
WAS: 1 kalte Vorspeise auf Tellern, 1 Suppe aus der Terrine, 1–2 Leibspeisen mit Beilagen und Salat auf Platten oder in Schüsseln, 1 Dessert auf Tellern oder fürs Wunderkerzenfinale auf der Platte (oder gleich Kuchen/Torte).
WIE VIEL: jeweils doppeltes Rezept
DAZU: 8 Flaschen Wasser, je 3–4 Flaschen Prickelndes und Saft/Limo, 6 Flaschen Wein und 20 Flaschen Bier, 1 1/2 kg Brot

Stehparty für 30 Leute
WIE: kleine Schweinereien sowie Süßigkeiten auf ein paar Happen und Schlucke vom Tablett/Büfett zum Aufgabeln, Austrinken, Weglöffeln und Fingerlecken
WAS: 5 kleine Starter, 3 Magenfüller und 2 Desserts, davon ein Viertel nach Wunsch warm
WIE VIEL: jeweils 2 1/2-faches Rezept
DAZU: 10 Flaschen Wasser, 15–20 Flaschen Prickelndes – je nach Gästen und Dauer noch die gleiche Menge an Wein und Bier, 8 Flaschen Saft, 2 1/2 kg Brot/Brötchen

Büfett für 50 Gäste
WIE: 1 große oder mehrere kleine Tafeln mit Platten und Schüsseln zum Selbstbedienen
WAS: 2 kalte Vorspeisen, 1–2 warme Suppen, 3 Magenfüller (kalte Salate und warme Beilagen), 3 warme Leibspeisen (Fleisch, Fisch, Vegetarisch), 3 Desserts, Käse
WIE VIEL: jeweils 3-faches Rezept
DAZU: 20 Flaschen Wasser, jeweils 20 Flaschen Prickelndes, Wein und Bier, 15 Flaschen Saft/Limo, 5 kg Brot/Brötchen

Etwas zum Trinken

„Du, ich hab' Durst." „Fein, willst du ein Wasser?" „Aber ich hab' doch Durst!" Wer was zu trinken will, kann durstig sein oder nur Lust auf was zu trinken haben. Gut, wenn man für beides sorgt.

Alle Kinder sollen viel trinken. Papas sollen nicht so viel trinken. Models trinken dauernd. Mamas trinken ständig Latte macchiato. Italiener trinken nie Latte macchiato, fragen aber immer „con gas?" – wenn man zu ihnen „Acqua minerale" sagt. Und die Kinder antworten dann stets: „Cola!". Warum gibt es so viele Klischees übers Trinken? Weil es so viele Trinkrituale gibt. Und das fängt weit vorm feierlichen Anstoßen an – beim Frühstück.

Der Morgentrunk

Keine unserer Mahlzeiten ist so ritualisiert wie das Frühstück. Brötchen oder Brot, Marmelade oder Wurst, Müsli oder gar nichts – jeder hat da sein Vorlieben, die er kurz nach dem Aufstehen als Haltegriff für den Sprung in den Tag braucht. Und oft ist der wichtigste Griff dabei der zur Tasse. Da reicht das Spektrum von „Ohne 'nen Kaffee gehe ich nicht aus dem Haus" über „Ich brauche Grüntee zum Lebendigwerden" bis hin zu „Bitte einen Detox-Vitamin-Booster to go" in der Fitness-Bar auf dem Weg zum Büro.

Ist ja auch kein Wunder, denn unser allererstes Essen im Leben ist etwas zu trinken. Nach der Muttermilch kommt dann das Fläschchen, aus dem irgendwann eine Tasse wird. Mit warmer oder kalter Milch, mit Kakao oder ohne. Wobei die weniger für den Durst als für die Ernährung gedacht ist. Im Laufe des Teenager-Daseins befindet sich dann oftmals Kaffee oder Tee mit in der Tasse, nicht selten begleitet von Zucker. Beim Kaffee bilden sich nach und nach Charaktere von Cappuccino bis Macchiato heraus, von schwarz bis entkoffeiniert. Beim Tee sind es die Vorlieben für Arten und Sorten, die sich entwickeln, häufig gepaart mit dem Verzicht auf Zucker und Milch. Dann gibt es noch die morgendlichen Heißwassertrinker oder die Apfelessigschlucker sowie die Leute, die ihr Leben lang beim Kakao bleiben oder morgens nichts als eine warme Cola wollen.

„Wer sein Frühstück ändert, ändert sein Leben", heißt es, und das gilt noch mehr fürs Frühtrinken. Was also tun, wenn sich das Kind morgens ausschließlich mit Milch satt trinkt? Ergänzen – einfach immer ein bisschen verdünnten Saft oder feinen Früchtetee dazu servieren und die Milch vielleicht ins Müsli umleiten. Es mag die gar nicht? Dann mal Joghurt oder Quark ausprobieren.

Trinken und essen

Mehr Spannung steckt im Thema Trinken, wenn es richtig ums Essen geht – also ums Mittag- oder Abendessen. Da ist vieles möglich, aber nicht alles nützlich. Bei Kindern und Jugendlichen ist in diesem Fall „Zucker" das Reizwort, das später in „Alkohol" umgewandelt wird. Also erst mal nur Wasser oder Früchtetee trinken? Wer sein Kind dazu bringt ... Dem Rest empfehlen wir gute, noch besser direkte Säfte mit Wasser kombiniert. Da kann man gleich „Fruchtnektar" oder „Fruchtsaftgetränk" nehmen? Die sind aber aus einem Fruchtkonzentrat, enthalten mehr Wasser als Saft und zudem oft eine Extraportion Zucker. Und von dem steckt schon genug in fast allem, was Kinder essen. Dazu macht Zucker satt, was aber das Essen tun sollte – von dem man weniger schmeckt, wenn man süß trinkt. Es gilt: Vorschulkinder brauchen 700–900 ml Flüssigkeit je 10 kg Körpergewicht, Schulkinder 500–700 ml und Jugendliche 500 ml.

Trinken und das Trinken

Nach dem Gesetz dürfen Jugendliche ab 16 Jahren im Lokal Wein, Bier und Sekt trinken, in Begleitung der Eltern sogar schon ab 14 (Hochprozentigeres generell erst ab 18). Im Schnitt probieren sie mit 13 zum ersten Mal Alkohol, oft zu Hause bei Familienfeiern. Auch wenn das etwas zu früh ist, muss daraus kein Thema werden – was es für die Jugendlichen meist auch nicht wird. Aber einfach laufen lassen geht nicht – weil Alkohol bei Jugendlichen stärker wirkt und bei einem Zuviel das Wachstum behindert, und weil sich jetzt die Trinkgewohnheiten für später entwickeln. Wird Alkohol dann als Trostspender oder Lockermacher aufgenommen, kann er bald selbst Sorgen bereiten.

Lieber machen wir Großen was Gutes vor. Wer nach Feierabend zum Kühlschrank geht und sich mit einem „Jetzt brauch' ich 'n Päuschen" samt Bier in den Sessel fallen lässt, wirkt nicht so gut auf den Rest der Familie. Ein Glas Bier oder Wein zum Abendessen getrunken ist dagegen viel weniger interessant – und mit Wasser dazu steigt es einem nicht so schnell in den Kopf. Und was ist, wenn es was Besonderes zu feiern gibt? Dann ist ein Glas Prickelndes auch was Besonderes und damit für Festtage reserviert statt Anlass zum Saufen. Auch ein schönes Vorbild.

Vier Family Specials
Besondere Drinks für die ganze Familie

Kinderfrüchtebowle
Für 2 1/2 l in einer Kanne 5 Beutel Früchtetee mit 1 l Apfelsaft, 1/2 l weißem Traubensaft und 1/2 l sprudelndem Mineralwasser aufgießen und über Nacht im Kühlschrank durchziehen lassen. Am nächsten Tag Teebeutel entfernen und 500 g Früchte mit weichem Fruchtfleisch (z. B. Beeren, Würfel von Birnen, Mangos, Melonen oder Nektarinen, halbierte Trauben) zugeben, noch 1 Stunde bei Zimmertemperatur ziehen lassen und servieren.

Chinatown Ice Tea
Für 4 Gläser 1/2 l Apfelsaft zu Eiswürfeln einfrieren. 3 cm Ingwer schälen, in Scheiben schneiden. 3 Bio-Limetten heiß waschen, 1 Limette auspressen und die übrigen in Scheiben schneiden. 4 Minzestängel waschen und trocken tupfen, Blättchen abzupfen, einige zur Deko beiseitelegen, Rest hacken und mit 10 TL chinesischen grünen Teeblättern vermischen. 600 ml Wasser mit Ingwer aufkochen, 5 Minuten ziehen lassen, Teeblätter und Minze einrühren und 3 Minuten ziehen lassen. Tee durch ein Sieb abgießen, mit Limettensaft und 1 EL Rohrzucker verrühren. Hohe Gläser mit Apfelsaft-Eiswürfeln und den Limetten füllen. Mit Tee aufgießen, mit Minze verzieren.

Mango-Lassi
Für 4 große Gläser von 1 Mango das Fruchtfleisch vom Kern schneiden und aus der Schale lösen. 4 Zitronenmelissestängel waschen und trocken tupfen, Blättchen abzupfen und grob hacken. Mango und Melisse mit 400 g Natur-Sahnejoghurt, 300 g Buttermilch, dem Saft von 1 Zitrone und 1 TL Honig pürieren, in große Gläser füllen.

Caffè Affogato
Für 1 Person 1 Tässchen Espresso kochen. 1 kleine Kugel Vanilleeis in eine Cappuccino-Tasse geben und am Tisch den Espresso über die Kugel Eis gießen – nur so kann man den Kaffee heiß mit schaumig schmelzendem Eis genießen.

Die 11 Basic-Supertricks

Deko-Ideen und Serviertipps, alles schön zum Aufessen

Fächerkartoffeln

1• Jeweils 1 geschälte Kartoffel zwischen zwei Frühstücksbrettchen legen und mit dem Messer bis aufs Holz einschneiden, sodass sie an der Basis noch zusammenhängt. 2• Den Backofen auf 200 Grad vorheizen. Die Kartoffeln dicht nebeneinander in eine geölte Auflaufform setzen und mit Öl bepinseln. In den Ofen (Mitte) schieben und die Kartoffeln etwa 45 Minuten garen. 3• Nun die Kartoffeln salzen, nach Wunsch mit geriebenem Käse bestreuen und dann in weiteren 15 Minuten goldgelb gratinieren. Passen zu Steaks, Braten, Bratfisch.

Blätterteiglöffel

1• Aus Blätterteig Löffel ausschneiden, mit Eigelb bestreichen. 2• Mit Mohn, Sesam, Käse bestreuen. Nach Packungsaufschrift backen. Gut zu Suppe, Salat, Vorspeisen.

Brotröllchen

1• Ein Kastenweißbrot in dünne Scheiben schneiden und entrinden. 2• Die Scheiben mit buntem gewürztem Frischkäse (gefärbt mit Püree von Kräutern oder gegartem Gemüse wie Möhren oder Paprika sowie fertiger Tomaten- oder Olivenpaste) bestreichen. 3• Von der schmalen Seite her zu Rouladen aufrollen und diese in fingerdicke Scheiben schneiden.

Suppenbrötchen

1• Von einem Brötchen einen kleinen Deckel abschneiden, Krume herausholen. 2• Brötchen mit nicht zu dünner Suppe füllen, den Deckel wieder aufsetzen.

Brottorte

1• Einen runden Brotlaib (Kruste nicht zu hart!) horizontal in 3–4 „Böden" schneiden. 2• Diese mit würzigen, möglichst farbigen Cremes bestreichen (siehe Brotröllchen) und mit Scheiben von Käse, gekochtem Schinken, Salami (klein geschnitten) und Tomaten sowie Salatblättern belegen. 3• Brot zusammensetzen, pressen und kühlen. Dann in Tortenstücke schneiden.

Radieschenraketen
1• Radieschen waschen, das Grün bis auf kleine „Düsen" entfernen, Wurzeln dranlassen. Seitlich rundum kleine längliche Keile aus der Knolle schneiden. 2• Diese versetzt in die Ausschnitte setzen und die Raketen zur Kinderbrotzeit dazulegen.

Tomatentulpen
1• Für eine Tulpe 3 verschieden große Kirschtomaten von der Rundung her kreuzförmig bis kurz vor den Stängelansatz einschneiden. Die Kerne behutsam mit einem Teelöffel entfernen. 2• Die kleinste Tomate mit 1 entsteinten schwarzen Olive füllen.

3• Nun diese Tomate in die mittlere setzen, sodass die Einschnitte versetzt zueinander sind, und die große Tomate mit der mittleren füllen. Die Tomatentulpen passen gut zu mediterranen Vorspeisen und auf kalte Platten. Man kann sie auch mit Kapernäpfeln oder Mozzarellabällchen füllen.

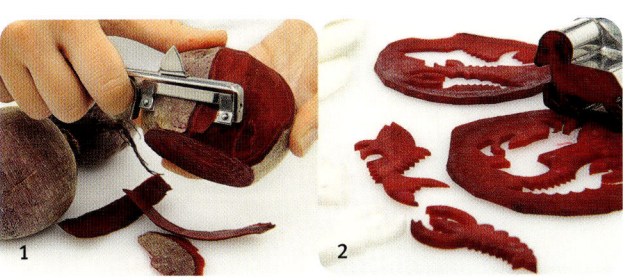   

Gemüsefiguren
1• Rettich und Rote Bete schälen, in feine Scheiben schneiden, Lauchgrün kurz blanchieren. 2• Mit Ausstechern Figuren ausstechen. Gut zu Salat, als Suppeneinlage.

Schokoladenfiguren
1• Zartbitter-, Vollmilch- und weiße Kuvertüre getrennt schmelzen. Nacheinander mit einem Löffel so auf Backpapier laufen lassen, dass sie ineinander fließen. 2• Mit einem Löffelstiel die Kuvertüren verziehen, bis es eine dünne Platte gibt. Fest werden lassen. 3• Ausstecher in heißes Wasser tauchen, die Figuren ausstechen (oder nur Plättchen schneiden). Zu Desserts, Torten.

Schokoladengitter
1• Verschiedene Kuvertüren schmelzen. Mit Teelöffel gitterförmig auf Backpapier laufen lassen. 2• Gitter abkühlen lassen, in Stücke brechen. Zu Desserts, Torten.

Pudding „Surprise"
1• Vanille- oder Schokopudding kochen, Förmchen zu drei Viertel damit füllen, abkühlen lassen. 2• Bevor der Pudding ganz fest ist, Schlagsahne in Spritzbeutel mit Lochtülle füllen. Die Tülle in den Pudding stecken und etwas Sahne hineinspritzen. Pudding über Nacht kalt stellen. 3• Am nächsten Tag auf Teller stürzen und löffeln lassen bis zur Überraschung.

Rezepte

Schnelle Teller

„Kinder, heute gibt's nur was Schnelles." „Pizza? Leberkäsesemmel? Hot Dogs?" „Das hättet ihr wohl gerne. Aber ich glaube, das habt ihr noch lieber: Brotpizza mit Salami. Leberkäse-Senf-Toasts. Honig-Ketchup-Hähnchen. Oder Orangenbutterfisch, Nudelpfanne mit Hack, Pfannkuchen mit Zitronenquark." „Ui, alles auf einmal?" „Na, so schnell bin ich nun auch wieder nicht."

Tante Ilse über:

schnelles Kochen

„Ich mach' uns mal schnell was zu essen", ist ein Satz, der stets Bewunderung einbringt – bis serviert wird. Im besseren Fall hat es bis dahin dann doch eine halbe Stunde gedauert, aber dafür schmeckt es richtig fein. Im schlimmeren Fall ist das Essen wirklich fix auf dem Tisch, schmeckt aber schlecht. Und im schlimmsten Fall – na, ihr wisst schon. Habe ich alles selbst erlebt, auch bei eigener Herstellung. Inzwischen habe ich mich fürs Beste entschieden: schnell was Gutes zu essen kochen.

Als erstes ist es gut, nicht zu kochen – marinieren, braten oder dünsten geht rascher. Frittieren auch, aber das Warten auf die passende Fetttemperatur und das Entsorgen des Fettes danach ist es nicht wert. Lieber stecke ich etwas mehr Zeit in das Schnippeln der Zutaten, um dann nicht lange garen zu müssen – so wie die Asiaten es im Wok tun. Oder ich halte es wie die Bistro-Köchin: Ich lasse mein Cassoulet langsam, aber ohne Aufsicht vor sich hinschmoren und halte derweil einen Vormittagsschlaf.

5 Zutaten, die das Kochen schneller machen

Das Ei
4 Minuten gekocht und geschält im Glas mit einem Dip aus Mayo, Senf, Kapern und Schnittlauchröllchen serviert + mit geriebenem Parmesan und gehacktem Basilikum verquirlt in Brühe gerührt + als Spiegelei mit Dosenfisch auf Brotscheiben gelegt („Strammer Matrose") + als Rührei mit gerösteten Pinienkernen, gebräunten Zwiebelringen und gehackter Petersilie

Der Käse
Beste Lieblingssorten mit gutem Brot dazu + Camembert auf Röstbrot zerlaufen lassen + Nudeln in der Pfanne braten, Käsescheiben drauf, 2 Minuten Deckel drauf, Nudelauflauf + 5-mm-Emmentalerscheiben panieren und wie Schnitzel braten + Mozzarellascheiben in Tomatengemüse schmelzen und auf Toasts geben

Die Frühlingszwiebel
Fix mal statt normalen Zwiebeln in den Salat schnippeln + in Stücken in Salzwasser garen und mit Zitronensaft, Olivenöl und Dillspitzen marinieren + andünsten, mit Brühe und Sahne aufkochen, zur Suppe pürieren + in Rotwein geschmort zum Steak + mit Käseraspeln panieren und frittieren + in Stücken auf Spieße stecken und grillen

Das Brot
Nur mit Butter bestreichen + Butterbrot mit Kräutern, Meersalz und Zitronenpfeffer toppen + Brotscheibe auf einer Seite in Olivenöl rösten, mit Käseraspeln bestreuen und wenden + in Stäbchen geschnitten in Öl braten und mit Paprikasalz bestreuen = Brotfritten + würfeln, mit Knoblauch und Oregano rösten, Ei drüberschlagen, fertig braten + Brotscheiben durch leichten Pfannkuchenteig ziehen und ausbacken

Der Apfel
Einfach essen + in Scheibchen mit gehackten Nüssen und Pilzscheiben unter Blattsalat mischen + zum Kotelett: mit Cidre, Butter und Thymian dünsten, pürieren + mit Kartoffeln und Lorbeer garen und zu Püree stampfen + in Scheiben gebraten zu Vanilleeis + gewürfelt in Apfelsaft dünsten und mit Vanillepuddingpulver verkochen

Das ganz *schnelle* Pausenbrot

Alles, was ich schnell noch in die Brotbox tun kann (wenn's das Kind mag): Knabberzeug aus Möhren, Paprika, Staudensellerie, Fenchel, Ananas, Nektarine; Chicoréeblätter mit dem Käse-Dip von Seite 114, Sesambrezeln, Blätterteigstangen, Butterkekse, Reis- oder Maiswaffeln, Trockenfrüchte, Nüsse/Kerne aller Art solo/gemischt als Schülerfutter.

Magazin

Unser liebstes Familienfest:

die Spontanparty

Findet jeder gut: mittags in der Kantine darüber plaudern, dass eigentlich keiner mehr feiert. Dann am Schreibtisch ein paar Mails schreiben und Anrufe machen – und am Abend ist die Couch voll mit guten Leuten und die Küche sowieso. Und am nächsten Tag fragen einen die Kollegen, wie man so verheerend und strahlend zugleich aussehen kann.

Was braucht es, damit diese Spontanparty gelingt? 1. Nette, bunte Leute, die schnell etwas Feines zu essen zaubern können und die einen gut sortierten MP-3-Player besitzen. 2. Genug Gläser, Teller und Besteck daheim sowie einen ordentlichen Wein (am besten Weiß und Rot jeweils von einer Sorte). 3. Was spontan Festliches wie einen kleinen Aperitif, eine tolle (gekaufte) Torte oder klasse Kaffee zum Nachtisch. 4. Ausreichend Platz auf der Couch und in der Küche. 5. Tolerante Nachbarn.

5 Schnellkochtypen:

die Schnellkochtöpfer
Brodelnde Sugotöpfe brauchen sie nicht als Anregung – sie regeln ihr Ding, bevor das Kochen losgeht. Und vertrauen auf Technik plus Erfahrung: Kartoffeln verkochen nur einmal im Leben und im Zweifel schlägt das 5-Minuten-Ratatouille alles. Einsteiger setzen auf Eintöpfe, Fortgeschrittene kombinieren Kurzgebratenes mit Schnelltopfgekochtem.

die Mikrowellensurfer
Da sind die Alles-gleich-Typen, für die eine Küche keine Planschzone ist, sondern die sich auf die Welle schwingen und ab geht die Kost – aus Tüte, Dose, Glas. Anders jene, die wie wahre Surfer auf ihre Welle warten, und sich das daheim geschmorte Ragout im Büro – aufwärmen – quality time, you know? Die Mischform: Gourmetfertigproduktaufwärmer.

die Stabmixer
„Vorfahrt durch Technik" ist ihr Credo im Küchenverkehr – wenn es schnell gehen soll, vertrauen sie beim Kochen auf die Kraft der Maschinen. Wobei sie da schon eher auf Handschaltung als auf Vollautomatik setzen: Schnellkochtopf und Mikrowelle sind ihnen zu sehr Hausfrau, Turbostabmixer und Kombi-Dämpfer die wahre Formel 1.

die Kurzbrater
Andere kochen nur mit Wasser, aber die hier immer nur mit Fett. Ein Steak mit Baguette, ein Salat mit Filetstreifen, eine Pfanne Sommergemüse oder frittierte Garnelen sind ihr Ding – dass in ihrer Küche ein Ofen steht, wissen sie eigentlich nicht. Keine Frage, diese Leute können auf Kommando kochen bzw. braten. Aber die Ruhe eines Risottos oder die Gelassenheit eines Gulaschs fehlt ihnen ein wenig. Mehr dazu beim nächsten Typ.

die Nebenbeischmorer
„Kurz" ist eher ein Fremdwort in ihrer Küche, und trotzdem sieht man sie öfter beim entspannten Ausruhen als jeden Kurzbrater. Sie sind nämlich gut vorbereitet, wenn es ans Kochen geht und wissen meist, was sie währenddessen noch erledigen können – denn das Kochen erledigt sich bei ihren Schmortöpfen und Ofenbraten meist von selbst. Ok, sie sind nicht die Spontansten – aber zur Not ist immer noch ein guter Rest im Tiefkühler.

Hähnchensalat mit Orangensauce

Leicht und frisch und doch zum Sattessen

Zutaten für 4 Personen:
1 gegartes Brathähnchen
1 Salatgurke
2 Bio-Orangen
1 EL Zitronensaft
100 g Crème fraîche oder saure Sahne
1 TL scharfer Senf
1 TL Orangenmarmelade, Aprikosenkonfitüre oder Quittengelee
Salz | Pfeffer
ein paar Blätter Kopfsalat zum Auslegen der Schüssel
1 Kästchen Gartenkresse
2 EL Pinienkerne (wer mag)
50 g kleine Oliven (wer mag)

Zubereitungszeit: 25 Minuten
Kalorien pro Portion: 495 kcal

1_Das Hähnchenfleisch von den Knochen ablösen und mit oder ohne Haut in mundgerechte Stücke schneiden.

2_Die Gurke schälen oder gut waschen und der Länge nach halbieren. Die Kerne aus der Mitte mit einem Teelöffel herausschaben. Die Gurkenhälften in Würfel schneiden. 1 Orange heiß waschen, abtrocknen und die Hälfte der Schale fein abreiben, den Saft auspressen. Von der anderen Orange die Schale so abschneiden, dass auch die weiße Haut mit entfernt wird. Die Filets zwischen den Trennhäutchen herausschneiden.

Wurstsalat mit Paprika und Gurke

Sommerliches Essen, das auch mal im Freibad schmeckt

3_Den Orangen- und den Zitronensaft mit Crème fraîche oder saurer Sahne, Orangenschale, Senf und Marmelade, Konfitüre oder Gelee glatt verrühren und mit Salz und Pfeffer würzen. Huhn, Salatgurke und Orangenfilets mit der Sauce mischen und den Salat abschmecken.

4_Die Salatblätter waschen und trocken schütteln. Eine Schüssel damit auslegen, den Hähnchensalat daraufflöffeln. Gartenkresse mit der Küchenschere vom Beet schneiden und in ein Schälchen füllen. Wer mag, röstet die Pinienkerne in einer kleinen Pfanne ohne Fett unter Rühren bei mittlerer Hitze 1–2 Minuten an und füllt sie ebenfalls in ein Schälchen. Und die Oliven auch.

5_Alles auf den Tisch stellen, sodass sich jeder vom Salat nehmen und Kresse und eventuell Pinienkerne und/oder Oliven darübergeben kann. Dazu passt Weißbrot. Fein sind aber auch Bratkartoffeln.

TIPP

Statt der Orangen schmecken genauso etwa 100 g Ananasstückchen aus der Dose oder auch Kirschtomaten (halbieren oder vierteln). Die Orangenschale in dem Fall durch wenig fein abgeriebene Bio-Zitronenschale ersetzen und Marmelade, Konfitüre oder Gelee durch 1–2 Messerspitzen Honig.

Zutaten für 4 Personen:
1 Mini-Salatgurke
je 1 rote und gelbe Paprikaschote
400 g Fleischwurst (Regensburger oder Lyoner)
3 EL Apfelessig
Salz
1 Prise gemahlener Kümmel
1/2 TL Apfeldicksaft (Ahornsirup oder
1 Prise Zucker gehen auch)
5 EL Öl
1 Bund Schnittlauch

Zubereitungszeit: 15 Minuten
Kalorien pro Portion: 425 kcal

1_Die Gurke schälen oder gut waschen und die Enden abschneiden. Die Gurke der Länge nach halbieren und die Hälften quer in dünne Scheiben schneiden. Die Paprikaschoten waschen und vierteln, Stiele und Trennhäutchen mit den Kernen abzupfen. Die Paprika in schmale Streifen schneiden. Wurst pellen und erst in dünne Scheiben, dann in Streifen schneiden.

2_Den Essig mit Salz, Kümmel und Apfeldicksaft verrühren. Öl nach und nach mit einer Gabel kräftig unterschlagen. Die Salatzutaten mit der Sauce mischen und den Salat abschmecken.

3_Den Schnittlauch waschen, trocken schütteln, in Röllchen schneiden, in ein Schälchen geben und mit auf den Tisch stellen. Alle Kräuterfreunde können sich davon etwas über den Salat streuen. Dazu schmecken Laugenbrezen oder einfach Brot, eventuell mit Butter.

Basic-TIPP

Beide Salate lassen sich super vorbereiten. Man kann sie also auch gut aufs Büfett stellen, zum Picknick mitnehmen oder als Büromahlzeit einpacken.

Eier-Tomaten-Salat mit Mais

Für den kleinen Hunger

Zutaten für 4 Personen:
8 Eier (Größe M)
500 g Tomaten
250 g Zuckermais (aus der Dose)
100 g gekochter Schinken (in Scheiben oder am Stück)
150 g Naturjoghurt oder saure Sahne
1 EL Zitronensaft
1 EL Öl
Salz | Pfeffer
1 Kästchen Gartenkresse oder ein paar Blättchen Rucola (wer mag)
2–3 TL kleine Kapern (wer mag)

Zubereitungszeit: 20 Minuten
Kalorien pro Portion: 350 kcal

1_Die Eier in einem Topf mit Wasser bedeckt in etwa 10 Minuten hart kochen. Abschrecken und abkühlen lassen.

2_Die Tomaten waschen und in kleine Würfel schneiden, dabei die Stielansätze herausschneiden. Den Mais in einem Sieb abtropfen lassen. Schinken eventuell vom Fettrand befreien und in dünne Streifen schneiden (wenn er schon in Scheiben geteilt ist) oder klein würfeln (wenn er am Stück ist). Die Eier schälen und würfeln.

3_Für die Sauce den Joghurt oder die saure Sahne mit dem Zitronensaft und dem Öl verrühren und mit Salz und Pfeffer würzen. Alle geschnittenen Zutaten untermischen und den Salat abschmecken.

4_Wer mag: Die Kresse mit der Küchenschere vom Beet abschneiden oder den Rucola waschen, trocken schütteln und grob hacken. Kresse, Rucola oder Kapern mit unter den Salat mischen. Dazu passen Laugenbrezen, Brot oder Brötchen.

TIPP

Den Schinken weglassen und stattdessen 100 g Schafkäse (Feta) fein zerkrümeln oder 100 g Räuchertofu in kleine Würfel schneiden und unter den Salat mengen.

Nudelsalat mit Ofentomaten

Für Kräutermuffel die Tomaten nur mit Honigöl backen

Zutaten für 4 Personen:
600 g etwas größere Kirschtomaten
je 2 Zweige Thymian und Petersilie
1 Zweig Rosmarin
8 EL Olivenöl
Salz | Pfeffer
1 TL Honig (ersatzweise Zucker)
300 g kurze Nudeln (z. B. Penne oder Fusilli)
2 Knoblauchzehen
2 Scheiben Toastbrot
2 EL Essig
100 g Pecorino (am Stück)
2 EL Oliven und/oder 4 in Öl eingelegte Sardellenfilets (wer mag)

Zubereitungszeit: 30 Minuten
+ 1 Stunde Backen
Kalorien pro Portion: 620 kcal

1_Den Backofen auf 160 Grad vorheizen (erst später einschalten: Umluft 140 Grad). Tomaten waschen, halbieren und mit den Schnittflächen nach oben in eine feuerfeste Form legen. Die Kräuter waschen,

trocken schütteln und fein hacken. 2 EL Olivenöl mit Salz, Pfeffer und Honig verrühren. Kräuter untermischen und das Öl auf den Tomaten verstreichen. Tomaten im Ofen (Mitte) etwa 1 Stunde backen, bis sie leicht braun sind.

2_Etwa 15 Minuten vor Ende der Backzeit für die Nudeln reichlich Wasser zum Kochen bringen und salzen. Nudeln darin nach Packungsangabe al dente kochen.

3_Den Knoblauch schälen. Das Brot entrinden, gut 1 cm groß würfeln und in einer Pfanne in 2 EL Öl bei mittlerer Hitze unter Rühren knusprig braten. Leicht salzen. Den Knoblauch dazupressen und untermischen, die Pfanne vom Herd ziehen.

4_Den Essig mit Salz, Pfeffer und dem übrigen Öl zu einer Sauce verrühren. Die Nudeln abgießen und kurz abschrecken. Nudeln und Ofentomaten mit der Sauce mischen und abschmecken. Brotwürfel aufstreuen, den Käse in dicken Spänen darüberhobeln. Nach Belieben Oliven und/oder Sardellen zum „Nachwürzen" mit auf den Tisch stellen. Den Salat am besten lauwarm essen, er schmeckt aber auch kalt sehr fein.

Salatteller mit Zitronenschnitzelchen

Bei den Salatzutaten zu den Lieblingen greifen!

Zutaten für 4 Personen:
600 g Salatgemüse (z. B. Tomaten, Salatgurken, Möhren, Radieschen, Paprikaschoten)
200 g Blattsalate (am besten gemischt, aber es geht auch nur eine Sorte)
2 EL Aceto balsamico
2 EL Sahne
Salz | Pfeffer
4 EL Olivenöl
400–500 g Minutenschnitzel vom Schwein, Hähnchenbrustfilet oder Tofu
1 Bio-Zitrone

Zubereitungszeit: 25 Minuten
Kalorien pro Portion: 400 kcal

1_Das Gemüse je nach Sorte waschen oder schälen, putzen und zerkleinern: Tomaten in Würfel, Gurken in halbierte Scheiben, Möhren und Radieschen in Scheiben oder Raspel, Paprika in Streifen. Blattsalate waschen, trocken schleudern und in mundgerechte Stücke zupfen. Alle diese Zutaten mischen. Für die Sauce den Balsamico mit Sahne, Salz und Pfeffer verrühren, 2 EL Öl unterschlagen.

2_Die Schweineschnitzel noch ein wenig flacher drücken. Oder das Hähnchenfilet in dünne Scheiben schneiden. Oder den Tofu abtropfen lassen und ebenfalls in Scheiben schneiden. Die Zitrone heiß waschen, abtrocknen und die Hälfte der Schale auf die obere Seite von Fleisch oder Tofu reiben, salzen und pfeffern.

3_Übriges Öl in einer Pfanne erhitzen. Fleisch oder Tofu mit der gewürzten Seite nach unten hineinlegen und bei starker Hitze etwa 1 Minute braten. Die andere Hälfte der Zitronenschale darüberreiben, salzen, pfeffern, Fleisch- oder Tofuscheiben umdrehen und noch mal so lange braten.

4_Salatzutaten mit der Sauce mischen und auf Teller verteilen. Die Zitronenschnitzelchen darauf- oder danebenlegen. Gleich servieren. Dazu schmeckt ofenfrisches Baguette oder Ciabatta.

Brotpizza mit Salami

Schnelles zum Sattessen

Zutaten für 4 Personen:
8 Scheiben Misch- oder Bauernbrot (jeweils knapp 1 cm dick und etwa 50 g schwer)
400 g Pizzatomaten oder Tomatenstücke (aus der Dose, ersatzweise frische gehackte Tomaten)
Salz | Pfeffer
2 EL Olivenöl
100 g Salami (in dünnen Scheiben)
1–2 EL Oliven oder Kapern oder ein paar Peperoni (wer mag)
2 Kugeln Mozzarella (je 125 g)

Zubereitungszeit: 15 Minuten
+ 10 Minuten Backen
Kalorien pro Portion: 530 kcal

1_Backofen auf 220 Grad vorheizen (auch schon jetzt einschalten: Umluft 200 Grad). Das Backblech mit Backpapier auslegen und die Brotscheiben nebeneinander auf das Blech legen.

2_Tomaten mit Salz, Pfeffer und 1/2 EL Olivenöl verrühren und auf den Broten verteilen. Die Salami darauflegen – und nach Belieben noch Oliven, Kapern und/oder Peperoni.

3_Den Käse in Scheiben schneiden und auch auf die Brote legen. Das restliche Öl darüberträufeln. Die Brote im Ofen (Mitte) etwa 10 Minuten backen, bis der Käse zerlaufen und leicht braun ist.

VARIANTE: Überbackene Bruschette

300 g Tomaten waschen und klein würfeln, dabei die Stielansätze herausschneiden. Mit 4 durchgepressten Knoblauchzehen, den gehackten Blättern von 1/2 Bund Basilikum, Salz und Pfeffer mischen und auf 8 Scheiben Weißbrot verteilen. Mit 125 g gewürfeltem Mozzarella belegen, mit 2 EL Olivenöl beträufeln und im auf 220 Grad vorgeheizten Backofen (Umluft 200 Grad) etwa 8 Minuten backen.

Knusper-Käsebrote

Käsereste ade!

Zutaten für 4 Personen:
200 g Käse (Hartkäse, Camembert und Edelpilzkäse in beliebiger Mischung)
40 g weiche Butter | Pfeffer
1/2 TL edelsüßes Paprikapulver | Salz
8 Scheiben Brot oder 4 Brötchen

Zubereitungszeit: 20 Minuten
Kalorien pro Portion: 605 kcal

1_Backofen auf 200 Grad vorheizen (auch schon jetzt einschalten: Umluft 180 Grad). Den Käse je nach Sorte von der Rinde befreien und reiben oder in kleine Würfel schneiden. Käse mit der Butter vermischen und mit Pfeffer und Paprika würzen. Probieren und, falls nötig, auch salzen.

2_Die Brotscheiben mit der Käsecreme bestreichen oder die Brötchen aufschneiden und die Creme darauf verteilen. Brote oder Brötchen nebeneinander auf ein Backblech legen und 8–10 Minuten im Ofen (Mitte) backen, bis der Belag leicht braun ist. Warm servieren. Dazu gibt es einen Salat oder Gewürzgurken oder/und Ketchup.

Thunfisch-Brote

Leichter Imbiss – für Gemüsemuffel auch ohne Zucchini und Frühlingszwiebeln fein!

Zutaten für 4 Personen:
1 junger Zucchino (etwa 150 g)
2 Frühlingszwiebeln
2 Knoblauchzehen
1 Kugel Mozzarella (125 g)
1 Dose Thunfisch (etwa 150 g Abtropfgewicht)
1 EL Olivenöl
Salz | Pfeffer
8 Scheiben Ciabatta, Toastbrot oder anderes Weißbrot (eventuell mit Oliven)

Zubereitungszeit: 20 Minuten
Kalorien pro Portion: 250 kcal

1_Backofen auf 250 Grad vorheizen (auch schon jetzt einschalten: Umluft 220 Grad). Den Zucchino waschen, putzen und grob raspeln. Die Frühlingszwiebeln putzen, waschen und fein schneiden. Den Knoblauch schälen und in ganz feine Scheiben schneiden. Den Mozzarella klein würfeln. Den Thunfisch mit einer Gabel zerplücken.

2_Zucchino, Zwiebeln, Knoblauch, Käse und Thunfisch mit dem Öl mischen und mit Salz und Pfeffer abschmecken. Die Mischung auf den Broten verteilen und diese nebeneinander auf ein Backblech legen. Im Ofen (Mitte) etwa 5 Minuten backen, bis die Brote knusprig sind.

Zwiebel-Speck-Brote

Flammbrote statt Flammkuchen

Zutaten für 4 Personen:
2 Zwiebeln
100 g Bacon (in dünnen Scheiben)
100 g Crème fraîche oder saure Sahne
Salz | Pfeffer
eventuell 1 Prise gemahlener Kümmel
8 dünne Scheiben Roggen- oder Mischbrot

Zubereitungszeit: 15–20 Minuten (je nachdem wie schnell der Ofen heiß wird)
Kalorien pro Portion: 455 kcal

1_Backofen auf 220 Grad vorheizen (auch schon jetzt einschalten: Umluft 200 Grad). Die Zwiebeln schälen, vierteln und in feine Streifen schneiden. Den Speck ebenfalls in Streifen teilen. Beides mit Crème fraîche oder saurer Sahne verrühren und mit Salz, Pfeffer und eventuell Kümmel würzen.

2_Die Zwiebel-Speck-Mischung auf den Broten verteilen und diese nebeneinander auf ein Backblech legen. Im Ofen (Mitte) etwa 5 Minuten backen, bis die Brote knusprig sind.

TIPPs

Die Zwiebeln bleiben beim Backen schön knackig. Wer das nicht mag, dünstet sie mit 2 TL Öl unter Rühren 3–4 Minuten an, bevor sie mit Speck und Crème fraîche oder Sahne vermischt werden.
Auch sehr fein: statt Speck und Zwiebeln einmal 250 g Mett oder rohe Bratwurstmasse mit 50 g Crème fraîche mischen und auf die Brote streichen.
Als Farbtupfer nach Belieben noch Schnittlauchröllchen auf die Brote streuen.

Tomaten-Käse-Toasts

Kleiner Imbiss – oder mit einem großen Salat zum Sattessen

Zutaten für 4 Personen:
50 g Ricotta
1 TL Tomatenmark oder Pesto rosso (aus dem Glas)
Salz | Pfeffer
1 Fleischtomate (etwa 200 g)
200 g Camembert
8 getrocknete, in Öl eingelegte Tomaten (wer mag)
8 Scheiben Sandwichbrot

Zubereitungszeit: 15 Minuten
Kalorien pro Portion: 325 kcal

1_Den Ricotta mit dem Tomatenmark oder dem Pesto verrühren und die Creme mit Salz und Pfeffer würzen.

2_Die Fleischtomate waschen, vom Stielansatz befreien und in dünne Scheiben schneiden. Camembert in etwa 1/2 cm dicke Scheiben schneiden. Nach Belieben getrocknete Tomaten abtropfen lassen und in dünne Streifen schneiden.

3_Die Brotscheiben auf einer Seite mit der Ricottacreme bestreichen. Auf der Hälfte der Brotscheiben die Tomatenscheiben überlappend auslegen. Den Camembert und eventuell die Tomatenstreifen darauf verteilen. Mit den übrigen Brotscheiben abdecken, leicht andrücken.

4_Die belegten Toasts nacheinander im Sandwichtoaster 3–4 Minuten backen. Heiß servieren.

VARIANTE: Schinken-Käse-Toasts

Für diesen Klassiker 1–2 EL weiche Butter mit 1 TL Tomatenmark vermischen und die Brotscheiben damit bestreichen. Jeden Toast mit je 1 Scheibe gekochtem Schinken und Käse (z. B. Gouda, Greyerzer oder Emmentaler) „füllen" und backen.

Gut zu wissen

Wer keinen Sandwichtoaster zu Hause hat, bäckt die Toasts entweder 5 Minuten auf dem Rost im 250 Grad heißen Ofen (Mitte, Umluft 220 Grad) oder brät sie in der Pfanne in etwas Öl bei starker Hitze pro Seite 2–3 Minuten. Dabei immer mit dem Pfannenwender draufdrücken, damit die Brotscheiben gut zusammenhalten.

Leberkäse-Senf-Toasts

Für die Brotzeit und Alternative zur Leberkäsesemmel

Zutaten für 4 Personen:
150 g Quark oder Doppelrahmfrischkäse
50 g frisch geriebener Emmentaler
2 TL süßer Senf
Salz
1 Prise gemahlener Kümmel
8 Scheiben Sandwichbrot
100 g Leberkäse (in dünnen Scheiben)

Zubereitungszeit: 15 Minuten
Kalorien pro Portion: 270 kcal

1_Den Quark oder Frischkäse mit dem Emmentaler und dem Senf verrühren und die Creme mit Salz und Kümmel würzen. Die Brotscheiben auf einer Seite mit der Creme bestreichen.

2_Den Leberkäse auf der Hälfte der Brotscheiben auslegen. Die restlichen Brotscheiben darauflegen, leicht andrücken.

3_Die belegten Toasts nacheinander im Sandwichtoaster 3–4 Minuten backen. Heiß servieren.

Zucchini-Feta-Toasts

Griechischer Sommersnack

Zutaten für 4 Personen:
1 Frühlingszwiebel (wer mag)
150 g Schafkäse (Feta)
50 g fester Naturjoghurt
Salz | Pfeffer
1 Messerspitze Honig
1 junger Zucchino (etwa 150 g)
4 Zweige Thymian
2 TL Olivenöl
8 Scheiben Sandwichbrot
1 EL kleine entsteinte Oliven oder
4 eingelegte Peperoni (wer mag)

Zubereitungszeit: 15 Minuten
Kalorien pro Portion: 240 kcal

1_Nach Belieben die Frühlingszwiebel waschen, putzen und samt knackigem Grün fein schneiden. Schafkäse mit einer Gabel zerdrücken, mit dem Joghurt und eventuell der Zwiebel mischen und mit Salz (wenig!), Pfeffer und Honig würzen. Zucchino waschen, putzen und in dünne Scheiben schneiden. Thymian waschen und trocken schütteln. Die Thymianblättchen von den Zweigen streifen und mit den Zucchinischeiben und dem Olivenöl mischen, mit Salz würzen.

2_Die Brotscheiben auf einer Seite mit der Schafkäsemischung bestreichen. Die Hälfte der Brotscheiben mit den Zucchinischeiben belegen. Wer möchte, streut jetzt noch ein paar Oliven auf oder legt Peperoni auf die Käsemischung. Übrige Brotscheiben auflegen, leicht andrücken.

3_Die belegten Toasts nacheinander im Sandwichtoaster 3–4 Minuten backen. Heiß servieren.

VARIANTE: Paprika-Mozzarella-Toasts

1 Kugel Mozzarella (125 g) in dünne Scheiben schneiden. 150 g gehäutete Paprika (aus dem Glas oder vom italienischen Feinkostladen) mit etwas gehacktem Basilikum und 2 durchgepressten Knoblauchzehen mischen, salzen, pfeffern und auf 4 Scheiben Sandwichbrot verteilen. Mit je 1 EL geriebenem Parmesan bestreuen und mit dem Mozzarella belegen. Je 1 Scheibe Sandwichbrot auflegen, leicht andrücken und die Toasts im Sandwichtoaster 3–4 Minuten backen.

Paprika-Braten-Toasts

Auch mit Roastbeef fein

Zutaten für 4 Personen:
1 kleine rote Paprikaschote
100 g Doppelrahmfrischkäse
2 TL kleine Kapern (wer mag)
Salz | Pfeffer
8 Scheiben Sandwichbrot
8 dünne Scheiben kalter Braten
4 dünne Scheiben Bergkäse

Zubereitungszeit: 15 Minuten
Kalorien pro Portion: 245 kcal

1_Die Paprikaschote waschen, halbieren und vom Stielansatz und den Kernen samt den Trennhäutchen befreien. Paprika in sehr kleine Würfel schneiden und mit dem Frischkäse und eventuell auch den Kapern mischen. Mit Salz und Pfeffer würzen.

2_Die Brotscheiben auf einer Seite mit Käsecreme bestreichen. Die Hälfte der Brotscheiben mit dem Braten und dem Bergkäse belegen. Übrige Brotscheiben auflegen, leicht andrücken. Die belegten Toasts nacheinander im Sandwichtoaster etwa 4 Minuten backen. Heiß essen.

Blitzbrühe aus Hackfleisch

Genial schnell und gut

Zutaten für 4 Personen:
500 g gemischtes Hackfleisch
250 g TK-Suppengemüse
1 Lorbeerblatt
1 TL Wacholderbeeren
Salz
3–4 Zweige Thymian oder Petersilie
Pfeffer

Zubereitungszeit: 25 Minuten
Kalorien pro Portion: 25 kcal

1_Das Hackfleisch mit Gemüse, Lorbeerblatt, Wacholderbeeren, 1 1/4 l Wasser und 1 TL Salz in einen großen Topf geben. Kräuterzweige waschen und dazugeben. Alles zum Kochen bringen und dann offen bei mittlerer Hitze etwa 15 Minuten köcheln lassen.

2_Die Brühe durch ein Sieb gießen, mit Salz und Pfeffer abschmecken und mit einer Einlage (siehe rechts) servieren. Das Hackfleisch und das Gemüse anderweitig verwenden (siehe Basic-TIPP).

EINLAGE: Grießnockerl
60 g weiche Butter mit Salz und frisch geriebener Muskatnuss cremig rühren. 90 g Nockerlgrieß oder normalen Hartweizengrieß, 1 Ei und 1 Eigelb (jeweils Größe M) unterrühren. Wer normalen Grieß verwendet hat, lässt den Teig etwa 30 Minuten stehen, wer Nockerlgrieß genommen hat, macht gleich weiter. Brühe erhitzen, von der Grießmasse mit zwei Teelöffeln kleine Klößchen abstechen und in die Brühe geben, dazu kommen dann 2 Möhren in ganz dünnen Streifen. Bei schwacher Hitze in etwa 20 Minuten gar ziehen lassen. Die Nockerl werden beim Garen ungefähr doppelt so groß.

EINLAGE: Brätnockerl
30 g weiche Butter cremig rühren. 250 g Kalbsbrät (beim Metzger vorbestellen!) und 2 EL Semmelbrösel mit 1 TL scharfem Senf, Salz, Pfeffer und 1 TL Thymianblättchen (kann man gerne auch weglassen) untermischen, mit Salz und Pfeffer würzen. Die Brühe erhitzen, von der Brätmasse mit zwei Teelöffeln kleine Klößchen abstechen und in die Brühe geben. Mit 150 g Suppennudeln 10 Minuten darin ziehen lassen. Noch simpler: kleine Stücke von roher Bratwurst aus der Haut drücken und in der Suppe ziehen lassen.

EINLAGE: Ricottanockerl
125 g Ricotta (ersatzweise abgetropfter Quark) mit 1 Ei (Größe M), 50 g Mehl und 50 g frisch geriebenem Parmesan glatt verrühren und mit Salz und etwas rosenscharfem Paprikapulver abschmecken. Die Brühe erhitzen, von der Ricottamasse mit zwei Teelöffeln kleine Klößchen abstechen und in der Brühe in etwa 10 Minuten gar ziehen lassen. 2 klein gewürfelte Tomaten in der Brühe erhitzen. Eventuell vor dem Servieren gehacktes Basilikum aufstreuen.

EINLAGE: Tortellini und Gemüse
250 g Gemüse in feinen Streifen (z. B. Möhren und Kohlrabi) mit 250 g frischen Tortellini (aus der Kühltheke) in der Brühe 3–5 Minuten garen. Mit frisch geriebenem Parmesan bestreut servieren.

Basic-TIPP
Das Hackfleisch und Gemüse, das beim Garen der Blitzbrühe übrig bleibt, nicht wegwerfen, sondern zu einer Pastasauce verarbeiten: Das Gemüse eventuell etwas kleiner schneiden und mit dem Hack und 125 g Sahne mischen und erwärmen. Ganz nach Belieben mit Senf oder Tomatenmark, Salz und Pfeffer abschmecken und zu kurzen Nudeln oder Makkaroni essen. Wer mag, streut noch geriebenen Parmesan drauf.

Tomatensuppe mit Mettbällchen

Einfach und fix gemacht

Zutaten für 4 Personen:
1 Zwiebel | 2 Zweige Thymian
250 g Schweinemett (frische Zwiebelmettwurst geht auch)
Salz | frisch geriebene Muskatnuss
1 Dose geschälte Tomaten (800 g Inhalt)
1/4 l Fleisch- oder Gemüsebrühe
1/2 TL Zucker | Pfeffer

Zubereitungszeit: 20 Minuten
Kalorien pro Portion: 240 kcal

1_Zwiebel schälen und sehr fein würfeln. Thymian waschen und trocken schütteln, Blättchen abstreifen. Beides mit dem Mett in eine Schüssel geben, mit Salz und Muskat würzen und kräftig durchkneten. Zu gut 1 cm großen Bällchen formen.

2_Tomaten samt Flüssigkeit fein pürieren und mit der Brühe in einem großen Topf erhitzen. Wenn die Suppe zu dickflüssig ist, noch etwas Brühe oder Wasser dazugeben. Mit Zucker, Salz und Pfeffer würzen.

3_Die Bällchen einlegen und in ungefähr 5 Minuten in der Suppe gar ziehen lassen. Abschmecken und in tiefe Teller füllen.

TIPPs
Fein: Thymian- oder Basilikumblättchen aufstreuen. Für Veggies statt Mettbällchen die Ricottanockerl von Seite 42 zubereiten.

Kartoffelsuppe mit Knusperspeck

Angenehm würzig

Zutaten für 4 Personen:
600 g Kartoffeln (mehligkochend oder vorwiegend festkochend)
1 Stück Knollensellerie (etwa 150 g)
1 Zwiebel | 1 EL Butter
1 TL Currypulver | 1 1/8 l Gemüsebrühe
150 g durchwachsener Räucherspeck (in dünnen Scheiben) | Salz

Zubereitungszeit: 25 Minuten
Kalorien pro Portion: 360 kcal

1_Die Kartoffeln und den Sellerie schälen, waschen und in kleine Würfel schneiden. Die Zwiebel schälen und fein würfeln.

2_Die Butter in einem großen Topf zerlassen. Kartoffeln, Sellerie und Zwiebel darin unter Rühren 1–2 Minuten bei mittlerer Hitze andünsten. Das Currypulver darüberlöffeln und kurz mitdünsten. Brühe angießen und aufkochen. Den Deckel auflegen und das Gemüse etwa 15 Minuten garen, bis es schön weich ist.

3_Inzwischen Schwarte und Knorpel von den Speckscheiben abschneiden. Speck in feine Streifen schneiden und ohne weiteres Fett in einer Pfanne bei mittlerer Hitze in etwa 5 Minuten erst glasig, dann knusprig werden lassen. Oft umrühren.

4_Kartoffeln, Sellerie und Zwiebeln in der Brühe fein pürieren, die Suppe salzen. Die Suppe in tiefe Teller schöpfen und jeweils ein paar Speckstreifen darauf verteilen

TIPP
Wer gerne scharf isst, halbiert die Suppe und würzt die eine Hälfte mit mehr Currypulver (etwa 1 TL). Die zweite milde Hälfte ist dann für alle zarten Gaumen.

Erbsensuppe mit Frischkäsenockerl

Leicht und frisch und für den kleinen Hunger

Zutaten für 4 Personen:
1 Zwiebel | 2 Knoblauchzehen
2 EL Butter | 450 g TK-Erbsen
800 ml Gemüsebrühe
1/2 Bio-Zitrone
150 g Doppelrahmfrischkäse
Salz | Pfeffer | 100 g Sahne

Zubereitungszeit: 20 Minuten
Kalorien pro Portion: 330 kcal

1_Zwiebel und Knoblauch schälen und fein würfeln. Butter in einem großen Topf zerlassen. Zwiebel und Knoblauch darin andünsten. Die Erbsen dazugeben und unter Rühren antauen lassen. Brühe angießen und zum Kochen bringen. Deckel auflegen und die Erbsen bei mittlerer Hitze in etwa 10 Minuten gut weich kochen.

2_Inzwischen die Zitronenhälfte heiß waschen und abtrocknen, die Schale fein abreiben. Frischkäse und Zitronenschale mischen, salzen und pfeffern. Mit zwei Teelöffeln kleine Nocken abstechen.

3_Die Erbsen mit dem Pürierstab in der Brühe fein pürieren. Die Sahne einrühren, Suppe mit Salz und Pfeffer abschmecken. In tiefe vorgewärmte Teller füllen und die Frischkäsenockerl in die Suppe setzen. Gleich servieren.

Kürbissuppe mit Kartoffeln

Feine Herbstsuppe

Zutaten für 4 Personen:
1 Stück Kürbis (etwa 900 g)
1 Stange Lauch
2 EL Butter | 2 Wacholderbeeren
1 l Gemüsebrühe
250 g festkochende Kartoffeln
1 EL Öl | Salz | Pfeffer
2 EL saure Sahne
2 EL Kürbiskernöl (wer mag)

Zubereitungszeit: 30 Minuten
Kalorien pro Portion: 205 kcal

1_Kürbis schälen und die Kerne mitsamt dem faserigen Fruchtfleisch entfernen. Den Kürbis würfeln. Lauch putzen, längs aufschlitzen, gründlich waschen und in schmale Streifen schneiden.

2_In einem großen Topf 1 EL Butter zerlassen. Kürbis, Lauch und Wacholderbeeren darin andünsten. Brühe angießen und aufkochen. Den Deckel auflegen und den Kürbis bei schwacher Hitze in ungefähr 15 Minuten gut weich kochen.

3_Inzwischen die Kartoffeln schälen, waschen und gut 1/2 cm groß würfeln. Die restliche Butter und das Öl in einer Pfanne erhitzen und die Kartoffeln darin 8–10 Minuten bei schwacher bis mittlerer Hitze braten, bis sie weich und knusprig sind. Ab und zu umrühren. Mit Salz und Pfeffer würzen.

4_Die Suppe mit dem Pürierstab im Topf pürieren, mit Salz und Pfeffer würzen und in tiefe Teller verteilen. Jeweils ein paar Kartoffelwürfel auf die Suppe löffeln und mit etwas saurer Sahne garnieren. Und wer mag, träufelt noch etwas Kürbiskernöl darüber.

Kartoffeltopf mit Möhren und Kohlrabi

Für Puristen: mit den Kartoffeln nur eine Gemüsesorte garen

Zutaten für 4 Personen:
700 g festkochende Kartoffeln
1 großer Kohlrabi
400 g Möhren
1 Zwiebel oder 2 Schalotten
2 Knoblauchzehen
2 EL Butter
300 ml Gemüse- oder Fleischbrühe
400 g rohe Bratwürstchen
100 g Crème fraîche
Salz | 1/2 TL edelsüßes Paprikapulver
1/4 Bund Petersilie

Zubereitungszeit: 35 Minuten
Kalorien pro Portion: 560 kcal

1_Die Kartoffeln, den Kohlrabi und die Möhren schälen, die Kartoffeln danach noch waschen. Alles in etwa 1 cm große Würfel schneiden. Die Zwiebel oder Schalotten und den Knoblauch schälen und sehr fein würfeln.

2_Butter in einem großen Topf zerlassen und alle vorbereiteten Zutaten darin bei mittlerer Hitze unter Rühren andünsten. Die Brühe angießen und erhitzen. Den Deckel auflegen, die Kartoffeln und das Gemüse in etwa 15 Minuten bei geringer Hitze weich, aber nicht zu weich garen.

3_Inzwischen die Bratwürstchen in gut 1 cm lange Stücke schneiden und in einer Pfanne bei mittlerer Hitze 3–4 Minuten braten, bis sie leicht braun sind. Ab und zu umrühren.

4_Die Wurststücke mit der Crème fraîche unter den Kartoffeltopf rühren, mit Salz und Paprika abschmecken und noch kurz zugedeckt ziehen lassen. Die Petersilie waschen, trocken schütteln und die Blättchen fein hacken. In einem Schälchen mit auf den Tisch stellen, sodass sich jeder davon über den Eintopf streuen kann.

TIPP
Bei den Gemüsevorlieben liegen die Geschmäcker ja oft weit auseinander – nicht nur bei Kindern. Darum hier noch ein paar richtig gute Kombinationsmöglichkeiten: Kartoffeln mit Erbsen und Paprika oder Kartoffeln mit Zucchini, jungem Wirsing und Möhren. Auch sehr fein: Auberginen, Zucchini und Paprika. Dann aber statt der Butter zum Anbraten 4 EL Olivenöl nehmen.

VARIANTE: Kartoffel-Spargel-Topf mit Fisch
700 g festkochende Kartoffeln schälen, waschen und 1 cm groß würfeln. 2 Knoblauchzehen schälen und sehr fein hacken. 500 g grünen Spargel waschen und die holzigen Enden abschneiden. Spargel in 3–4 cm lange Stücke schneiden. Kartoffeln und Knoblauch in 2 EL Butter andünsten und mit 1/4 l Gemüsebrühe aufgießen. 8 Minuten zugedeckt bei mittlerer Hitze garen. Dann den Spargel untermischen und alles weitere 6–7 Minuten garen, bis der Spargel bissfest ist. Inzwischen 400 g Fischfilet (z. B. Lachs, Lachsforelle oder Rotbarsch) mundgerecht würfeln und in 1 EL Butter bei mittlerer Hitze 3–4 Minuten braten. Mit 50 g Crème fraîche unter den Eintopf heben, mit Salz, Pfeffer und etwas fein abgeriebener Bio-Zitronenschale abschmecken. Die Blättchen von 1 Kästchen Gartenkresse und 2 Frühlingszwiebeln in feinen Ringen mit auf den Tisch stellen, damit sich jeder davon über den Eintopf streuen kann.

Kann ebenfalls ein schneller Teller sein, wenn man sich zum Hähnchengaren am Vorabend etwas Zeit nimmt. Vorm Servieren dann nur noch das Fleisch zerteilen und die Nudeln und das Gemüse 10 Minuten köcheln lassen. Zur Not geht auch mal die Blitzvariante für Eilige – aber wirklich nur als Ausnahme.

Suppentopf mit Nudeln und Hähnchen

Wunderbar für Groß und Klein, wärmt die Seele und schmeckt auch, wenn alles andere nicht mehr hilft.

Zutaten für 4–6 Personen:
1/4 Knolle Sellerie (etwa 250 g)
2 Möhren
2 dünne Stangen Lauch
1 große Zwiebel
1 Lorbeerblatt | Salz
1 fleischiges Hähnchen (etwa 1,2 kg)
1 Stück Bio-Zitronenschale (3–4 cm)
2–3 Knoblauchzehen

250 g kurze Nudeln
300 g TK-Gemüse (Erbsen und Möhren)
1–2 EL gehackte Kräuter (wer mag, z. B. Basilikum, Schnittlauch)

Zubereitungszeit: 30 Minuten
+ 3 Stunden Brühe machen
Kalorien pro Portion (bei 6 Personen): 540 kcal

1_Am Vorabend Sellerie und Möhren schälen, den Lauch putzen und waschen, alles klein schneiden. Zwiebel schälen und quer halbieren. Einen großen Topf ohne Fett erhitzen. Darin die Zwiebel mit den Schnittflächen nach unten kräftig anrösten. 3 l Wasser angießen, Gemüse, Lorbeerblatt und 4 TL Salz zugeben. Zugedeckt zum Kochen bringen, 15 Minuten bei mittlerer Hitze köcheln lassen.

2_Hähnchen innen und außen waschen, mit der Brust nach oben in den Topf geben und 20 Minuten köcheln lassen. Hähnchen umdrehen, Zitronenschale und den geschälten Knoblauch dazugeben, weitere 15 Minuten köcheln lassen. Topf vom Herd nehmen und das Hähnchen in der heißen Brühe 2 Stunden gar ziehen lassen. Dann Hähnchen herausnehmen, Brühe durchs Sieb gießen. Beides kalt stellen.

3_Am nächsten Tag vorm Servieren die Fettschicht von der Brühe abschöpfen, die Brühe zum Kochen bringen. Eventuell mit Salz nachwürzen.

4_Das Hähnchenfleisch von den Knochen lösen und in kleine Stücke schneiden. Die Nudeln in die kochende Brühe geben und nach Packungsangabe bissfest garen. Das TK-Gemüse ebenfalls zugeben und wenige Minuten mitkochen, bis es gar und heiß ist. Zum Schluss das Fleisch einlegen und heiß werden lassen, nicht mehr kochen. Frische Kräuter passen natürlich immer, aber es schmeckt auch ohne!

Blitzvariante:

Statt selbst gekochter Hühnerbrühe 2 l Instant-Brühe oder Hühnerfond (aus dem Glas) zum Kochen bringen. Nudeln und TK-Gemüse wie beschrieben darin köcheln. Kleine Fleischstückchen von 1 gegarten Brathuhn (ohne Haut!) einlegen und heiß werden lassen. Oder 600 g rohes Hähnchenbrustfilet in dünnen Streifen einlegen und in etwa 10 Minuten gar ziehen lassen. Mit Salz und Kräutern nach Belieben fein abschmecken.

Pasta Bolognese

Klassiker, der immer schmeckt!

Zutaten für 4 Personen:
1 Zwiebel
1 Möhre
1 Stange Staudensellerie
125 g durchwachsener Räucherspeck (in dünnen Scheiben, noch besser: italienischer Pancetta)
2 EL Butter
1 EL Olivenöl
400 g gemischtes Hackfleisch (wenn möglich, vom Metzger etwas gröber frisch durchdrehen lassen)
200 g passierte Tomaten (aus der Dose oder dem Tetrapack)
3/8 l Fleischbrühe
Pfeffer
1/8 l Milch
Salz
500 g Tagliatelle (ersatzweise Linguine oder Spaghetti oder Makkaroni)

Zubereitungszeit: 20 Minuten
+ 2 Stunden Schmoren
Kalorien pro Portion: 1015 kcal

1_Die Zwiebel und die Möhre schälen, den Sellerie waschen und die Fäden abziehen. Alles ganz fein hacken, am besten im Blitzhacker. Die Schwarte vom Speck abschneiden. Speck klein würfeln, dabei alle Knorpel entfernen.

2_In einem Topf 1 EL Butter und das Öl warm werden lassen. Zwiebel-Gemüse-Mischung einrühren und bei mittlerer Hitze unter Rühren andünsten. Speck dazugeben und ein paar Minuten weiterdünsten. Jetzt kommt das Hackfleisch dazu. Und das wird so lange gerührt und gebraten, bis es krümelig wird und nicht mehr rot ist. Tomaten und Fleischbrühe dazugeben, alles leicht pfeffern und die Hitze auf schwache Stufe schalten. Das Ganze zugedeckt etwa 1 1/2 Stunden vor sich hin köcheln lassen und nur ab und zu mal nachschauen, ob noch genügend Flüssigkeit im Topf ist. Wenn nicht, etwas Brühe oder Wasser nachschütten. Und bei der Gelegenheit alles mal durchrühren.

3_Nach den 1 1/2 Stunden die Milch angießen und den Sugo offen noch einmal etwa 30 Minuten schmurgeln lassen, bis die Sauce schön sämig wird. Erst zum Schluss mit Salz und Pfeffer abschmecken.

4_Für die Pasta ungefähr 5 l Wasser in einem großen Topf zum Kochen bringen und salzen. Nudeln darin nach Packungsangabe al dente kochen, in einem Sieb abtropfen lassen und mit der restlichen Butter in kleinen Stücken in einer vorgewärmten Schüssel mischen. Nun die Nudeln in tiefe Teller (am besten vorgewärmt) verteilen und mit je 1 Schöpfer Bolognese bedecken. Und dazu gibt's reichlich frisch geriebenen Parmesan.

TIPP
In Italien verwenden viele für den Sugo kein durchgedrehtes Hackfleisch, sondern sehr fein geschnittenes oder mit einem großen Messer selber grob gehacktes Fleisch. Wer das auch machen will, kauft je 250 g Schweineschulter und Rinderkeule und schneidet beides ganz klein.

VARIANTE: Blitzbolognese
400 g Rinderhackfleisch in 1 EL Butter und 1 EL Öl bei mittlerer Hitze krümelig braten. Mit 400 g Tomaten in Stücken (aus der Dose oder dem Tetrapack) mischen. Mit Salz, Pfeffer, 1 Prise Zucker und 1 TL getrockneten italienischen Kräutern würzen. Alles offen 15 Minuten schmurgeln lassen. 1 EL frisch geriebenen Parmesan unterrühren, den Sugo abschmecken und mit der Lieblingspasta essen.

VARIANTE: Veggie-Bolognese
100 g feines Sojagranulat mit 350 ml heißer Gemüsebrühe begießen und etwa 15 Minuten lang quellen lassen. 500 g Tomaten mit kochend heißem Wasser überbrühen, häuten und klein würfeln, dabei die Stielansätze entfernen. 3 Knoblauchzehen und 1 Zwiebel schälen und mit den Blättchen von 4 Stängeln Petersilie sehr fein hacken. Zwiebelmischung in 2 EL Olivenöl andünsten. Granulat in einem Sieb abtropfen lassen (Brühe auffangen) und dazugeben. Kurz mitbraten, dann die Tomaten und die Einweichbrühe zugeben. Mit Salz und Pfeffer würzen, bei geringer Hitze offen um die 15 Minuten schmoren lassen, bis das Granulat weich ist. Ab und zu umrühren und, falls nötig, noch etwas mehr Brühe angießen. Und auch hier passt dazu frisch geriebener Parmesan optimal.

Spaghetti mit Brotbröseln

Simples vom Feinsten

Zutaten für 4 Personen:
150 g altbackenes Weißbrot (ersatzweise nicht zu feine Brotbrösel)
500 g Spaghetti
Salz
4 Stängel Petersilie
2 Knoblauchzehen
8 getrocknete, in Öl eingelegte Tomaten (wer mag)
8 EL Olivenöl
Pfeffer aus der Mühle (wer mag)

Zubereitungszeit: 20 Minuten
Kalorien pro Portion: 765 kcal

1_Vom Weißbrot die Rinde abschneiden und das Brot mit den Fingern nicht zu fein zerkrümeln oder in der Küchenmaschine mittelgrob zerkleinern.

2_Für die Nudeln in einem großen Topf reichlich Wasser (um die 5 l) zum Kochen bringen, salzen. Die Spaghetti einlegen, mit dem Kochlöffel nach und nach ganz unter Wasser drücken und nach Packungsangabe al dente kochen.

3_Schon während das Wasser heiß wird, Petersilie waschen und trocken schütteln, die Blättchen abzupfen und fein hacken. Knoblauch schälen und schon mal in die Knoblauchpresse legen. Und wer mag, lässt die Tomaten kurz abtropfen und schneidet sie in kleine Stücke.

4_In einer großen Pfanne 6 EL Öl heiß werden lassen. Brotbrösel untermischen und bei mittlerer Hitze unter Rühren ein paar Minuten rösten, bis sie schön knusprig sind. Knoblauch dazupressen und gut unterrühren, Petersilie untermischen und die Brösel eventuell leicht salzen. Pfanne vom Herd ziehen.

5_Die Spaghetti abgießen und mit dem übrigen Öl und eventuell den Tomaten mischen. In vorgewärmte Teller verteilen und die Brösel nur daraufstreuen – erst beim Essen untermischen, damit sie schön knusprig bleiben. Und wer mag, mahlt über seine Portion noch ein bisschen Pfeffer. Frisch geriebener Parmesan passt auch prima dazu.

Käsenudeln

Schnelle Schwester der Käsespätzle

Zutaten für 4 Personen:
500 g kurze Nudeln (z. B. Casarecce, Fusilli oder schmale Penne)
Salz
2 große Zwiebeln
1 EL Butter
1 EL Öl
Pfeffer
200 g würziger Käse zum Reiben
(z. B. Bergkäse oder mittelalter Gouda)

Zubereitungszeit: 25 Minuten
Kalorien pro Portion: 695 kcal

1_Für die Nudeln in einem großen Topf etwa 5 l Wasser zum Kochen bringen, salzen. Die Nudeln einrühren und nach Packungsangabe al dente kochen.

2_Schon während das Wasser heiß wird, die Zwiebeln schälen und in feine Ringe schneiden. Butter und Öl in einer Pfanne warm werden lassen. Darin die Zwiebeln bei mittlerer bis schwacher Hitze unter Rühren etwa 10 Minuten braten, bis sie leicht braun und knusprig werden. Mit

Salz und Pfeffer würzen. Den Backofen auf 150 Grad schalten (auch schon jetzt einstellen: Umluft 120 Grad).

3_Den Käse von der Rinde befreien und fein reiben oder klein würfeln. Die Nudeln in ein Sieb abgießen. Eine Lage Nudeln in eine feuerfeste Form löffeln, mit etwas Käse bestreuen und wieder mit Nudeln bedecken. Alle Nudeln und den Käse einschichten. Zwiebeln obendrauf verteilen. Die Form für ungefähr 5 Minuten in den Ofen (Mitte) stellen, bis der Käse schmilzt. Dazu gibt es Tomaten- oder Gurkensalat.

VARIANTE: Käsespätzle

Dauert insgesamt gut 30 Minuten länger als die Käsenudeln. Für den Teig 500 g Mehl mit Salz, 3/8 l Wasser und 4 Eiern (Größe M) zu einem zähen, glatten Teig verrühren (mit den Knethaken des Handrührgeräts) und etwa 15 Minuten stehen lassen. Salzwasser zum Kochen bringen. Den Teig mit dem Spätzlehobel oder der Spätzlepresse portionsweise ins Wasser hobeln oder pressen und etwa 5 Minuten kochen lassen, herausheben. Wenn alle Spätzle gegart sind, wie die Nudeln mit dem Käse in die Form einschichten und 10 Minuten in den Ofen stellen.

Penne mit Tomaten-Wurst-Sahne

Mit würzigen Bratwurststückchen

Zutaten für 4 Personen:
500 g Penne (ersatzweise andere kurze Nudeln) | Salz
200 g rohe Bratwürstchen
200 g Tomaten
1 EL Butter
200 g Sahne
1 TL Tomatenmark
Pfeffer
ein paar Basilikumblättchen zum Bestreuen (wer mag)

Zubereitungszeit: 20 Minuten
Kalorien pro Portion: 785 kcal

1_Für die Nudeln in einem großen Topf etwa 5 l Wasser zum Kochen bringen, salzen. Die Penne einrühren und nach Packungsangabe al dente kochen.

2_Schon während das Wasser heiß wird, die Bratwurstmasse in kleinen Kugeln aus der Wursthaut drücken. Aus den Tomaten die Stielansätze rausschneiden. Tomaten mit kochend heißem Wasser übergießen, kurz ziehen lassen und die Haut ablösen. Tomaten klein würfeln.

3_Butter in einem Topf zerlaufen lassen. Darin die Bratwurststückchen unter Rühren bei mittlerer Hitze 3–4 Minuten braten. Tomaten dazugeben, Sahne angießen und aufkochen. Sauce mit Tomatenmark verrühren, mit Salz und Pfeffer abschmecken.

4_Die Penne abgießen, mit der Sauce mischen und in einer vorgewärmten Schüssel auf den Tisch stellen. Wer mag, streut sich vor dem Essen noch ein paar Basilikumblättchen auf die Nudeln.

TIPPs

Auch fein: gekochten Schinken statt der Bratwürstchen nehmen. Einfach in Würfel oder feine Streifen schneiden und in der Butter braten.

Schmeckt nicht nur Kindern: Tomatensahne pur. Die gewürfelten Tomaten in der Butter 5 Minuten andünsten, dann die Sahne aufgießen und 2 EL frisch geriebenen Parmesan mit unterrühren. Mit den Nudeln mischen.

Zucchini-Käse-Sauce

Schmeckt zu Nudeln, Gnocchi oder Spätzle – für Gemüsemuffel auch ohne die Zucchini

Zutaten für 4 Personen:
400 g Zucchini
2 Knoblauchzehen
100 g Blauschimmelkäse
100 g frisch geriebener Parmesan oder Pecorino
2 Frühlingszwiebeln (wer mag)
2 EL Öl
1/8 l Gemüsebrühe
125 g Sahne
Salz | Pfeffer
etwas abgeriebene Bio-Zitronenschale (wer mag)
1 EL frisch gehackte Petersilie (wer mag)

Zubereitungszeit: 20 Minuten
Kalorien pro Portion: 355 kcal

1_Die Zucchini waschen, putzen und klein würfeln. Den Knoblauch schälen und fein würfeln. Blauschimmelkäse klein würfeln und mit dem geriebenen Käse mischen. Nach Belieben Frühlingszwiebeln waschen, putzen und in feine Ringe schneiden.

2_Das Öl in einem Topf erhitzen. Darin die Zucchini, den Knoblauch und eventuell die Frühlingszwiebeln 3–4 Minuten bei starker Hitze andünsten und leicht braun werden lassen.

3_Den Käse, die Brühe und die Sahne zu den Zucchini rühren und bei schwacher Hitze etwa 5 Minuten erhitzen, bis der Käse geschmolzen ist, dabei ab und zu umrühren. Die Sauce salzen und pfeffern. Mit heißen Nudeln, Gnocchi oder Spätzle servieren.

4_Wer mag, mischt die Zitronenschale und die Petersilie, füllt die Mischung in ein Schälchen und stellt dieses mit auf den Tisch. Jeder kann sich dann von den Zitronenkräutern nehmen und aufstreuen.

Kinder-TIPP
Wenn Kinder mitessen, die keine Zucchini mögen, wird ab Punkt 3 getrennt weitergemacht. Den Käse mit der Gemüsebrühe und der Sahne in einem kleinen Topf bei schwacher Hitze unter Rühren schmelzen lassen. Sauce teilen und eine Hälfte unter die angedünsteten Zucchini mischen.

Frische Tomatensauce

Sommerlich erfrischende Basissauce mit Ausbaumöglichkeiten – am allerbesten mit kurzen Nudeln essen

Zutaten für 4 Personen:
Für die Basissauce:
600 g Tomaten | 2 Knoblauchzehen
4 EL Olivenöl | Salz | Pfeffer
Für die Extrawürze:
1 Bund Basilikum | 2 Knoblauchzehen
ODER
1 EL Pinienkerne | 2 in Öl eingelegte Sardellenfilets | 2 TL Kapern
ODER
1 Chilischote | 2 TL Aceto balsamico
1 TL Ahornsirup oder flüssiger Honig

Zubereitungszeit: 15 Minuten
Kalorien pro Portion: 120–135 kcal

1_Für die Basissauce Tomaten waschen und die Stielansätze herausschneiden. Tomaten ganz klein schneiden (der Blitzhacker ist super dafür). Den Knoblauch schälen und durch die Presse zu den Tomaten drücken. Öl untermischen und die Tomaten mit Salz und Pfeffer würzen.

Die Tomatensauce mit ganz heißen Nudeln mischen und mit frisch geriebenem Parmesan, Pecorinospänen oder auch zerkrümeltem Feta bestreuen.

2_Für die, die's würziger mögen: Entweder die Basilikumblättchen von den Stängeln zupfen und ganz fein schneiden. Knoblauch schälen, durch die Presse drücken und mit dem Basilikum unter die Tomatensauce rühren. Oder die Pinienkerne in einer Pfanne ohne Fett goldbraun rösten. Sardellenfilets abtropfen lassen, klein schneiden und mit den Pinienkernen und den Kapern unter die Sauce mischen. Oder die Chilischote waschen, entstielen und samt Kernen fein hacken. Mit Essig, Sirup oder Honig unter die Sauce rühren.

Kinder-TIPP
Wenn selbst die schlichteste Sauce bei den Kleinen nicht ankommt, einfach nur Nudeln kochen und mit etwas Butter und (Kräuter-)Salz mischen. Wer mag, kann dazu noch frisch geriebenen Parmesan aufstreuen. Und die Tomaten in schmale Spalten schneiden und auf einem Extrateller anbieten und oder an den Rand des Nudeltellers legen.

Zitronen-Lachs-Sauce

Fein zu Bandnudeln, Gnocchi oder Schupfnudeln

Zutaten für 4 Personen:
100 g Räucherlachs
300 g frischer Lachs
1 kleine Bio-Zitrone
1 Frühlingszwiebel (wer mag)
1 EL Butter (wer mag)
250 g ganz frische Sahne
Salz | Pfeffer
1/2 Kästchen Gartenkresse oder ein paar Blättchen Zitronenmelisse (wer mag)

Zubereitungszeit: 15 Minuten
Kalorien pro Portion: 440 kcal

1_Den Räucherlachs in feine, nicht zu lange Streifen schneiden. Den frischen Lachs waschen, gut mit Küchenpapier trocken tupfen und klein würfeln. Zitrone heiß waschen und abtrocknen, die Schale fein abreiben und 1–2 EL Saft auspressen. Nach Belieben Frühlingszwiebel waschen, putzen und fein schneiden.

2_Eventuell die Butter in einem Topf zerlassen und die Frühlingszwiebel darin andünsten. Sahne dazugeben und in etwa 3 Minuten bei mittlerer Hitze cremig einkochen lassen. (Wer die Frühlingszwiebel und die Butter weglässt, kocht einfach nur die Sahne ein.)

3_Den frischen Lachs untermischen und 1 Minute in der Sahne garen. Räucherlachs, Zitronenschale und -saft dazugeben und erwärmen. Sauce mit Salz und Pfeffer würzen. Mit heißen Bandnudeln, Gnocchi oder Schupfnudeln servieren.

4_Wer mag, schneidet die Kresse mit der Küchenschere vom Bett und streut sie vor dem Servieren auf oder stellt sie extra mit auf den Tisch. Oder auch die Melisseblättchen darüber verteilen.

Kinder-TIPP
Für alle Kids, die keinen Fisch mögen: den Lachs durch Erbsen ersetzen. 300 g TK- oder frische Erbsen in Salzwasser bissfest kochen und zum Schluss unter die Zitronensauce rühren.

Beim Nudelkochen einfach die doppelte Portion garen und dann am nächsten oder übernächsten Tag aus dem Rest eine von den drei Ideen hier zubereiten.

Nudelomelett mit Paprika und Zucchini

Saftig und knusprig

Zutaten für 4 Personen:
1 rote Paprikaschote
250 g Zucchini
2 Knoblauchzehen
6 Eier (Größe L)
50 ml Milch oder 50 g Sahne
100 g frisch geriebener Parmesan
3 EL Olivenöl
500 g gegarte Spaghetti (das sind 250 g ungekochte Spaghetti, ersatzweise auch andere Nudelreste)
Salz | Pfeffer
1/2 Bund Petersilie oder Basilikum

Zubereitungszeit: 40 Minuten
Kalorien pro Portion: 585 kcal

1_Die Paprika waschen, putzen und in dünne Streifen schneiden. Die Zucchini waschen, putzen und erst in Scheiben, dann auch in Streifen schneiden. Knoblauch schälen und klein würfeln. Die Eier mit Milch oder Sahne und Käse verrühren.

2_In einer großen Pfanne 1 EL Olivenöl erhitzen. Die Paprika, die Zucchini und den Knoblauch darin 3–4 Minuten bei starker Hitze unter Rühren braten. In eine Schüssel umfüllen, Spaghetti und Eiermasse dazugeben, alles gut durchrühren und mit Salz und Pfeffer würzen.

3_Übriges Öl in der Pfanne heiß werden lassen. Die Nudelmischung hineinfüllen und glatt verteilen, das Omelett etwa 12 Minuten bei schwacher bis mittlerer Hitze braten, bis es sich von der Pfanne lösen lässt. Rundherum vom Rand lösen, auf einen Teller rutschen lassen, umgedreht wieder in die Pfanne geben und noch mal um die 10 Minuten braten.

4_Petersilie oder Basilikum waschen, trocken schütteln und fein hacken. Das Omelett zum Servieren in Tortenstücke schneiden und mit Petersilie oder Basilikum bestreuen. Dazu schmeckt ein Salat, z. B. ein Tomatensalat.

Nudelauflauf mit Ricotta und Tomaten

Macht nicht nur Veggies froh

Zutaten für 4 Personen:
400 g Tomaten
4 Frühlingszwiebeln (wer mag)
2 Knoblauchzehen (wer mag)
250 g Ricotta
4 Eier (Größe M)
Salz | Pfeffer
1 Prise frisch geriebene Muskatnuss
500 g gegarte kurze Nudeln (das sind 250 g ungekochte Nudeln, z. B. Penne)
4 EL frisch geriebener Parmesan
2 EL Butter

Zubereitungszeit: 20 Minuten
+ 25–30 Minuten Backen
Kalorien pro Portion: 505 kcal

1_Backofen auf 200 Grad vorheizen (auch schon jetzt einschalten: Umluft 180 Grad). Die Tomaten mit kochend heißem Wasser überbrühen und kurz ziehen lassen, abschrecken und die Haut abziehen. Tomaten in kleine Würfel schneiden, die Stielansätze dabei entfernen. Nach Belieben von

den Frühlingszwiebeln die Wurzelbüschel und die welken Teile abschneiden, Zwiebeln waschen und fein schneiden. Knoblauch schälen und durch die Presse drücken.

2_Den Ricotta mit Eiern, Salz, Pfeffer und Muskat gründlich verrühren, eventuell die Zwiebeln und den Knoblauch dazugeben. Tomaten und Nudeln untermischen und alles in eine feuerfeste Form füllen. Den Parmesan aufstreuen. Die Butter in kleine Würfel schneiden und auf der Oberfläche verteilen. Den Auflauf in den Ofen (Mitte) schieben und 25–30 Minuten backen, bis die Oberfläche schön braun ist. Schmeckt am besten mit einem Salat, z. B. Kopfsalat oder Gurkensalat.

TIPPs
Wer den Nudelauflauf etwas pikanter mag, mischt ein paar fein gewürfelte Sardellenfilets (je nach Größe 4–6) und/oder 2 EL entsteinte Oliven mit unter die Masse. Auch fein: frisch gehackte Petersilie oder ein paar abgezupfte Thymianblättchen (1–2 TL) mit dazugeben.

Nudelpfanne mit Hack
Superschnell auf dem Tisch

Zutaten für 4 Personen:
2 EL Butter
600 g gegarte Bandnudeln (das sind 300 g ungekochte Bandnudeln, ersatzweise auch andere Nudelreste)
200 g TK-Erbsen
400 g gemischtes Hackfleisch
1/2 Bund Schnittlauch
50 g frisch geriebener Parmesan
50 g Sahne
1 TL Tomatenmark
Salz | Pfeffer

Zubereitungszeit: 15 Minuten
Kalorien pro Portion: 700 kcal

1_Die Butter in einer großen Pfanne zerlassen. Darin die Nudeln bei starker Hitze unter Rühren in etwa 2 Minuten leicht knusprig werden lassen.

2_Die Erbsen und das Hackfleisch dazugeben, die Hitze auf mittlere Stufe zurückschalten und alles weitere 3–4 Minuten braten, bis das Fleisch krümelig ist. Dabei häufig durchrühren.

3_Den Schnittlauch waschen, trocken schütteln und in Röllchen schneiden. Den Parmesan mit Sahne und Tomatenmark verrühren und unter die Nudeln mischen, bis der Käse schmilzt – das geht ganz schnell. Die Nudeln mit Salz und Pfeffer abschmecken und gleich auf den Tisch stellen, den Schnittlauch darüberstreuen. Dazu passt außerdem ein Salat, z. B. ein Tomatensalat.

VARIANTE: Speck-Zwiebel-Nudeln
150 g durchwachsenen Räucherspeck (in dünnen Scheiben) von Schwarte und Knorpeln befreien und in feine Streifen schneiden. 2 Zwiebeln schälen, vierteln und ebenfalls in feine Streifen schneiden. Beides in 1/2 EL Butter und 1/2 EL Öl bei mittlerer Hitze etwa 5 Minuten braten. 500 g gegarte Bandnudeln (das sind 250 g ungekochte Nudeln) dazugeben, knusprig werden lassen. 2 Eier (Größe M) mit 150 g saurer Sahne verquirlen, dazugießen und nur kurz stocken lassen. Die Nudeln mit Salz und Pfeffer würzen und am besten mit einem Blattsalat essen.

Kartoffel-Erbsen-Tortilla mit Lachs

Spanisches Nationalgericht zum Sattessen

Zutaten für 4 Personen:
200 g TK-Erbsen
600 g vorwiegend festkochende Kartoffeln
1 Stück Lachsfilet (etwa 170 g)
1 Zwiebel
4 EL Olivenöl
7 Eier (Größe M)
4 EL Milch
Salz | Pfeffer

Zubereitungszeit: 45 Minuten
Kalorien pro Portion: 465 kcal

1_Die Erbsen antauen lassen. Kartoffeln schälen, waschen und knapp 1 cm groß würfeln. Wer mag, kann sie aber auch auf dem Küchenhobel fein zerteilen. Den Lachs waschen, mit Küchenpapier trocken tupfen und in etwa 1/2 cm breite Streifen schneiden. Die Zwiebel schälen und sehr fein würfeln.

2_Das Öl in einer großen Pfanne erhitzen. Kartoffeln und Zwiebel darin bei mittlerer Hitze unter Rühren etwa 4 Minuten garen. Erbsen untermischen, alles 2–3 Minuten weiterbraten und rühren. Dann den Lachs nur untermengen.

3_Die Eier mit der Milch, Salz und Pfeffer verrühren und über die Zutaten in der Pfanne gießen. Die Hitze etwas über schwacher Stufe einstellen, den Deckel auflegen. Tortilla etwa 25 Minuten garen, bis die Kartoffeln weich sind. Die Tortilla jetzt noch kurz auf der Oberseite backen. Dazu aus der Pfanne auf einen großen Teller rutschen lassen. Die Pfanne umgekehrt über den Teller legen und beides zusammen mit Schwung umdrehen. Die Tortilla noch kurz backen, dann in Stücke schneiden und mit Salat essen. (Wem das Wenden zu kompliziert erscheint, isst die Tortilla einfach so.)

TIPP
Statt Erbsen schmecken auch Zucchini (wie die Kartoffeln in Würfel schneiden) oder Paprika (in dünnen Streifen) sehr gut. Und: Das Lachsfilet kann man einfach weglassen oder durch 100 g gekochten Schinken oder auch Pecorino (beides in dünnen Scheiben) ersetzen.

VARIANTE: Kürbis-Frittata mit Räucherspeck
1 Stück Kürbis (etwa 500 g) schälen und die Kerne mitsamt dem faserigen Fruchtfleisch herausschneiden. Kürbis erst in dünne Scheiben, dann in Stifte schneiden. 100 g durchwachsenen Räucherspeck von Schwarte und Knorpeln befreien und klein würfeln oder 100 g Bacon in feine Streifen scheiden. 4 Knoblauchzehen schälen und in feine Scheiben teilen. Diese Zutaten in einer Pfanne bei mittlerer Hitze unter Rühren etwa 5 Minuten vorgaren. 8 Eier (Größe M) mit 50 g frisch geriebenem Parmesan, Salz und Pfeffer verrühren, die Kürbismischung gründlich untermengen. Weitere 2 EL Olivenöl in die Pfanne geben und erhitzen. Eiermischung einfüllen, bei schwacher Hitze etwa 15 Minuten backen, bis die Eiermasse fest wird. Wie links beschrieben auf einen Teller rutschen lassen und mit der ungebackenen Seite in die Pfanne stürzen. Noch mal etwa 5 Minuten braten. Die Frittata schmeckt warm mit grünem Salat, aber genauso abgekühlt – auch auf dem Büfett oder beim Picknick.

Bratkartoffeln mit Käse

Begeistert nicht nur Veggies

Zutaten für 4 Personen:
1 kg gegarte Pellkartoffeln
(am besten vom Vortag)
400 g Zucchini
2 Zweige Rosmarin
4 Knoblauchzehen
4 EL Olivenöl
Salz | Pfeffer
2 EL Butter
150 g Käse (ganz nach Belieben milder Gouda oder Mozzarella, würziger Ziegenfrischkäse oder Schafkäse)
50 g Oliven (wer mag)

Zubereitungszeit: 25 Minuten
Kalorien pro Portion: 440 kcal

1_Die Kartoffeln pellen und in 1 cm dicke Scheiben schneiden. Zucchini waschen, putzen, längs vierteln und quer in 1 cm dicke Stücke schneiden. Den Rosmarin waschen, trocken schütteln und die Blättchen grob schneiden. Knoblauch schälen und in feine Scheiben schneiden.

2_Das Öl bei starker Hitze in einer großen Pfanne erhitzen. Kartoffeln und Rosmarin einrühren und die Temperatur auf mittlere Stufe schalten. Kartoffeln etwa 5 Minuten braten, dabei ab und zu mal durchrühren. Dann Zucchini und Knoblauch dazugeben, alles mit Salz und Pfeffer würzen, durchrühren und etwa 5 Minuten weiterbraten.

3_Die Butter klein würfeln und unter die Kartoffeln rühren. Den Käse in kleine Stücke teilen, zerkrümeln oder würfeln und auf den Kartoffeln verteilen. Wer mag, gibt auch noch die Oliven dazu. Den Deckel auflegen und alles noch 1 Minute weitergaren, bis der Käse warm ist. Mit Tomatensalat schmecken die Kartoffeln besonders gut, aber es passt auch ein Kotelett dazu.

Kinder-TIPP
Manche mögen es pur am allerliebsten. Für diese jungen Kartoffelfans die Knollen nur in Butter und Öl braten – ohne Knoblauch, Rosmarin, Zucchini. Falls gewünscht, aber den Käse auf den Kartoffeln verteilen und schmelzen lassen. Und dazu einen Gurken- oder Tomatensalat anbieten.

Ofenrösti mit Räucherspeck

Für mehr Leute: einfach die doppelte Menge machen und auf dem Blech backen!

Zutaten für 4 Personen:
1 große Zwiebel
200 g durchwachsener Räucherspeck
1 kg vorwiegend festkochende Kartoffeln
1 EL Mehl | Salz | Pfeffer
frisch geriebene Muskatnuss
60 g Butter
600 g Apfelmus (aus dem Glas oder selbst gemacht wie rechts beschrieben)

Zubereitungszeit: 30 Minuten
+ 40 Minuten Backen
Kalorien pro Portion: 690 kcal

1_Die Zwiebel schälen und fein würfeln. Vom Speck die Schwarte abschneiden. Den Speck in kleine Würfel schneiden, dabei alle Knorpel entfernen. Den Backofen auf 180 Grad vorheizen (erst später einschalten: Umluft 160 Grad).

2_Zwiebel und Speck in einer Pfanne etwa 5 Minuten bei schwacher bis mittlerer Hitze dünsten, ab und zu umrühren.

Inzwischen Kartoffeln schälen, waschen und fein reiben. Falls sich dabei Flüssigkeit bildet, abgießen. Kartoffeln mit der Speckmischung und dem Mehl verrühren. Mit Salz, Pfeffer und Muskat würzen.

3_Eine feuerfeste Form mit etwas Butter ausstreichen. Die Kartoffelmasse einfüllen und glatt streichen. Die übrige Butter in Stückchen darauf verteilen. Kartoffeln im Ofen (Mitte) etwa 40 Minuten backen, bis sie weich und knusprig sind.

TIPP
Die Rösti schmecken auch ohne Speck. Dann einfach mehr Zwiebeln nehmen. Gut passt zum Würzen gemahlener Kümmel oder Paprikapulver anstatt Muskat.

GRUNDREZEPT: Apfelmus selbst gemacht
800 g säuerliche Äpfel vierteln, schälen, entkernen und in Spalten schneiden. Mit 70 g Zucker, der abgeriebenen Schale von 1/2 Bio-Zitrone und etwas Zimt in einen Topf geben. 50 ml Apfelsaft oder Wasser zugeben, erhitzen. Die Äpfel zugedeckt bei schwacher Hitze in etwa 20 Minuten weich garen. Mit dem Kartoffelstampfer fein zerdrücken und abkühlen lassen.

Kartoffel-Tomaten-Püree mit Fisch
Cremig, saftig, knusprig

Zutaten für 4 Personen:
600 g Fischfilet (z. B. Rotbarsch, Rotbarben oder Lachsforelle)
1 EL Zitronensaft
Salz | Pfeffer
1 kg vorwiegend festkochende Kartoffeln
300 g Tomaten
300 g Sahne
2 EL Mehl
2 EL Butter
2 EL Öl
1 Kästchen Gartenkresse oder 1/2 Bund Basilikum (wer mag)

Zubereitungszeit: 30 Minuten
Kalorien pro Portion: 640 kcal

1_Das Fischfilet waschen, mit Küchenpapier gut trocken tupfen und in mundgerechte Würfel schneiden. Mit Zitronensaft, Salz und Pfeffer mischen und ziehen lassen, bis das Püree fertig ist.

2_Die Kartoffeln schälen, waschen und in grobe Würfel schneiden. In einem Topf mit gesalzenem Wasser bedecken, aufkochen und zugedeckt in etwa 15 Minuten bei mittlerer Hitze weich kochen.

3_Inzwischen die Tomaten mit kochend heißem Wasser überbrühen, kurz ziehen lassen, abschrecken und häuten. Die Tomaten ganz klein würfeln, die Stielansätze dabei herausschneiden. Die Sahne erhitzen, aber nicht kochen lassen.

4_Die Kartoffeln abgießen und mit dem Kartoffelstampfer zerkleinern. Sahne und Tomaten unterrühren, das Püree mit Salz und Pfeffer würzen und zugedeckt auf der abgeschalteten Kochplatte warm halten.

5_Die Fischwürfel im Mehl wenden. Butter und Öl in einer großen Pfanne erhitzen. Fischwürfel darin bei mittlerer Hitze etwa 4 Minuten braten, bis sie knusprig sind. Dabei ab und zu wenden. Das Püree auf Teller verteilen. Die Fischwürfel mit der Bratbutter darauf oder daneben verteilen.

6_Wer mag: Die Kresse mit der Küchenschere vom Beet abschneiden oder die Basilikumblättchen von den Stängeln abzupfen. Aufstreuen.

Ofengemüse mit Knoblauchquark

Nach Sorten getrennt in die Form legen – dann kann jeder nur zum Lieblingsgemüse greifen!

Zutaten für 4 Personen:
1 1/2–2 kg bunt gemischtes Gemüse (geeignet sind: zarte Möhren, Paprikaschoten, Zucchini, Tomaten, Pilze und/oder Zwiebeln – am besten rote)
5 EL Olivenöl | Salz | Pfeffer
4 Knoblauchzehen
1/4 Bund Basilikum
500 g Topfen oder Quark
50 g Sahne

Zubereitungszeit: 25 Minuten
+ 30 Minuten Backen
Kalorien pro Portion: 380 kcal

1_Backofen auf 220 Grad vorheizen (auch schon jetzt einschalten: Umluft 200 Grad). Das Gemüse vorbereiten: Möhren und Zwiebeln schälen, die übrigen Gemüse waschen und putzen. Gemüse in 3–4 cm große Stücke schneiden (die Tomaten nur halbieren).

2_Das Gemüse (eventuell nach Sorten getrennt) mit 4 EL Olivenöl, Salz und Pfeffer in einer feuerfesten Form oder in einem tiefen Backblech mischen. Im Ofen (Mitte) in etwa 30 Minuten goldbraun und weich backen, dabei ab und zu durchrühren.

3_Inzwischen den Knoblauch schälen und durch die Presse in eine Schüssel drücken. Die Basilikumblättchen von den Stängeln zupfen und fein hacken. Topfen oder Quark, Sahne und übriges Öl mit dem Basilikum und dem Knoblauch gut verrühren und mit Salz und Pfeffer würzen. Zum Gemüse essen. Dazu gibt es außerdem Brot oder Pellkartoffeln und ein paar Oliven.

VARIANTE: Ofengemüse mit Tomatenmayonnaise

Das Gemüse wie beschrieben zubereiten. Statt dem Knoblauchquark 300 g Tomaten waschen und quer halbieren, die Kerne herausdrücken und abstreifen. Tomaten klein würfeln. 125 g Mayonnaise (aus dem Glas oder der Tube) mit 125 g saurer Sahne verrühren. Die Tomaten und 1/2 TL Tomatenmark unterrühren und mit Salz und Pfeffer würzen. Tomatenmayonnaise mit dem Gemüse auf den Tisch stellen.

Zucchinipflänzchen

Arbeitserleichternd und fast ohne Fett im Ofen gebacken

Zutaten für 4 Personen:
700 g Zucchini (am besten kleine)
Salz
3 Knoblauchzehen
3 Frühlingszwiebeln oder
1 dünne Stange Lauch
1/2 Bio-Zitrone
1 Bund Petersilie
100 g Schafkäse (Feta) oder frisch geriebener Hartkäse (z. B. Bergkäse oder Greyerzer)
70 g Mehl
3 Eier (Größe M)
1 TL edelsüßes Paprikapulver
Backpapier und 2 EL Olivenöl fürs Backblech

Zubereitungszeit: 20 Minuten
+ 20 Minuten Backen
Kalorien pro Portion: 275 kcal

1_Die Zucchini waschen, putzen und fein in eine Schüssel raspeln. Mit 1 TL Salz mischen und etwa 15 Minuten stehen lassen, bis die Zucchini Wasser ziehen.

2_Backofen auf 220 Grad vorheizen (auch schon jetzt einschalten: Umluft 200 Grad). Das Backblech mit Backpapier auslegen und mit dem Öl einpinseln.

3_Den Knoblauch schälen und durch die Presse in eine große Schüssel drücken. Frühlingszwiebeln oder Lauch waschen, putzen und sehr fein hacken. Die Zitronenhälfte heiß waschen und abtrocknen, die Schale fein abreiben. Petersilie waschen und trocken schütteln, die Blättchen abzupfen und sehr fein hacken. Wer Schafkäse verwendet: fein zerkrümeln.

4_Den Saft von den Zucchini abgießen und die Raspel noch etwas ausdrücken. Zucchini mit dem Mehl, den Eiern, dem Käse, Zwiebeln oder Lauch, der Zitronenschale, Petersilie und dem Paprikapulver zum Knoblauch geben und alles gründlich durchmischen. Eventuell noch leicht salzen. Die Masse als kleine Häufchen aufs Blech setzen und ein wenig flach streichen. Im Ofen (Mitte) in etwa 20 Minuten knusprig backen, dabei die Pflänzchen nach der Hälfte der Zeit mit dem Pfannenwender umdrehen. Dazu schmecken Brot oder Bratkartoffeln und eine Joghurtsauce (Naturjoghurt mit etwas Olivenöl, Salz und Pfeffer gewürzt).

Wokgemüse mit Nussreis

Für Kinder den Reis ganz pur kochen und die Erdnüsse extra dazustellen

Zutaten für 4 Personen:
Für den Erdnussreis:
1 Zwiebel
2 Knoblauchzehen
100 g geröstete gesalzene Erdnusskerne
2 EL Butter | 300 g Basmatireis
600 ml Gemüsebrühe
Salz | Pfeffer
Für das Wokgemüse:
2 Kohlrabi
500 g junge Möhren
2 EL Öl
400 ml Kokosmilch
2 EL Limetten- oder Zitronensaft
Salz | 1/2 TL gemahlener Koriander
1 Prise Chilipulver
Sambal oelek zum Abschmecken und Korianderblättchen zum Bestreuen (wer mag)

Zubereitungszeit: 30 Minuten
Kalorien pro Portion: 400 kcal

1_Für den Reis Zwiebel und Knoblauch schälen und sehr fein hacken. Erdnusskerne mittelgrob hacken. Für das Gemüse Kohlrabi und Möhren schälen und zuerst in dünne Scheiben, dann in Stifte schneiden.

2_Für den Reis 1 EL Butter in einem Topf zerlassen. Zwiebel und Knoblauch darin andünsten. Reis zugeben und unterrühren. Mit der Brühe aufgießen, aufkochen, die Hitze klein stellen, Deckel auflegen und den Reis in etwa 15 Minuten weich garen.

3_Nach der Hälfte der Reisgarzeit Wok erhitzen und Öl hineingießen. Das Gemüse darin bei mittlerer bis starker Hitze unter Rühren 5–6 Minuten braten, bis es bissfest ist. Kokosmilch angießen, aufkochen. Gemüse mit Zitrussaft, Salz, gemahlenem Koriander und Chilipulver abschmecken.

4_Die übrige Butter zerlassen, Erdnüsse darin unter Rühren kurz anbraten. Unter den Reis mischen. Mit Salz und Pfeffer abschmecken. Mit dem Gemüse servieren.

5_Wer möchte, schärft das Wokgemüse noch mit Sambal oelek und streut die Korianderblättchen auf. Oder aber beides extra mit auf den Tisch stellen, damit jeder für seine Portion selbst entscheiden kann.

Pfannkuchen

Einfach pur genießen oder mit ganz viel Innenleben nach eigener Wahl

Zutaten für 4 Personen (etwa 16 Pfannkuchen):
300 g Mehl
1 Prise Salz
600 ml Milch
4 Eier (Größe M)
2 EL Butterschmalz

Zubereitungszeit: 45 Minuten
+ 30 Minuten Quellen
Kalorien pro Portion: 480 kcal

1_Das Mehl in eine Schüssel sieben und das Salz dazugeben. Milch und Eier nach und nach mit dem Schneebesen kräftig unterschlagen, bis der Teig schön glatt und eher dünnflüssig ist. Abgedeckt um die 30 Minuten stehen lassen, damit das Mehl gut quellen kann.

2_Dann nach und nach in einer Pfanne (am besten antihaftbeschichtet) etwas Butterschmalz zerlaufen lassen. Jeweils 1 Schöpfkelle voll Teig einfüllen und die Pfanne in alle Richtungen drehen, bis sich der Teig auf dem gesamten Pfannenboden verteilt hat. Bei mittlerer Hitze etwa 1 Minute backen, umdrehen und noch mal so lang backen.

3_Backofen auf 60 Grad (Umluft 40 Grad) stellen. Die gebackenen Pfannkuchen auf einem Teller darin warm halten.

4_Sind alle Pfannkuchen fertig, kann es losgehen: Ob ganz pur oder doch ein bisschen üppiger ist echt Geschmackssache. Einfach mal rechts nachlesen! In jedem Fall: Eine Füllung kommt auf den Pfannkuchen, und der wird zusammengeklappt oder aufgerollt.

Ganz klar, die meisten Kinder sind Puristen. Und mögen die Pfannkuchen deshalb ganz ohne was, nur mit Puderzucker bestreut oder mit Konfitüre, Schokocreme oder Apfelmus bestrichen – dünn, versteht sich. Schon ein bisschen feiner wird die Sache mit frischen Beeren. Zum Beispiel Himbeeren auf die Pfannkuchen legen, mit Puderzucker bestäuben und alles vorsichtig aufrollen. Statt Puderzucker schmeckt auch eine Schokoladensauce fein. Und wer dann doch noch mehr anbieten will, macht eine der folgenden Füllungen. Oder auch zwei, damit dem Ausprobieren nichts mehr im Wege steht.

FÜLLUNG 1: Zitronenquark
250 g Quark mit 3 Päckchen Vanillezucker und der abgeriebenen Schale von 1 1/2 Bio-Zitronen gründlich verrühren. 150 g Sahne mit 1 EL Puderzucker steif schlagen und unterheben. Den Zitronenquark auf den Pfannkuchen verstreichen, eventuell noch mit Schokospänen bestreuen, zusammenklappen oder aufrollen.

FÜLLUNG 2: Krabbenschmant
1/2 Bund Dill waschen und trocken schütteln, die Dillspitzen fein hacken und mit 1 TL scharfem Senf, 200 g Schmant und 150 g Crème fraîche oder saurer Sahne glatt verrühren. 150 g gepulte Nordseekrabben untermischen und alles mit Salz und Pfeffer abschmecken. Dünn auf die Pfannkuchen streichen, zusammenklappen oder aufrollen. Auch fein: ein paar Salatgurkenwürfel mit untermischen oder einen Gurkensalat extra dazu servieren.

FÜLLUNG 3: Hacksauce
1 Zwiebel und 2 Knoblauchzehen schälen und sehr fein hacken. Mit den Blättchen von 2 Zweigen Thymian in 1 EL Öl andünsten. 400 g gemischtes Hackfleisch dazugeben und so lange rühren und braten, bis es krümelig und nicht mehr rot ist. 1/8 l Gemüse- oder Fleischbrühe, 2 TL Tomatenmark und 100 g Sahne dazugeben und aufkochen. Die Sauce etwa 10 Minuten offen bei schwacher Hitze vor sich hinköcheln lassen, dabei ab und zu umrühren. Mit Salz und Pfeffer abschmecken und mit den Pfannkuchen essen.

Basic-TIPP
Wer liebt sie nicht, die feine Pfannkuchensuppe. Deshalb am besten gleich mehr Pfannkuchen zubereiten und die Reste am nächsten Tag in Brühe (ein schnelles Rezept dafür gibt's auf Seite 42, aber Brühe aus Würfeln oder Granulat geht auch) essen: Pfannkuchen aufrollen, in dünne Streifen schneiden und in Brühe warm werden lassen. Vor dem Servieren Schnittlauchröllchen aufstreuen.

Semmelknödel mit Speck und Zitronenlauch

Für Vegetarier den Speck einfach weglassen ... und für Lauchmuffel feines Möhrchengemüse kochen

Zutaten für 4 Personen:
250 g altbackene Brötchen (etwa 6 Stück) oder Knödelbrot
200 ml Milch
100 g durchwachsener Räucherspeck
1 Zwiebel
1 kleines Bund Petersilie
2 EL Butter
4 Stangen Lauch (etwa 1 kg)
1/2 Bio-Zitrone
2 Knoblauchzehen
Salz
3 Eier (Größe M)
Pfeffer
2 TL Mehl
1/4 l Gemüsebrühe
200 g Sahne
1 TL scharfer Senf

Zubereitungszeit: 50 Minuten
Kalorien pro Portion: 670 kcal

1_Brötchen in dünne Scheiben schneiden. Die Brötchen oder das Knödelbrot in eine Schüssel füllen. Milch lauwarm erhitzen und darübergießen. Die Mischung etwa 30 Minuten ziehen lassen (länger schadet auch nicht, dann aber abdecken).

2_In der Zeit den Speck von der Schwarte befreien und klein würfeln, Knorpel dabei herausschneiden. Die Zwiebel schälen und fein hacken. Petersilie waschen und trocken schütteln, Blättchen abzupfen und fein schneiden. In einem Pfännchen 2 TL Butter zerlassen und den Speck darin bei mittlerer Hitze unter Rühren ein paar Minuten braten, bis er glasig ist. Zwiebel kurz mitdünsten. Petersilie untermischen und nur zusammenfallen lassen.

3_Lauch putzen, längs aufschlitzen und gründlich waschen. Lauch in feine Streifen schneiden. Zitrone heiß waschen und abtrocknen, Schale fein abreiben, Saft auspressen. Knoblauch schälen, fein hacken.

4_In einem großen Topf reichlich Wasser zum Kochen bringen, salzen. Die Speckmischung und die Eier zu den Brötchen geben, kräftig salzen und pfeffern und alles gründlich durchkneten, bis der Teig gut zusammen hält. Etwa tennisballgroße Knödel daraus formen. Ins Wasser legen und die Hitze auf schwache Stufe stellen. Die Knödel in etwa 15 Minuten sanft gar ziehen lassen.

5_Für die Sauce übrige Butter zerlassen. Lauch und Knoblauch darin bei mittlerer Hitze unter Rühren andünsten. Das Mehl darüberstäuben und gut andünsten. Die Brühe angießen und den Deckel auflegen. Den Lauch etwa 10 Minuten bei geringer Hitze dünsten. Sahne dazugeben und aufkochen. Den Lauch mit der Zitronenschale und 1 TL Zitronensaft, dem Senf, Salz und Pfeffer würzen. Knödel mit dem Schaumlöffel aus dem Wasser heben, mit dem Zitronenlauch servieren.

VARIANTE: Rahmpilze
800 g Pilze wie Champignons, Egerlinge oder Pfifferlinge putzen und in Scheiben schneiden. 1 sehr fein gehackte Zwiebel in 2 EL Butter glasig dünsten. Pilze dazugeben und bei starker Hitze unter Rühren andünsten. Mit 2 TL Mehl bestäuben und salzen und pfeffern. 200 ml Gemüsebrühe und 200 g Sahne angießen und alles bei geringer Hitze offen etwa 10 Minuten leise köcheln lassen. Zu den Knödeln servieren.

Brotauflauf mit Tomaten

Schmeckt auch kalt super!

Zutaten für 4 Personen:
300 g altbackenes Weißbrot oder altbackene Brötchen
200 g frisch geriebener Hartkäse (ganz nach Geschmack z. B. Emmentaler, Bergkäse, alter Gouda oder Pecorino)
150 ml Milch | 200 g Sahne
4 Eier (Größe M)
Salz | Pfeffer
500 g Kirschtomaten
1 EL Butter

Zubereitungszeit: 15 Minuten
+ 30–35 Minuten Backen
Kalorien pro Portion: 685 kcal

1_Backofen auf 200 Grad vorheizen (auch schon jetzt einschalten: Umluft 180 Grad). Brot oder Brötchen in etwa 1/2 cm dicke Scheiben schneiden und auf dem Backblech auslegen. Im Ofen (Mitte) in etwa 5 Minuten knusprig backen.

2_In der Zeit den Käse mit Milch, Sahne und Eiern verrühren, mit Salz und Pfeffer würzen. Tomaten waschen und halbieren.

3_Die Brotscheiben mit der Käsemischung lagenweise in eine feuerfeste Form oder vier Förmchen schichten, dabei mit der Käsemischung abschließen. Tomaten mit der Schnittfläche nach oben daraufsetzen, salzen und pfeffern. Die Butter in kleine Stücke schneiden und aufstreuen.

4_Den Auflauf 30–35 Minuten im Ofen (Mitte) backen, bis die Oberfläche leicht braun wird. Kurz stehen lassen, dann servieren. Dazu schmeckt ein grüner Salat.

Brezengröstl

Knusprig und saftig zugleich!

Zutaten für 4 Personen:
4 frische oder 1 Tag alte Brezen
je 1 rote und gelbe Paprikaschote
300 g Austernpilze oder Zucchini (wer mag, sonst 1 Paprika mehr nehmen)
3 EL Butter | 1 EL Öl | Salz | Pfeffer
1/2 Bund Schnittlauch | 2 Eier (Größe M)
150 g saure Sahne oder Crème fraîche

Zubereitungszeit: 30 Minuten
Kalorien pro Portion: 330 kcal

1_Von zu salzigen Brezen das Salz abstreifen. Brezen in knapp 1 cm dicke Scheiben schneiden. Paprikaschoten waschen und aufschneiden. Stiel und Trennhäutchen samt den kleinen Kernen herauslösen. Paprika in dünne Streifen schneiden. Nach Belieben von den Pilzen die zähen Stiele abschneiden, die Pilze ebenfalls in Streifen schneiden. Oder die Zucchini waschen, putzen und in Streifen schneiden.

2_In einer großen Pfanne 2 EL Butter und 1/2 EL Öl erhitzen. Die Brezenscheiben darin bei starker Hitze in 2–3 Minuten knusprig braten, aus der Pfanne nehmen. Übrige Butter und restliches Öl erhitzen. Paprika und eventuell Pilze oder Zucchini einrühren und bei mittlerer Hitze unter Rühren etwa 3 Minuten braten, bis sie bissfest sind. Mit Salz und Pfeffer abschmecken, Brezen untermischen und wieder erhitzen.

3_Den Schnittlauch waschen und trocken schütteln, in Röllchen schneiden und mit Eiern und saurer Sahne oder Crème fraîche verrühren. Zu Brezen und Gemüse geben und unter Rühren nur stocken, aber nicht trocken werden lassen. Dazu grünen Salat oder Gurkensalat essen.

Pilzrisotto

Superlecker – auch ohne Champignons oder Egerlinge

Zutaten für 4 Personen:
20 g getrocknete Steinpilze | 1 Zwiebel
2 Knoblauchzehen | 4 EL Butter
400 g Risottoreis (z. B. Carnaroli)
1 l Gemüsebrühe
200 g Champignons oder Egerlinge
Salz | Pfeffer
150 g (würziger) Blauschimmelkäse
1 Stück Bio-Zitronenschale (2–3 cm)
2 EL frisch geriebener Parmesan

Zubereitungszeit: 30 Minuten
+ 30 Minuten Quellen
Kalorien pro Portion: 605 kcal

1_Steinpilze mit 1/4 l warmem Wasser begießen und 30 Minuten quellen lassen. Dann die Pilze aus dem Wasser heben und fein hacken. Die Einweichflüssigkeit durch eine Papierfiltertüte laufen lassen.

2_Zwiebel und Knoblauch schälen und fein würfeln. In einem Topf 2 EL Butter zerlassen. Zwiebel, Knoblauch und Steinpilze darin unter Rühren andünsten. Reis ungewaschen unterrühren, bis er vom Fett überzogen ist. Brühe und Pilzflüssigkeit mischen, einen Teil davon angießen. Reis jetzt offen etwa 20 Minuten bei geringer Hitze garen, bis er bissfest ist. Dabei ab und zu Brühe nachgießen und umrühren.

3_Zwischendurch die Champignons oder Egerlinge mit Küchenpapier abreiben, die Stielenden abschneiden. Pilze in dünne Scheiben schneiden und in 1 EL Butter unter Rühren 3–4 Minuten bei starker Hitze braten, salzen, pfeffern. Schimmelkäse klein würfeln, die Zitronenschale fein hacken, übrige Butter klein würfeln.

4_Wenn der Reis bissfest ist, gebratene Pilze mit Blauschimmelkäse, Butter und Parmesan untermischen und unter Rühren weitergaren, bis der Käse geschmolzen ist. Mit Zitronenschale, Salz und Pfeffer abschmecken und auf den Tisch damit. Dazu gibt es noch mehr geriebenen Parmesan.

TIPP
Wenn jemand in der Familie keine Pilze mag, einfach Zucchini, Paprika oder Kürbis nehmen (einen Teil gleich mit dem Reis mitgaren, den Rest braten und ganz zum Schluss untermischen) oder auch einmal grünen Spargel (gleich mitgaren).

Paprika mit Couscous

Gefüllte Paprika mal anders

Zutaten für 4 Personen:
125 g Instant-Couscous
1 Zwiebel
2 Knoblauchzehen
8 Zweige Thymian
2 EL Öl
4 große rote Paprikaschoten
250 g Fischfilet oder gemischtes Hackfleisch
1 Ei (Größe M)
1 TL Tomatenmark
Salz | Pfeffer
1 TL gemahlener Koriander (wer mag)
500 g Tomaten in Stücken (aus der Dose oder dem Tetrapack)
1/8 l Gemüsebrühe
150 g saure Sahne (wer mag)

Zubereitungszeit: 25 Minuten
+ 45 Minuten Schmoren
Kalorien pro Portion: 435 kcal

1_Couscous mit 150 ml heißem Wasser verrühren und 5 Minuten quellen lassen. Die Zwiebel und den Knoblauch schälen und fein würfeln. Den Thymian waschen

und trocken schütteln, die Blättchen von den Zweigen streifen. 1 EL Öl in einem Pfännchen erhitzen. Zwiebel, Knoblauch und den Thymian darin bei mittlerer Hitze unter Rühren 2–3 Minuten dünsten, vom Herd nehmen.

2_Die Paprikaschoten waschen und oben einen flachen Deckel abschneiden. Aus dem Paprikainneren die Trennhäutchen mit den Kernen herauszupfen. Das Fischfilet sehr fein hacken. Fischfilet oder Hack mit der Zwiebelmischung in eine Schüssel füllen. Couscous, Ei und Tomatenmark untermischen und alles gut verrühren. Mit Salz und Pfeffer und nach Belieben auch dem Koriander abschmecken und in die Paprikaschoten füllen.

3_In einem breiten Topf die Tomaten mit der Brühe und dem restlichen Öl mischen, salzen und pfeffern und bei starker Hitze aufkochen. Die Paprikaschoten mit der Öffnung nach oben in die Sauce setzen, die Schotendeckel darauflegen. Den Topf mit dem Deckel schließen und die Hitze auf schwache Stufe schalten. Die gefüllten Schoten etwa 45 Minuten schmoren. Mit der Sauce essen. Wer mag, serviert die saure Sahne dazu.

Gratinierte Polenta

Polenta am besten schon morgens kochen

Zutaten für 4 Personen:
350 g Instant-Polenta (feiner Maisgrieß)
Salz | 50 g frisch geriebener Parmesan
500 g kleine Zucchini
2 Knoblauchzehen
500 g Tomaten in Stücken (aus der Dose oder dem Tetrapack)
2 EL Olivenöl | Pfeffer
1 rote oder gelbe Paprikaschote
fein abgeriebene Schale von
1/2 Bio-Zitrone
3 EL schwarze Oliven (wer mag)
200 g mittelalter oder alter Gouda

Zubereitungszeit: 40 Minuten
+ 1 Stunde Abkühlen
+ 20 Minuten Backen
Kalorien pro Portion: 600 kcal

1_Für die Polenta in einem Topf 1 1/8 l Wasser aufkochen, salzen. Den Polenta-Grieß mit dem Schneebesen einrühren und abgedeckt 5 Minuten bei schwacher Hitze garen. Backblech mit Backpapier auslegen (einfetten geht auch).

2_Den Parmesan unter die Polenta rühren. Polenta auf dem Backblech verstreichen und in mindestens 1 Stunde (besser noch länger) kalt und fest werden lassen.

3_Zucchini waschen, putzen, in dünne Stifte schneiden, salzen und 10 Minuten stehen lassen. Knoblauch schälen und zu den Tomaten pressen, 1 EL Öl unterrühren, mit Salz und Pfeffer würzen. Die Paprika waschen und vierteln, den Stiel und die Trennhäutchen samt Kernen abzupfen. Paprika in Streifen schneiden. Von den Zucchini die Flüssigkeit abgießen.

4_Backofen auf 225 Grad vorheizen (auch schon jetzt einschalten: Umluft 200 Grad). Die Tomaten auf der Polenta verstreichen. Zucchini mit Paprika, Zitronenschale und eventuell den Oliven darauf verteilen. Den Käse grob raspeln, aufstreuen. Mit dem übrigen Öl beträufeln. Im Ofen (Mitte) in etwa 20 Minuten leicht braun backen. Vor dem Servieren 10 Minuten stehen lassen.

TIPP
Auch fein als Belag: 700 g Blattspinat putzen, waschen, blanchieren und auf der Tomatensauce verteilen. Mit 250 g Blauschimmelkäse in Würfeln bestreuen.

Gebratene Fischfilets mit Wedges

... und einem erfrischenden Joghurt dazu

Zutaten für 4 Personen:
1 kg festkochende Kartoffeln
5 EL Olivenöl
Salz
1/2 Bio-Zitrone
250 g Naturjoghurt
2 TL süßer Senf
1/4 TL gemahlener Koriander
4 Zweige Thymian
2 Knoblauchzehen
700 g Fischfilets (ganz nach Belieben mit oder ohne Haut; z. B. Rot- oder Meerbarben, Saibling, Seelachs oder Rotbarsch)
2 EL Butter

Zubereitungszeit: 50 Minuten
Kalorien pro Portion: 470 kcal

1_Backofen auf 200 Grad vorheizen (auch schon jetzt einschalten: Umluft 180 Grad). Das Backblech mit Backpapier auslegen.

2_Die Kartoffeln schälen, waschen und je nach Größe der Länge nach halbieren oder vierteln. Mit gut 3 EL Öl und Salz mischen und auf dem Blech verteilen. Kartoffeln im Ofen (Mitte) etwa 30 Minuten backen, bis sie weich und knusprig sind. Dabei ein- bis zweimal gut durchrühren.

3_Inzwischen die Zitronenhälfte heiß waschen und abtrocknen, die Schale fein abreiben und den Saft auspressen. Die Zitronenschale mit dem Joghurt mischen. Senf unterrühren und den Joghurt mit Salz und Koriander abschmecken.

4_Den Thymian waschen und trocken schütteln, die Blättchen von den Zweigen streifen. Den Knoblauch schälen und in feine Scheiben schneiden. Die Fischfilets waschen und trocken tupfen. Zitronensaft, Thymian und Knoblauch mischen und auf dem Fisch verteilen.

5_Gut 5 Minuten bevor die Kartoffeln fertig sind, die Butter mit dem übrigen Öl in einer großen Pfanne (oder gleichzeitig in zwei Pfannen) erhitzen. Die Fischfilets salzen, pfeffern, in die Pfanne legen und pro Seite etwa 3 Minuten bei mittlerer Hitze braten. Mit den Kartoffeln und dem Joghurt essen.

TIPP
Nicht nur Kinder mögen Gräten im Fisch nicht besonders. Deshalb immer vor dem Zubereiten mit dem Finger über die Filets streifen. Falls man auf eine Gräte trifft, wird die vorsichtig mit einer Pinzette aus dem zarten Fischfleisch gezogen.

Muscheln in Tomatensauce

Ein Essen, das Spaß macht

Zutaten für 4 Personen:
750 g Tomaten | 1 Zwiebel
2 Knoblauchzehen
1/2 Bund Basilikum
2 EL Olivenöl
1/2 l Fisch- oder Gemüsefond (aus dem Glas)
2 TL Tomatenmark
Salz | Pfeffer | 1 Prise Zucker
3 kg Miesmuscheln
50 g Semmelbrösel

Zubereitungszeit: 45 Minuten
Kalorien pro Portion: 225 kcal

1_Tomaten mit kochend heißem Wasser überbrühen, kurz ziehen lassen, kalt abschrecken und häuten. Tomaten sehr klein würfeln, dabei die Stielansätze entfernen. Zwiebel und Knoblauch schälen und fein würfeln. Die Basilikumblättchen abzupfen, ein paar zarte für später weglegen.

2_In einem Topf 1 EL Öl erhitzen. Zwiebel und Knoblauch darin andünsten. Tomaten und Basilikum dazugeben, 1/8 l Fond angießen. Mit Tomatenmark, Salz, Pfeffer und Zucker würzen. Offen bei mittlerer Hitze in etwa 15 Minuten sämig einkochen.

3_Inzwischen Muscheln unter fließendem kaltem Wasser abbrausen. Muscheln, die sich dabei nicht schließen, wegwerfen. Den restlichen Fond in einem großen Topf erhitzen. Muscheln einlegen, Deckel fest auflegen und die Muscheln bei starker Hitze etwa 5 Minuten kochen lassen, bis sie sich öffnen. Übriges Öl erhitzen und die Semmelbrösel darin bei mittlerer Hitze in 2–3 Minuten goldgelb anrösten.

4_Die Tomaten mit dem Pürierstab fein pürieren, mit Salz und Pfeffer würzen. Die Muscheln in einem Sieb abtropfen lassen und alle geschlossenen aussortieren. Die Muscheln in eine Schüssel füllen, mit der Tomatensauce begießen, mit den Bröseln und übrigem Basilikum bestreuen und mit Baguette auf den Tisch stellen.

Kinder-TIPP

Für Kinder sind dazu Spaghetti der Hit! Muscheln darauf verteilen – bei Tisch erst die Muscheln schmecken lassen, danach die Nudeln mit der würzigen Sauce!

Ganze Fische mit Nusskruste

Nach der Müllerin-Methode

Zutaten für 4 Personen:
4 küchenfertige Fische (jeweils etwa 350 g, z. B. Saiblinge oder Forellen)
1 Bio-Zitrone | Salz | Pfeffer
je 8 Zweige Thymian und Petersilie
100 g geriebene Mandeln, Haselnüsse oder Walnüsse | frisch geriebene Muskatnuss | 1 EL Öl | 50 g Butter

Zubereitungszeit: 25 Minuten
Kalorien pro Portion: 360 kcal

1_Die Fische innen und außen unter dem kalten Wasserstrahl abspülen. Die Zitrone heiß waschen und abtrocknen, 8 ganz dünne Scheiben abschneiden, den Rest der Zitrone auspressen. Die Fische innen und außen mit dem Zitronensaft, Salz und Pfeffer würzen.

2_Kräuter waschen und trocken schütteln. Je 2 Thymian- und Petersilienzweige und 2 Zitronenscheiben in jeden Fischbauch legen. Die Mandeln, Hasel- oder Walnüsse auf einem großen Teller nach Geschmack mit Muskat würzen. Fische in die Nüsse legen und ein bisschen hineindrücken, damit möglichst viel davon an der Fischhaut haften bleibt.

3_In zwei großen Pfannen (am besten antihaftbeschichtet) gleichzeitig das Öl und die Butter erhitzen. Die Fische einlegen und bei mittlerer Hitze 5 Minuten braten. Vorsichtig umdrehen und nochmal so lange braten. Die Fische mit dem Bratfett auf vorgewärmten Tellern verteilen. Dazu gibt es Salzkartoffeln und grünen Salat.

Orangen-butterfisch mit Paprikareis

Angenehm leicht

Zutaten für 4 Personen:
1 Bio-Orange
60 g Butter
Salz | Pfeffer
4 Fischfilets (jeweils etwa 180 g; z. B. Lachsforelle, Saibling, Zander)
1 EL Zitronensaft
1 rote Paprikaschote
2 Knoblauchzehen
1 EL Öl
250 g Langkornreis
3/4 l Gemüsebrühe
1 Prise Zucker

Zubereitungszeit: 35 Minuten
Kalorien pro Portion: 625 kcal

1_Orange heiß waschen und abtrocknen, die Schale fein abreiben und den Saft auspressen. Orangenschale mit der Butter und etwas Salz und Pfeffer verkneten. Die Fischfilets waschen und trocken tupfen. Mit dem Zitronensaft beträufeln, mit Salz und Pfeffer würzen.

2_Für den Reis die Paprika waschen und halbieren, Stiele und Trennhäute mit den Kernen entfernen. Paprika klein würfeln. Den Knoblauch schälen und fein hacken. Beides in einem Topf im Öl andünsten. Den Reis dazugeben und kurz mitdünsten. Mit 550 ml Brühe aufgießen. Die Brühe aufkochen, Hitze auf kleine Stufe stellen, den Topfdeckel auflegen und den Reis in 15–20 Minuten (auf der Packung nachlesen) gar kochen.

3_Inzwischen in einem Topf den Orangensaft mit der übrigen Brühe mischen. Fischfilets nebeneinander in einen Dämpfeinsatz legen, die Orangenbutter in Würfel schneiden und darauf verteilen. Brühe im Topf erhitzen. Den Dämpfeinsatz darübersetzen und die Fischfilets zugedeckt bei starker Hitze etwa 5 Minuten dämpfen. Fisch aus dem Topf heben, die Garflüssigkeit mit Salz und Pfeffer abschmecken. Reis auch salzen und pfeffern. Mit dem Fisch auf vorgewärmten Tellern verteilen, Sauce über Fisch und/oder Reis löffeln.

TIPP
Für alle Paprikamuffel Zucchini oder Pilze nehmen und mit dem Reis mitgaren.

Fischfilets mit Gemüse und Mozzarella

Bei der Gemüsewahl ist alles möglich – man kann also auch nur eine Sorte nehmen

Zutaten für 4 Personen:
500 g Gemüse (z. B. Möhren, Zucchini, Paprika und/oder Zuckerschoten oder breite Bohnen)
Salz
1 Bio-Orange oder 1/2 Bio-Zitrone
Pfeffer
4 Fischfilets (jeweils etwa 150 g; z. B. Rotbarsch oder Lachsforelle)
1 EL kleine Kapern (wer mag)
2 Kugeln Mozzarella (je 125 g)
2 EL Butter
1/2 Bund Basilikum (wer mag)

Zubereitungszeit: 25 Minuten
+ 20 Minuten Backen
Kalorien pro Portion: 360 kcal

1_Das Gemüse schälen oder waschen, putzen und in dünne Streifen schneiden, die Möhren und Zucchini dazu zuerst in Scheiben teilen.

2_In einem Topf 2 cm hoch Salzwasser zum Kochen bringen. Das Gemüse darin 2 Minuten kochen lassen, dann in ein Sieb abgießen und kalt abbrausen. Gut abtropfen lassen.

3_Backofen auf 200 Grad vorheizen (auch schon jetzt einschalten: Umluft 180 Grad). Orange oder Zitrone heiß waschen und abtrocknen, die Schale dünn abschneiden und in feine Streifen schneiden. Die Fischfilets waschen und trocken tupfen. Mit Salz und Pfeffer würzen und nebeneinander in eine feuerfeste Form legen.

4_Das Gemüse mit der Zitrusschale und eventuell den Kapern mischen, salzen und pfeffern und auf den Filets verteilen. Den Mozzarella in dünne Scheiben schneiden, auf das Gemüse legen und mit der Butter in kleinen Stücken belegen.

5_Die Fischfilets im Ofen (Mitte) etwa 20 Minuten backen, bis der Mozzarella zerlaufen und leicht gebräunt ist.

6_Die Basilikumblättchen abzupfen, fein hacken und in einem Schälchen mit auf den Tisch stellen. Wer mag, streut sie vor dem Essen auf den Fisch. Dazu gibt es Salzkartoffeln oder Reis.

Garnelen in Paprikasahne

Vitamine in Sahne verpackt

Zutaten für 4 Personen:
500 g rohe Garnelen ohne Schale oder 600 g mit Schale | 1 EL Zitronensaft
1 Schalotte | 2 Knoblauchzehen
1 große rote Paprikaschote
2 EL Butter | 200 ml Gemüsebrühe
150 g Sahne
Salz | Pfeffer
1 TL edelsüßes Paprikapulver
1/2 Bund Petersilie

Zubereitungszeit: 25 Minuten
Kalorien pro Portion: 280 kcal

1_Garnelen eventuell aus den Schalen lösen, dann am Rücken längs leicht einschneiden und von dem dunklen Darm befreien. Die Garnelen waschen, trocken tupfen und in etwa 1 cm lange Stücke schneiden, mit Zitronensaft mischen.

2_Schalotte und Knoblauch schälen und fein hacken. Die Paprikaschote waschen und halbieren, Stiele und Trennhäutchen mit den Kernen herauslösen. Die Paprika in kleine Würfel schneiden.

3_In einem Topf 1 EL Butter zerlassen. Darin Schalotte, Knoblauch und Paprikawürfel 1–2 Minuten bei mittlerer Hitze andünsten. Brühe aufgießen, Paprika abgedeckt in etwa 10 Minuten weich garen.

4_Die Paprika mit dem Pürierstab in der Brühe fein pürieren. Sahne aufgießen und aufkochen. Mit Salz, Pfeffer und Paprikapulver würzen, zugedeckt warm halten. Die Petersilie waschen, trocken schütteln, fein hacken und in ein Schälchen füllen.

5_Übrige Butter in einer großen Pfanne zerlassen. Die Garnelen darin bei mittlerer Hitze unter Rühren 2–3 Minuten braten. Leicht salzen und pfeffern und unter die Paprikasahne mischen, servieren. Petersilie dazustellen, damit sich jeder davon über die Garnelen streuen kann. Reis, Nudeln oder Kartoffelpüree dazu reichen.

TIPPs

Nur für Erwachsene: Etwa die Hälfte der Paprikasauce mit 1–2 EL Noilly Prat verfeinern und einmal aufkochen.
Wer keine rohen Garnelen bekommt, kauft gegarte. Die werden dann nicht gebraten, sondern einfach nur zum Schluss kurz in der Paprikasahne erwärmt.

Puten-Souflaki

Am besten das Fleisch bereits morgens marinieren!

Zutaten für 4 Personen:
700 g Putenfleisch (aus der Keule)
1 1/2 Zitronen
6 EL Olivenöl
1 TL getrockneter Oregano
Salz | Pfeffer
500 g Tomaten
2 TL Aprikosenkonfitüre oder Ahornsirup
2 Knoblauchzehen
etwas Sambal oelek oder ein paar Tropfen Tabascosauce (wer mag)
300 g griechische oder türkische reiskornförmige Nudeln (Kritharaki)
8 lange Spieße aus Holz oder Metall

Zubereitungszeit: 40 Minuten
+ mindestens 4 Stunden Marinieren
Kalorien pro Portion: 630 kcal

1_Das Fleisch in 2–3 cm große Würfel schneiden. Aus der Zitronenhälfte 2 EL Saft auspressen und mit 4 EL Olivenöl, Oregano, Salz und Pfeffer verrühren. Die Marinade gut unter die Fleischwürfel mischen. Abdecken, in den Kühlschrank stellen und mindestens 4 Stunden ziehen lassen. (Lässt sich problemlos auch schon am Vorabend erledigen.)

2_Dann die Tomaten waschen und in grobe Würfel schneiden, die Stielansätze dabei herausschneiden. Die Tomaten mit der Konfitüre oder dem Sirup und dem restlichen Olivenöl im Mixer fein pürieren. Den Knoblauch schälen und durch die Presse dazudrücken. Den Dip mit Salz und Pfeffer würzen und eventuell mit Sambal oelek oder Tabasco schärfen (gerne auch nur einen Teil des Dips).

3_Die Fleischwürfel auf Spieße stecken. (Wenn es Holzspieße sind und man über Kohlenglut grillt, die Spieße vorher etwa 30 Minuten in Wasser einlegen, damit sie beim Grillen nicht brennen.) Holzkohlen- oder Backofengrill anheizen.

4_Für die Nudeln Wasser zum Kochen bringen und salzen. Die Nudeln darin in etwa 8 Minuten bissfest garen. Die übrige Zitrone in Spalten schneiden. Die Spieße mit ungefähr 10 cm Abstand unter die Grillschlangen schieben oder auf den geölten Rost legen und 10–12 Minuten grillen, dabei ab und zu wenden, damit das Fleisch von allen Seiten gleichmäßig gart und braun wird.

5_Die Nudeln in ein Sieb abgießen, kurz abtropfen lassen und in eine vorgewärmte Schüssel füllen. Mit den Souflaki-Spießen, dem Dip und den Zitronenspalten auf den Tisch stellen.

TIPPs
Die Spieße schmecken auch super mit Lammkeule oder Schweinelende. Ein paar frische Ananasstücke zu Fleisch und Dip geben dem Ganzen ein herrlich fruchtiges Aroma.

Hähnchen-Saltimbocca
Auch ohne Salbei würzig und lecker

Zutaten für 4 Personen:
Für den Gurkensalat:
1 Salatgurke | Salz
1 EL Essig | 1/2 TL scharfer Senf
50 g Sahne | Pfeffer
1 EL Öl
Für die Saltimbocca:
600 g Hähnchenbrustfilet
80–100 g roher Schinken (in dünnen Scheiben)
20 kleinere Salbeiblätter (wer mag)
4 EL Butter | Salz | Pfeffer
100 ml Fleischbrühe
2 TL Zitronensaft
Zahnstocher zum Feststecken

Zubereitungszeit: 25 Minuten
Kalorien pro Portion: 340 kcal

1_Gurke schälen oder gut waschen und in feine Scheiben hobeln. In einer Schüssel mit Salz mischen, 10 Minuten Saft ziehen lassen. Für die Sauce den Essig mit Senf, Sahne und etwas Pfeffer verrühren, das Öl kräftig unterschlagen.

2_Für die Saltimbocca das Hähnchenfilet waschen, trocken tupfen und der Länge nach in etwa 1/2 cm dicke Scheiben schneiden. Vom Schinken den Fettrand ablösen, Schinken in Größe der Fleischscheiben zuschneiden und darauflegen. Für die, die es mögen, den Salbei darauf verteilen. Alles mit einem Zahnstocher befestigen. Den Backofen auf 70 Grad (Umluft 50 Grad) schalten und eine große Platte hineinstellen.

3_Die Butter in zwei großen Pfannen gleichzeitig erhitzen. Saltimbocca mit der Schinkenseite nach unten einlegen und bei mittlerer Hitze etwa 2 Minuten braten. Die Fleischseite leicht salzen und pfeffern. Schnitzel umdrehen und noch 1 Minute braten. Aus der Pfanne nehmen und im Ofen warm halten. Bratsatz mit der Brühe ablöschen und loskochen. Die Sauce mit Zitronensaft, Salz und Pfeffer würzen.

4_Die angesammelte Flüssigkeit von der Gurke abgießen. Die Gurke mit der Sahnesauce mischen und den Salat mit Salz und Pfeffer abschmecken. Salat zu den Saltimbocca servieren. Dazu gibt es außerdem Bratkartoffeln oder Weißbrot.

VARIANTE: Bohnensalat
500 g grüne Bohnen waschen, putzen und in Salzwasser in 8–10 Minuten bissfest garen. 2 Frühlingszwiebeln waschen, putzen, fein schneiden. Für die Sauce 1 1/2 EL Zitronensaft mit 1 TL scharfem Senf und 2 TL Aceto balsamico, Salz und Pfeffer verrühren. 4 EL Olivenöl unterschlagen. Bohnen abschrecken, abtropfen lassen und mit der Sauce und den Frühlingszwiebeln mischen. Den Salat mit Salz und Pfeffer abschmecken. Statt Gurkensalat zu den Saltimbocca essen.

Hähnchen-geschnetzeltes mit Orangensahne

Cremig und zart-fruchtig

Zutaten für 4 Personen:
700 g Hähnchenbrustfilet
2 Bio-Orangen (etwa 150 ml guter Orangensaft aus der Flasche geht auch, die Schale dann weglassen)
1 EL Butter
1 EL Öl
1 EL Pinienkerne
Salz | Pfeffer
150 g Sahne
1 EL Orangenlikör (wer mag)
2 TL gemischte TK-Kräuter (wer mag)
Chilipulver (wer mag)

Zubereitungszeit: 20 Minuten
Kalorien pro Portion: 370 kcal

1_Das Hähnchenfilet waschen, trocken tupfen und in schmale Streifen schneiden. 1 Orange heiß waschen und abtrocknen, die Hälfte der Schale fein abreiben. Alle Orangen auspressen (etwa 150 ml Saft).

2_Die Hälfte der Butter und des Öls in einer Pfanne erhitzen. Die Pinienkerne darin bei mittlerer Hitze unter Rühren 1–2 Minuten rösten, bis sie goldbraun sind. Mit einer Gabel herausheben und auf einem Teller beiseitestellen.

3_Die Hälfte der Hähnchenfiletstreifen in die Pfanne geben und unter Rühren etwa 4 Minuten braten. Salzen, pfeffern und aus der Pfanne nehmen. Übrige Butter und restliches Öl in der Pfanne erhitzen, den Rest des Fleischs darin ebenfalls unter Rühren 4 Minuten braten, salzen, pfeffern und herausnehmen.

4_Den Orangensaft in die Pfanne gießen und den Bratsatz damit lösen. Die Sahne angießen, Orangenschale untermischen und die Sauce mit Salz und Pfeffer würzen. Hähnchenfleisch untermischen und heiß werden lassen.

5_Wer möchte, füllt die Kinderportion jetzt in eine vorgewärmte Schüssel und aromatisiert den Rest des Geschnetzelten mit Likör, Kräutern und Chilipulver nach Geschmack. Dazu gibt es Butternudeln (Bandnudeln kochen, abgießen und in einer vorgewärmten Schüssel mit 1 EL Butter in Stückchen mischen).

Knusper-koteletts mit Gurkenjoghurt

Würziges zum Abnagen

Zutaten für 4 Personen:
1 kleine Salatgurke (etwa 350 g)
Salz
250 g Naturjoghurt
4 EL Olivenöl
Pfeffer
4 Schweinekoteletts (je etwa 260 g)
1/2 türkisches Fladenbrot
2 EL Aprikosenkonfitüre
1 EL Tomatenketchup
1/2 EL Zitronensaft
ein paar Spritzer Tabascosauce (wer mag)

Zubereitungszeit: 30 Minuten
Kalorien pro Portion: 675 kcal

1_Gurke schälen oder gründlich waschen und raspeln. Die Raspel mit Salz mischen und 10 Minuten stehen lassen. Den Backofen auf 150 Grad vorheizen (auch schon jetzt einschalten: Umluft 130 Grad).

2_Von den Gurken die Flüssigkeit, die sich gebildet hat, abgießen. Gurkenraspel mit dem Joghurt und 1 TL Öl mischen und mit Salz und Pfeffer abschmecken.

3_Die Fettränder der Koteletts im Abstand von 1 cm mehrmals einschneiden (nicht in das Fleisch schneiden!). Die Koteletts mit Salz und Pfeffer würzen. Das übrige Öl in einer großen Pfanne erhitzen. Koteletts darin bei starker Hitze pro Seite 1 Minute braten. Auf schwache Hitze zurückschalten und die Koteletts noch etwa 5 Minuten braten, dabei ab und zu wenden.

4_Fladenbrot in den Ofen schieben und in 5 Minuten heiß und knusprig werden lassen. Herausnehmen.

5_Die Temperatur der Herdplatte wieder erhöhen. Aprikosenkonfitüre mit Ketchup und Zitronensaft verrühren und nach Belieben mit Tabasco schärfen (eventuell Kinderportionen vorher abnehmen). Die Hälfte davon auf den Koteletts verstreichen, Koteletts wenden. Übrige Mischung auf den anderen Kotelettseiten verteilen. Die Koteletts noch knapp 3 Minuten braten, bis sie schön gebräunt sind. In der Zeit mindestens einmal umdrehen. Mit dem Fladenbrot und dem Joghurt essen.

Puten-Cordon-bleu

Mild, saftig, knusprig

Zutaten für 4 Personen:
4 dicke Putenschnitzel (je knapp 2 cm hoch, also frisch abschneiden lassen, die normalen sind zu dünn) oder 8 dünne Putenschnitzel (je knapp 1 cm hoch)
Salz | Pfeffer
4 Scheiben gut schmelzender Käse (z. B. mittelalter Gouda oder Tilsiter)
4 Scheiben Schinken (klassisch ist gekochter, aber es geht auch roher)
125 g Cornflakes
2 EL Mehl | 2 Eier (Größe M)
50 g Butterschmalz
1 Zitrone
Zahnstocher zum Verschließen

Zubereitungszeit: 30 Minuten
Kalorien pro Portion: 595 kcal

1_Schnitzel waschen und trocken tupfen. In jedes dicke Schnitzel vorsichtig auf einer Seite eine Tasche einschneiden, dabei an den geschlossenen Seiten jeweils einen Rand von ungefähr 1 cm stehen lassen. Die Schnitzel salzen und pfeffern. In jede Tasche kommt je 1 Scheibe Käse und Schinken (ohne Fettrand). Die Öffnung mit Zahnstochern verschließen. Wer die dünnen Schnitzel hat, belegt die Hälfte mit je 1 Scheibe Schinken und Käse und legt die übrigen Schnitzel darauf. Rundherum mit Zahnstochern verschließen.

2_Die Cornflakes in eine Plastiktüte füllen und mit dem Nudelholz darüberrollen, bis die Flakes fein zerbröselt sind. Auf einen Teller umschütten. Das Mehl ebenfalls auf einen Teller geben und die Eier in einen dritten Teller aufschlagen und verquirlen.

3_Die gefüllten Schnitzel zuerst im Mehl wenden. Leicht schütteln, damit das überschüssige Mehl abfällt. Dann die Schnitzel mit beiden Seiten durch die Eier ziehen und zum Schluss in die Cornflakes legen und leicht andrücken.

4_Das Butterschmalz in einer großen Pfanne aufschäumen lassen. Schnitzel einlegen und bei knapp mittlerer Hitze pro Seite etwa 6 Minuten braten. Zum Essen die Zitrone in Spalten schneiden und den Saft über die Schnitzel träufeln. Dazu gibt's außerdem Ketchup und Bratkartoffeln oder Kartofelwedges und einen Salat oder Gemüse (z. B. Möhrengemüse).

Lammsteaks mit Tomaten-Couscous

Bei niedrigen Temperaturen gegart und mit oder ohne Kräuteröl fein

Zutaten für 4 Personen:
2 Lammsteaks (ohne Knochen, aus der Keule geschnitten, jeweils 2–3 cm dick und 350–400 g schwer)
1/2 Bio-Zitrone | 3 Knoblauchzehen
3 Zweige Rosmarin oder
8 Zweige Thymian
4 EL Olivenöl | Salz | Pfeffer
250 g Tomaten
300 ml Gemüse- oder Fleischbrühe
250 g Instant-Couscous
1 EL Butter | 1/2 TL Tomatenmark

Zubereitungszeit: 20 Minuten
+ 45 Minuten Garen
Kalorien pro Portion: 800 kcal

1_Von den Lammsteaks nur dicke Fettstücke abschneiden. Den Backofen auf 100 Grad vorheizen (auch schon jetzt einschalten: Umluft 80 Grad).

2_Die Zitronenhälfte heiß waschen und abtrocknen, die Schale dünn abschneiden und in sehr feine Streifen schneiden. Den Knoblauch schälen und fein schneiden. Den Rosmarin oder Thymian waschen und trocken schütteln, die Blätter fein hacken. Alle diese Zutaten mit 2 EL Öl verrühren.

3_Übriges Öl in einer Pfanne (mit ofentauglichen Griffen) erhitzen. Das Fleisch darin pro Seite 1 1/2 Minuten bei starker Hitze braten. Mit Salz und Pfeffer würzen. Die Kräuter-Öl-Mischung auf den Lammsteaks verteilen (oder auch weglassen, wer mag). Die Steaks in etwa 45 Minuten im Ofen (Mitte) sanft fertig garen.

4_Nach gut 30 Minuten die Tomaten mit kochend heißem Wasser überbrühen, abschrecken und häuten. Tomaten in kleine Würfel schneiden, dabei die Stielansätze entfernen. Brühe zum Kochen bringen, Couscous einrühren und zugedeckt bei schwacher Hitze 5 Minuten garen. Butter würfeln und mit den Tomaten und dem Tomatenmark unter den Couscous rühren. Mit Salz und Pfeffer abschmecken und zu den Lammsteaks essen. Dazu schmecken außerdem ein grüner Blattsalat und ein paar Zitronensaftspritzer am Fleisch.

Schweinefleisch aus dem Wok

Nach der superfixen Methode aus der Asiapfanne

Zutaten für 4 Personen:
4 Knoblauchzehen | 2 EL Fischsauce
2 EL Zitronen- oder Limettensaft
600 g Schweinelende oder -filet
1 kleine Dose Ananasstücke (etwa 150 g Abtropfgewicht, am besten ohne Zucker)
1 Bund Frühlingszwiebeln
4 EL Öl | 4 EL Sojasauce
1/8 l Fleisch- oder Gemüsebrühe
1/2 TL Speisestärke
Salz | Pfeffer oder Chilipulver

Zubereitungszeit: 25 Minuten
Kalorien pro Portion: 310 kcal

1_Knoblauch schälen und durch die Presse in eine Schüssel drücken. Die Fischsauce und den Zitrussaft dazugeben. Fleisch in dünne Streifen schneiden, untermischen und kurz ziehen lassen (mariniert es über Nacht oder von morgens bis abends, wird es noch aromatischer.)

2_Ananas in einem Sieb abtropfen lassen, Saft auffangen. Von den Frühlingszwiebeln die Wurzelbüschel und die welken Teile abschneiden. Zwiebeln waschen und in etwa 1 cm lange Stücke schneiden.

3_Den Wok heiß werden lassen, 2 EL Öl darin erhitzen. Die Hälfte des Fleischs hineingeben und unter Rühren bei starker Hitze gut anbraten, wieder herausnehmen. Restliches Fleisch ebenfalls braten und herausnehmen.

4_Das übrige Öl im Wok erhitzen und die Frühlingszwiebeln darin 1–2 Minuten bei mittlerer Hitze braten. Die Ananas untermischen. Die Sojasauce und die Brühe mit der Speisestärke und 4 EL Ananassaft verquirlen und dazuschütten. Alles einmal aufkochen lassen und mit Salz und Pfeffer oder Chili abschmecken. Das Fleisch untermischen und gut erhitzen. Mit Reis essen.

TIPP
Wer Früchte in pikanten Gerichten gar nicht mag, ersetzt die Ananas einfach durch halbierte Kirschtomaten.

Entenbrust mit süßsaurer Sauce

Extrazart durch sanftes Garen im Backofen

Zutaten für 4 Personen:
2 fleischige Entenbrustfilets
(je etwa 350 g)
Salz | Pfeffer
1 Mango | 150 g Tomaten
4 Knoblauchzehen
1 Bio-Limette oder Bio-Zitrone
50 ml Reisessig (Apfelessig geht auch)
80 g Gelierzucker (2 : 1)
je 1 Prise gemahlener Koriander und Kreuzkümmel
1 Mini-Prise Zimtpulver

Zubereitungszeit: 30 Minuten
+ den Rest von der Garzeit
Kalorien pro Portion: 650 kcal

1_Den Backofen auf 80 Grad vorheizen (Umluft ebenfalls auf 80 Grad stellen). Die Entenbrustfilets waschen und trocken tupfen. Die Haut mit einem scharfen Messer in Rauten einschneiden, dabei möglichst nicht ins Entenfleisch schneiden.

2_Auf dem Herd eine Pfanne (mit ofentauglichen Griffen) heiß werden lassen. Entenbrustfilets mit der Haut nach unten einlegen und bei mittlerer Hitze 5 Minuten braten. Umdrehen, 1–2 Minuten weiterbraten. Entenbrüste mit Salz und Pfeffer würzen, mit der Hautseite nach oben in den Ofen (Mitte) schieben und in etwa 1 Stunde fertiggaren.

3_In der Zeit die Sauce machen: Mango schälen, Fruchtfleisch vom Stein schneiden und sehr klein würfeln. Die Tomaten mit kochend heißem Wasser begießen, kurz ziehen lassen, abschrecken und häuten. Tomaten fein schneiden, dabei die Stielansätze entfernen. Den Knoblauch schälen und fein hacken. Die Limette oder Zitrone heiß waschen und abtrocknen, die Schale fein abreiben und den Saft auspressen.

4_Mango und Tomaten mit Knoblauch, Zitrussaft und -schale, Essig und Gelierzucker in einem Topf zum Kochen bringen und unter Rühren 4 Minuten bei mittlerer Hitze kochen lassen. Mit Salz, Koriander, Kreuzkümmel und Zimt würzen und abkühlen lassen. Entenbrustfilets in Scheiben schneiden und mit der Sauce essen. Dazu passen außerdem Reis und Koriandergrün oder Brot oder Butternudeln.

Hackbällchen in Senfsahne

Für alle, die Grünes gar nicht mögen: Petersilie weglassen!

Zutaten für 4 Personen:
1 altbackenes Brötchen
1/8 l Milch | 1 Zwiebel
1/2 Bund Petersilie (wer mag)
500 g gemischtes Hackfleisch
2 Eier (Größe M) | 1 EL Semmelbrösel
Salz | Pfeffer
1 TL edelsüßes Paprikapulver
1 EL Öl | 1 EL Butter
2 TL Mehl
1/8 l Fleisch- oder Gemüsebrühe
200 g Sahne
je 2 TL süßer und scharfer Senf

Zubereitungszeit: 35 Minuten
Kalorien pro Portion: 650 kcal

1_Das Brötchen in eine Schüssel legen, mit der Milch begießen und in 10 Minuten weich werden lassen.

2_Inzwischen die Zwiebel schälen und fein reiben. Die Petersilie nach Belieben waschen und trocken schütteln, die Blättchen abzupfen und sehr fein hacken.

3_Das Brötchen ausdrücken und mit den Händen sehr gut zerdrücken. Mit Zwiebel, Hack, Eiern, Semmelbröseln und eventuell der Petersilie in eine Schüssel füllen. Mit Salz, Pfeffer und Paprika würzen. Alles so lange durchkneten, bis die Masse gut zusammenhält, dann zu ungefähr tischtennisballgroßen Kugeln formen.

4_Das Öl und die Butter in einer Pfanne erhitzen. Die Hackbällchen darin bei mittlerer Hitze etwa 5 Minuten braten. Die Pfanne dabei zwischendurch schütteln und die Bällchen wenden.

5_Hackbällchen aus der Pfanne nehmen, Mehl ins Bratfett streuen und anbraten. Die Brühe dazugießen und den Bratsatz mit dem Kochlöffel gut ablösen. Sahne und Senf dazurühren, die Sauce mit Salz und Pfeffer abschmecken. Hackbällchen einlegen und etwa 5 Minuten bei geringer Hitze in der Senfsahne ziehen lassen. Mit Reis, Nudeln oder Kartoffelpüree essen.

TIPP
Statt Senf mal Tomatenmark in die Sahne rühren. Oder gleich eine Tomatensauce machen (Seite 106) und die gebratenen Bällchen darin 10–15 Minuten schmoren.

Hack-Spinat-Pflänzchen

Können auf dem Herd oder im Ofen gemacht werden

Zutaten für 4 Personen:
250 g frischer Spinat oder 125 g TK-Spinat | Salz
2 altbackene Brötchen | 200 ml Milch
2 Frühlingszwiebeln
1/2 Bio-Zitrone
500 g Hackfleisch (gemischt oder nur vom Rind) | 2 Eier (Größe M)
1 TL scharfer Senf | Pfeffer
je 1 EL Butter und Öl (nur nötig, wenn man die Pflänzchen auf dem Herd macht)

Zubereitungszeit: 35 Minuten
Kalorien pro Portion: 520 kcal

1_Erst mal die Entscheidung treffen, wo die Pflänzchen zubereitet werden sollen. Auf dem Herd werden sie etwas saftiger und knuspriger, im Ofen ist dafür die Zubereitung simpler. Und dann geht's los: Den frischen Spinat verlesen, putzen und mehrmals in kaltem Wasser waschen, bis kein Sand mehr im Wasser zu sehen ist. In einem großen Topf Salzwasser aufkochen. Spinat hineingeben und etwa 1 Minute

kochen lassen, bis er zusammenfällt. Im Sieb abschrecken und abtropfen lassen. Oder den TK-Spinat nach Packungsangabe garen und abgießen.

2_Für die Ofenversion den Backofen auf 200 Grad vorheizen (auch schon jetzt einschalten: Umluft 180 Grad). Das Backblech mit Backpapier auslegen. Die Brötchen in einer Schüssel mit der Milch begießen und 10 Minuten einweichen. Die Frühlingszwiebeln waschen, putzen und fein schneiden. Zitronenhälfte heiß waschen und abtrocknen, die Schale fein abreiben.

3_Das Brötchen ausdrücken und mit den Händen sehr gut zerdrücken. Den Spinat auch ausdrücken und hacken. Beides mit dem Hack, den Eiern, den Zwiebeln und der Zitronenschale in eine Schüssel geben. Mit Senf, Salz und Pfeffer würzen und gut durchkneten. Die Masse zu 12 Küchlein von gut 1 cm Dicke formen.

4_Jetzt die Küchlein entweder nebeneinander auf das Blech legen und im Ofen (Mitte) etwa 15 Minuten backen, dabei einmal umdrehen. Oder Butter und Öl in zwei Pfannen erhitzen und die Pflänzchen darin bei mittlerer Hitze etwa 12 Minuten braten, dabei ab und zu wenden.

TIPP
Spinat weglassen oder durch 250 g feine Mangoldstreifen oder Zucchiniwürfelchen ersetzen. Oder statt Spinat 150 g zerkrümelten Feta unter den Hackteig mischen.

Hühnerkeulen mit Honig-Ketchup-Glasur

Erlaubt: mit der Hand essen

Zutaten für 4 Personen:
6 Knoblauchzehen
3 EL flüssiger Honig oder Ahornsirup
3 EL Tomatenketchup
1 EL mittelscharfer Senf
1 EL Zitronensaft
1 EL Sojasauce
Salz | Pfeffer
4 große Hähnchenkeulen (mit Schulterteil, jeweils um die 280 g)
Backpapier und 1 EL Olivenöl fürs Blech

Zubereitungszeit: 5 Minuten
+ 35 Minuten Backen
Kalorien pro Portion: 580 kcal

1_Den Backofen auf 200 Grad vorheizen (erst später einschalten: Umluft 180 Grad). Den Knoblauch schälen und durch die Presse in eine kleine Schüssel drücken. Den Honig oder Ahornsirup, den Ketchup, den Senf, den Zitronensaft und die Sojasauce dazurühren und die Glasur mit Salz und Pfeffer würzen.

2_Die Hähnchenkeulen waschen und abtrocknen, leicht salzen und pfeffern. Das Backblech mit Backpapier auslegen und mit dem Öl einpinseln. Die Keulen nebeneinander auf das Blech legen und etwa 10 Minuten im Ofen (Mitte) backen.

3_Dann die Hähnchenkeulen gut mit der Glasur einpinseln und noch mal um die 25 Minuten backen. Dabei mindestens einmal umdrehen und ab und zu mit Glasur einpinseln. Zur Garprobe mit der Messerspitze oder einem Stäbchen in die dickste Stelle einer Keule stechen. Es muss klarer Saft aus dem Einschnitt laufen. Ist der Saft rötlich, ist das Fleisch im Inneren noch nicht ganz durch und die Keulen müssen noch ein wenig länger im Ofen bleiben. Dazu schmecken Brot oder Bratkartoffeln und noch mehr Ketchup.

Scheiterhäuflein

Der kleine Klassiker

Zutaten für 4 Personen:
6 Scheiben Rosinenbrot
1 EL Butter
1/2 l Apfelsaft
4 Eier (Größe M)
1 Päckchen Vanillezucker
2 Bananen

Zubereitungszeit: 15 Minuten
+ 15 Minuten Ziehen
+ 12–15 Minuten Backen
Kalorien pro Portion: 390 kcal

1_Die Rosinenbrotscheiben vierteln – das wären dann 24 Stück. Nun vier tiefe, ofenfeste Teller mit etwas Butter ausstreichen und jeweils 2 Brotviertel hineinlegen.

2_Saft, Eier und Vanillezucker miteinander verrühren und etwa ein Drittel davon über die Brote in den Tellern gießen.

3_Die Bananen schälen und in dünne Scheiben schneiden, in den Tellern verteilen. Darüber die übrigen Brotviertel auffächern – das wären dann 4 pro Teller. Restlichen Eiersaft drübergießen und alles 15 Minuten stehen lassen, bis die Brote die Flüssigkeit fast aufgesaugt haben.

4_Backofen auf 220 Grad vorheizen (auch schon jetzt einstellen: Umluft 200 Grad) und die restliche Butter in Flöckchen über den Scheiterhäuflein verteilen.

5_Die Teller auf Backblechen in den Ofen (Mitte) schieben und die Scheiterhäuflein 12–15 Minuten backen, bis sie gestockt und leicht gebräunt sind. Dann gleich auf großen flachen Tellern servieren – mit dem Spruch „Vorsicht, ganz heiß!"

Reisauflauf mit Zimtkirschen

Außen knusprig, innen fruchtig

Zutaten für 4 Personen:
1 Glas Sauerkirschen (680 g Inhalt)
2 EL Speisestärke
1/2 TL Zimtpulver
1/2 Bio-Zitrone
160 g Milchreis
1/2 l Milch
5 Eier (Größe M)
1 Prise Salz
100 g Zucker
Butter für die Form

Zubereitungszeit: 45 Minuten
+ 40 Minuten Backen
Kalorien pro Portion: 425 kcal

1_Die Kirschen in ein Sieb gießen, dabei 200 ml Saft auffangen. Davon 2 EL Saft abnehmen und mit der Stärke glatt verrühren. Übrigen Saft in einen Topf geben, aufkochen. Die angerührte Stärke in den heißen Saft rühren und alles 1 Minute kochen lassen. Jetzt den Topf vom Herd ziehen und die Kirschen und den Zimt unterrühren, abkühlen lassen.

2_Zitrone heiß abwaschen, abtrocknen und die Schale so weit abreiben, dass das Weiße noch dran bleibt – sonst wird sie bitter. Reis im Sieb mit heißem Wasser gründlich abspülen, mit der Milch und der Zitronenschale in einen Topf geben und unter Rühren aufkochen. Dann noch etwa 25 Minuten bei geringer Hitze leise kochen lassen, dabei ab und zu umrühren.

3_Backofen auf 225 Grad vorheizen (auch schon jetzt einstellen: Umluft 200 Grad). Eier trennen und die Eiweiße mit dem Salz cremig schlagen, dann den Zucker nach und nach einrieseln lassen und alles zu einem steifen Schnee schlagen. Die Eigelbe unter den heißen Milchreis rühren, den Eischnee unterheben.

4_Eine Auflaufform (etwa 1 1/2 l Inhalt) buttern und die Hälfte der Reismasse darin verteilen. Darauf die Kirschen geben und mit der übrigen Reismasse bedecken. Den Auflauf in den Ofen (Mitte) schieben und 10 Minuten backen. Dann die Hitze auf 175 Grad (Umluft 150 Grad) reduzieren und den Auflauf in weiteren 30 Minuten fertig backen. Gleich servieren.

Ofen-Palatschinken mit Birnen

Wenden verboten!

Zutaten für 1–2 Personen:
2 Eier (Größe M)
50 g Mehl
2 EL gemahlene Haselnüsse
100 ml Milch
50 g saure Sahne
2 EL Puderzucker
1 Birne
1 Prise Salz
1 EL Butter
Puderzucker zum Bestäuben

Zubereitungszeit: 30 Minuten
+ 8–10 Minuten Backen
Kalorien pro Portion (bei 2 Personen):
445 kcal

1_Die Eier trennen und die Eigelbe mit dem Mehl und den Haselnüssen glatt verrühren. Dann die Milch, die saure Sahne und 1 EL Puderzucker einrühren. Den Teig 15 Minuten quellen lassen.

2_Inzwischen den Backofen auf 250 Grad vorheizen (auch schon jetzt einstellen: Umluft 220 Grad). Die Birne schälen, halbieren, entkernen und längs in dünne Spalten schneiden. Die Eiweiße mit dem Salz zu festem Schnee schlagen und unter den Teig ziehen.

3_In einer ofenfesten Pfanne (26 cm Ø) bei mittlerer Hitze die Butter zerlassen. Den Palatschinkenteig darin verstreichen und etwa 1/2 Minute warten, bis er leicht gestockt ist. Dann die Birnenspalten auf dem Teig verteilen, sodass er aber noch ein bisschen Platz zum Aufgehen hat.

4_Den Palatschinken mit etwas Puderzucker bestäuben und die Pfanne in den Ofen (Mitte) schieben. Den Palatschinken 8–10 Minuten backen, bis er schön aufgegangen und leicht gebräunt ist. Raus damit und gleich servieren.

Gemütliche Tische

Gemütlichkeit ist ein so schönes deutsches Wort, dass es sich einfach nicht übersetzen lässt. Darum erklären wir es mal an einem Beispiel: Ein gemütliches Essen, das fängt in der Küche entspannt an und ist am Tisch noch entspannter. Wie ein spätes Sonntagsfrühstück zum Beispiel. Da wird nicht groß gekocht, sondern viel hingestellt, und wenn es was Warmes ist, dann kommt es aus dem Ofen. Wie bitte? Diese Gemütlichkeit beim Essen heißt „Brunch"? Och, so ein Abendbrot kann auch ganz schön gemütlich sein …

Tante Ilse über:

gesellige Runden

„Nach dem offiziellen Programm – geselliges Beisammensein" ... ganz lange sind mir sofort graue Haare gewachsen, wenn ich das gelesen habe. Ausgerechnet eine Beerdigung war es dann, die das geändert hat. Natürlich stand die Verordnung zur Gemeinsamkeit da nicht in der „Einladung", aber als sich nach der ergreifenden Zeremonie alle beim Leichenschmaus trafen, waren die Geselligkeit und das Beisammensein sehr intensiv – und entlastend. Und ein Satz wie „So jung kommen wir nicht mehr zusammen" bekam plötzlich eine völlig neue Bedeutung.

Seitdem stehe ich geplanter Freude mit freundlichen Menschen erst mal positiv gegenüber – wenn es mir zu viel wird, kann ich ja immer noch gehen (was ich mir bei Familientreffen aber trotzdem noch zweimal überlege). Im Laufe seines Lebens lernt man halt doch, manche Rituale zu schätzen – besonders, wenn man sich damit von anderen Ritualen erholen kann.

5 Tipps, die das Familienessen gemütlicher machen

Buch zu
Könnte auch heißen: Fernseher aus, Zeitung weg. Bedeutet eigentlich: Essen macht am meisten Freude, wenn man darauf achtet – was auf den Teller kommt, was die anderen dazu sagen, was ich dabei schmecke, was drumherum passiert. Angenehmer Nebeneffekt: Wenn ich auf mein Mahl achte, schmeckt's besser. Und wenn nicht, merke ich es endlich mal.

Tisch frei
Messer, Gabel, Teller, Glas – im Zweifel reicht einem das. Bastelkram, Hausaufgaben, Einkaufszettel, Post – bitte runter vom Tisch, wenn es Essen gibt. Denn so kann da die Ruhe einkehren, die es braucht. Ob Flaschen und Töpfe auf den Tisch dürfen, hängt von deren Größe ab – und ob so viele Leute dran sitzen, dass das Aufstehen fürs Nachschöpfen und Nachschenken viel mehr Unruhe bringt.

Kopf frei
Wenn daheim der Esstisch ein Treffpunkt ist und das Essen Zeit für Gespräche lässt, hat man eine Menge richtig gemacht. Werden da aber nur Termine verteilt, Sorgen geteilt und Ratschläge ausgeteilt, nicht. Im Süden ist es ein schöner Brauch, nach dem Geschäftsessen übers Geschäft zu reden. Das müsste doch am Familientisch auch gehen.

Sei da
Das fängt schon beim Kochen an: Wer am Herd nur hetzt und denkt, dass er eigentlich was ganz anderes zu tun hätte, verschwendet seine Zeit. Selbst Reste aufwärmen ist besser als das – vor allem wenn man es so schafft, dass alle zusammen essen. Und dann bitte sitzen bleiben. Das gilt nicht nur für die Jüngsten. Wir sagen nur: Telefon.

Koch gut
Es ist eigentlich ein Engelskreis: Wenn „Essen" für die Familie bedeutet „ungestört zusammen sein", dann wird man das mit Gemecker am Gekochten nicht groß untergraben wollen. Was dann wieder mehr Freude am Kochen und damit auch an den Kochergebnissen bringt. Weswegen die Familie noch lieber zum Essen zusammenkommt.

Das ganz *gesunde* Pausenbrot

2 Scheiben Vollkornbrot mit einer Mischung aus 1 EL Butter und 1 TL süßem Senf bestreichen, Salatblatt nach Geschmack auf eine der Brotscheiben geben, darauf Scheiben vom geschälten Apfel legen und mit der übrigen Brotscheibe abdecken. Natürlich alles bio, nicht wahr?

Unser liebstes Familienfest:

das Sonntagsfrühstück

Natürlich ist so ein großes Frühstück in Familie am Sonntagmorgen eine sehr spießige Sache. Vor allem aber ist es eine Privatsache – und wenn man noch nicht mal privat spießig sein darf, wann denn bitte dann? Lassen wir jetzt einfach mal für ein, zwei Stunden den Rest der Welt draußen und kümmern uns nur ums Wichtigste – um uns.

Bleib also im Bett, Papa, statt auf die Joggingpiste zu rennen. Bleib aus dem Bad, Mama, wir kennen dich doch alle auch so. Lasst die Kinderlein kommen, statt ausschlafen zu wollen. Und macht euch bitte nicht so verrückt, dass alles wie in der Kaffeewerbung sein muss. Vielleicht ist ja noch etwas Kuchen vom Samstag da? Vielleicht joggt Papa mit den Jungs zum Bäcker? Hat vielleicht jemand Lust auf Obstresalat? Ganz bestimmt gehen wir aber nicht ans Telefon – am Ende will uns noch jemand zum Brunchen einladen. Wie spießig!

Magazin

5 Tischtypen:

die Rundumsitzer
„An einem runden Tisch findet sich immer noch Platz" heißt es, und das ist in Fußgängerzonencafés zur Freistunde genauso richtig wie in chinesischen Familienlokalen. Rundumsitzer mögen es daher gesellig bis geschwätzig und am Ende auf jeden Fall harmonisch – nicht umsonst löst man Probleme am liebsten am runden Tisch.

die Quadrathocker
„Ein Quadrat ist ein Kreis mit vier Ecken", sagt man, und da ist was dran: An der gleichseitigen Tischplatte hat jeder den gleichen Platz, der aber klar vom anderen abgegrenzt ist. Beliebt in Kleinküchen von Paaren, die ihre Freiräume brauchen, oder bei geselligen Familien, in denen jeder seine Position hat – am liebsten auf der Eckbank.

die Rechteckschunkler
„Ja, so eine lange Tafel, das hat was ländlich Geselliges", weiß man. Stimmt, vor allem wenn man genug Leute hat, um sie voll zu machen. Sonst ist man schnell einsamer Landschlossbewohner. Als Trennlinie mit weit entfernten Enden fördert die Rechtecktafel die Grüppchenbildung – was fröhlichen Runden (!) eher schaden kann.

die Ovalmischer
„Jetzt mal nicht ganz so eckig", denken sie und wollen das Beste aus Kreis (einladende Harmonie) und Rechteck (Ruhe- und Redezonen an einem Tisch) vereinen. So ein Tisch sieht schön aus, wobei man sich an den Enden manchmal ein bisschen aus der Kurve getragen vorkommen kann.

die Stehtischler
„Ich wollte nur mal reinschauen", rufen sie und lassen auch gleich die Jacke an – zumindest im Geiste. Weswegen sie an gemütlichen Tafeln nicht lange verharren wollen, lieber rauchen sie eine auf dem Balkon oder trinken einen an den Kühlschrank gelehnt. Und wenn sie da Gleichgesinnte treffen, kann das ein richtig guter Abend für sie werden.

Heiße Schokolade
Die Echte!

Zutaten für 4 Personen:
100 g Zartbitterschokolade
3/4 l Milch
50 g Sahne
1 Prise Zimt- oder Chilipulver (wer mag)
etwas Kakaopulver (wer mag)

Zubereitungszeit: 10 Minuten
Kalorien pro Portion: 290 kcal

1_Schokolade in kleine Stücke brechen und in einen Topf legen. Die Milch dazuschütten und beides zusammen bei mittlerer Hitze erwärmen, aber nicht kochen lassen. Zwischendurch immer mal gut durchrühren, damit die Schokolade gleichmäßig schmilzt.

2_Die Sahne steif schlagen. Die heiße Schokolade in Tassen füllen und mit dem Milchaufschäumer aufschlagen. Jede Portion mit einem Sahnehäubchen garnieren und ganz nach Belieben mit Zimt oder Chili und/oder Kakaopulver bestäuben.

TIPPs
Wer keinen Milchaufschäumer hat, nimmt stattdessen einfach einen kleinen Schneebesen und schlägt damit die heiße Schokolade bereits im Topf schön schaumig auf. Erwachsene können die heiße Schokolade mit etwas Orangenlikör aufpeppen. In dem Fall passt dann auch noch ein Hauch fein abgeriebene Bio-Orangenschale in die Schlagsahne.

Kardamom-Zimt-Kaffee

Den Orient nach Hause geholt – für Erwachsene!

Zutaten für 4 Personen:
4 grüne Kardamomkapseln
1 Zimtstange
2 Gewürznelken (wer mag)
4 EL Kaffeepulver (am besten Espresso oder türkischer Kaffee)
2 EL Zucker
4 Schuss Milch oder Sahne (wer mag)

Zubereitungszeit: 10 Minuten
Kalorien pro Portion: 35 kcal

1_Die Kardamomkapseln im Mörser andrücken, die Zimtstange in drei Stücke brechen. Beides mit 3/4 l Wasser und nach Belieben den Nelken in einen Topf geben und zum Kochen bringen. Dann das Kaffeepulver unterrühren und alles bei schwacher Hitze (kocht leicht über!) 5 Minuten vor sich hin köcheln lassen. Mit dem Zucker süßen.

2_Den Kaffee kurz stehen lassen, bis sich der Satz am Boden gesammelt hat. Dann durch ein feines Sieb vorsichtig in Tassen füllen. Eventuell die Milch oder die Sahne unterrühren.

Himbeer-Smoothie

Schmeckt Groß und Klein!

Zutaten für 4 Personen:
500 g Himbeeren (frisch oder TK)
500 ml Kokosmilch
2–3 EL Himbeer- oder Holunderblütensirup
1/8 l Mineralwasser
etwas abgeriebene Bio-Limettenschale (wer mag)

Zubereitungszeit: 5 Minuten
Kalorien pro Portion: 70 kcal

1_Frische Himbeeren verlesen, also alle matschigen und faulen aussortieren. Ein paar schöne Beeren zum Garnieren auf die Seite legen.

2_Himbeeren mit Kokosmilch und Sirup im Mixer kräftig durchmixen und mit dem Wasser aufgießen. Eventuell mit Limettenschale würzen. In Gläser füllen, mit den beiseitegelegten Himbeeren garnieren.

TIPPs
TK-Himbeeren kann man gleich gefroren mixen, dann ist der Smoothie besonders erfrischend. Und er schmeckt natürlich auch mit anderen Beeren.

Bananen-Orangen-Milch

Fürs Frühstücksbüfett oder für zwischendurch

Zutaten für 4 Personen:
2 vollreife Bananen (etwa 300 g)
1 Bio-Orange
1/2 Bio-Zitrone oder Bio-Limette
3/4 l Milch
2 EL Ahornsirup
1 Prise gemahlener Kardamom

Zubereitungszeit: 5 Minuten
Kalorien pro Portion: 205 kcal

1_Die Bananen schälen und in Scheiben oder Würfel schneiden. Die Orange und die Zitronen- oder Limettenhälfte heiß waschen und abtrocknen. Die Schalen fein abreiben und den Saft der Zitrone oder Limette auspressen.

2_Die Bananen mit der Milch und dem Ahornsirup im Mixer kräftig pürieren und schaumig werden lassen. Mit dem Kardamom, Zitrusschale sowie 3–4 TL Zironen- oder Limettensaft abschmecken. In hohe Gläser gießen.

Basic-TIPP
Für den Sonntagsbrunch kann man den Kaffee, den Smoothie und die Fruchtmilch auch in größerer Menge zubereiten. Die kalten Getränke in Karaffen aufs Büfett stellen und zwischendurch mal umrühren. Den Kaffee in eine Isolierkanne füllen. Nur den Kakao besser frisch machen, sonst bildet sich eine Haut darauf – und diese finden eigentlich alls irgendwie „igittigitt".

Tomaten-Eier-Quark

Frischer Brotaufstrich oder Beilage zu Pellkartoffeln

Zutaten für 4 Personen:
2 Eier (Größe M) | 150 g Tomaten
2–3 Stängel Basilikum (wer mag)
250 g Quark | 2 EL Sahne
1/2 TL Tomatenmark | Salz | Pfeffer

Zubereitungszeit: 20 Minuten
Kalorien pro Portion: 130 kcal

1_Eier an den runderen Seiten anpieksen und in 8–10 Minuten in kochendem Wasser hart kochen. Abschrecken, abkühlen lassen.

2_Tomaten waschen und möglichst klein würfeln, die Stielansätze dabei entfernen. Wer mag, hackt die Basilikumblättchen fein. Die Eier schälen und klein würfeln.

3_Quark mit Sahne und Tomatenmark glatt verrühren. Erst die Tomaten, dann die Eier und eventuell das Basilikum untermengen, mit Salz und Pfeffer würzen. Der Quark schmeckt gut zu knusprigem Bauernbrot, aber auch zu Pellkartoffeln – dann die doppelte Menge machen.

VARIANTE: Radieschenfrischkäse

1 Bund Radieschen waschen und putzen und fein raspeln. 1/2 Bund Schnittlauch waschen, trocken schütteln und in Röllchen schneiden. Beides mit 250 g Doppelrahmfrischkäse und 1 EL Sahne verrühren, salzen und pfeffern.

Mangobutter

Besonders fein auf warmem Brot – Toast oder Crostini –, passt aber auch zum Steak

Zutaten für 4 Personen:
1/4 Mango
1/2 Bio-Limette
125 g weiche Butter
1 TL scharfer Senf
1/2 TL Honig oder Ahornsirup
1/2 TL rosenscharfes Paprikapulver
Salz

Zubereitungszeit: 10 Minuten
Kalorien pro Portion: 250 kcal

1_Mangoviertel schälen und das Fruchtfleisch in sehr kleine Würfel schneiden. Die Limettenhälfte heiß waschen und abtrocknen, die Schale fein abreiben.

2_Die Butter mit Limettenschale, Senf, Honig oder Ahornsirup, Paprika und Salz verrühren. Mangowürfel untermengen und die Butter eventuell noch leicht nachwürzen. Bis zum Essen kühl stellen.

TIPPs

Die Mango durch 1 kleine Birne ersetzen und die Butter mit 1/2 TL Birnendicksaft, Salz und etwas Currypulver würzen. Wer mag, verfeinert die Mangobutter noch mit etwas durchgepresstem Knoblauch.

VARIANTE: Garnelen-Dill-Butter

100 g gegarte, geschälte Garnelen sehr fein würfeln. 1/4 Bund Dill waschen und trocken schütteln, die Spitzen von den Stängeln abknipsen und fein hacken. 100 g weiche Butter mit 1 EL Schmant, Salz, Pfeffer und eventuell ganz wenig gemahlenem Koriander verrühren. Dill und Garnelen untermengen.

Obatzda

Für den bayerischen Brotzeittisch

Zutaten für 4 Personen:
1 kleine milde weiße oder rote Zwiebel oder 2 Frühlingszwiebeln
300 g weicher Camembert oder Brie
50 g weiche Butter
125 g saure Sahne
1 EL edelsüßes Paprikapulver
Salz
1/2 Bund Schnittlauch

Zubereitungszeit: 20 Minuten
Kalorien pro Portion: 365 kcal

1_Die weiße oder rote Zwiebel schälen und sehr fein würfeln. Oder von den Frühlingszwiebeln die Wurzelbüschel und die welken Teile abschneiden, die Zwiebeln waschen und ganz fein schneiden.

2_Den Camembert oder Brie in Würfel schneiden und mit einer Gabel sehr fein zerdrücken. Butter, Sahne und Zwiebel(n) unterkneten und die Käsecreme mit gut der Hälfte des Paprikapulvers und etwas Salz abschmecken.

3_Den Obatzdn in ein Schälchen füllen und mit dem Rest des Paprikapulvers bestäuben. Schnittlauch waschen, trocken schütteln und in feine Röllchen schneiden. Und der Schnittlauch kommt jetzt direkt auf den Obatzdn oder in einem Extraschälchen mit auf den Tisch, damit sich jeder selbst davon nehmen kann. Dazu gibt's klassisch bayerisch Laugenbrezen oder -stangen.

Landpasteten-Aufstrich

Mild-cremig und aromatisch

Zutaten für 4 Personen:
300 g Kaninchenfilet
1/4 l Hühner- oder Gemüsebrühe
1 Stück Bio-Zitronenschale (etwa 2 cm)
1 Bund Basilikum
2 EL Pinienkerne
6 EL Olivenöl
Salz | Pfeffer

Zubereitungszeit: 30 Minuten
Kalorien pro Portion: 290 kcal

1_Vom Kaninchenfilet die Haut und eventuell auch die Sehnen ablösen. Die Brühe in einem kleinen Topf erhitzen und das Kaninchenfilet einlegen. Deckel auflegen, Hitze klein stellen und das Fleisch in etwa 10 Minuten gar ziehen lassen.

2_Das Zitronenschalenstück sehr fein schneiden. Basilikumblättchen von den Stängeln abzupfen und hacken. Das Kaninchenfleisch aus dem Topf heben, abtropfen und etwas abkühlen lassen, dann würfeln.

3_Das Kaninchenfleisch mit Basilikum, Pinienkernen, Öl und etwa 5 EL von der Garflüssigkeit im Mixer fein pürieren. Mit der Zitronenschale, Salz und Pfeffer abschmecken. Schmeckt am besten zu knusprigem Weißbrot (eventuell auch wie für Crostini geröstet).

TIPP
Statt Kaninchenfilet kann man auch Putenschnitzel oder Hähnchenbrustfilet nehmen. Und das Basilikum mal durch Feldsalat ersetzen.

Beerenfrischkäse

Sommerlich – und trotzdem auch im Winter machbar!

Zutaten für 4 Personen:
250 g gemischte TK-Beeren
3 EL Zucker (eventuell noch etwas mehr)
50 g Sahne
150 g Doppelrahmfrischkäse
1 TL Kakaopulver

Zubereitungszeit: 10 Minuten
+ Auskühlzeit
Kalorien pro Portion: 180 kcal

1_Die Beeren tiefgefroren mit dem Zucker in einem Topf erhitzen und bei schwacher Hitze 5 Minuten garen, dann auf der abgeschalteten Kochplatte auskühlen lassen.

2_Beeren in einem Sieb abtropfen lassen und in einer Schüssel mit einer Gabel sehr fein zerdrücken. Sahne steif schlagen und mit dem Beerenpüree unter den Frischkäse heben. Mit dem Kakao und eventuell noch etwas Zucker abschmecken. Den Frischkäse am selben Tag essen. Er schmeckt super auf Croissants und auf Baguette.

TIPPs
Statt mit tiefgekühlten Beeren kann man den Käse auch mit frischen machen: die Beeren verlesen, ganz kurz waschen, grob schneiden und mit dem Zucker in einem Topf mischen. Dann nur einmal aufkochen und danach auskühlen lassen.
Für ein herrlich sahnig-fruchtiges Dessert 150–200 g Sahne mit 1 Päckchen Vanillezucker steif schlagen. Mit den restlichen Zutaten mischen, in Schälchen füllen und servieren.

Aprikosenpaste

Fruchtig und fein würzig

Zutaten für 4 Personen:
200 g getrocknete ungeschwefelte Aprikosen
200 ml naturtrüber Apfelsaft
2 EL brauner Zucker | 1/2 Bio-Zitrone
50 g Mascarpone oder Sahnequark

Zubereitungszeit: 20 Minuten
+ 2 Stunden Quellen
Kalorien pro Portion: 235 kcal

1_Die Aprikosen würfeln und mit dem Apfelsaft und dem Zucker in einem Topf mischen. Zum Kochen bringen, 5 Minuten bei mittlerer Hitze köcheln lassen. Dann den Deckel auflegen und die Aprikosen neben dem Herd 2 Stunden quellen und weich werden lassen.

2_Die Zitronenhälfte heiß waschen und abtrocknen, die Schale fein abreiben. Die Aprikosen mit der Einweichflüssigkeit und dem Mascarpone oder Quark im Mixer fein pürieren. Die Zitronenschale untermischen. Die Paste schmeckt besonders gut auf Weißbrot, Toast oder Croissants. Sie hält sich im Kühlschrank gut verschlossen oder abgedeckt etwa 1 Woche frisch.

VARIANTE: Dattel-Nuss-Paste
200 g entsteinte Datteln klein schneiden und mit 200 ml Kokosmilch in einem Topf einmal aufkochen. Abkühlen lassen, dann mit 1 EL Mandelmus und 1 TL Zimtpulver fein pürieren. Mit der fein abgeriebenen Schale von 1 Bio-Orange abrunden. Die Paste schmeckt ganz besonders gut auf Sesamfladen.

Schokocreme
Superschnell und easy gemacht

Zutaten für 4 Personen:
je 50 g Zartbitter- und Vollmilch-
schokolade
100 g Sahne
1 EL Butter
50 g gemahlene (gehäutete) Mandeln
1 EL Kakaopulver
2 Päckchen Vanillezucker
je 1 Prise Zimtpulver und Salz

Zubereitungszeit: 10 Minuten
+ Auskühlzeit
Kalorien pro Portion: 330 kcal

1_Schokolade in kleine Stücke brechen und mit der Sahne in einen Topf füllen. Bei schwacher Hitze erwärmen, bis die Schokolade geschmolzen ist. Dabei ab und zu durchrühren, damit nichts anbrennt und die Schokolade gleichmäßig schmilzt.

2_Die Butter in kleine Würfel schneiden und mit Mandeln, Kakao, Vanillezucker, Zimt und Salz unter die Schokosahne rühren, bis die Butter geschmolzen ist.

3_Die Creme in ein Schälchen geben und auskühlen lassen. (Oder in Schraubgläser füllen, verschließen, auskühlen lassen.)

TIPP
In gut schließenden Schraubgläsern lässt sich die Creme im Kühlschrank 2–3 Wochen aufheben. Also eventuell gleich ein bisschen mehr davon machen. Ist übrigens auch ein super Geschenk!

Avocado-Zitronen-Creme
Blitzschneller Aufstrich

Zutaten für 4 Personen:
2 EL ungesalzene Pistazienkerne
1 Bio-Zitrone | 2 weiche Avocados
100 g saure Sahne
1 Päckchen Vanillezucker

Zubereitungszeit: 15 Minuten
Kalorien pro Portion: 325 kcal

1_Die Pistazienkerne fein hacken. Die Zitrone heiß waschen und abtrocknen, die Schale fein abreiben. Die Zitrone halbieren und eine Hälfte auspressen.

2_Avocados der Länge nach rundherum bis zum Kern einschneiden. Die Hälften gegeneinanderdrehen und auf diese Weise auseinanderlösen. Die Kerne mit der Messerspitze herauslösen und das Avocadofleisch mit einem Löffel aus den Schalen schaben.

3_Das Avocadofleisch mit der sauren Sahne, dem Zitronensaft und dem Vanillezucker mit dem Pürierstab fein pürieren. Die Zitronenschale und die Pistazien untermischen, die Creme abschmecken und eventuell noch etwas nachsüßen. Schmeckt zu normalen Brötchen, aber auch zu Rosinenbrötchen und Baguette oder Toast sehr gut.

Birchermüesli mit Birnen

Am Abend vorher nur kurz vorbereiten, dann am Morgen schnell fertig machen

Zutaten für 4 Personen:
100 g zarte Haferflocken
60 g Rosinen
200 ml Milch
200 g Naturjoghurt
50 g gemischte Nusskerne (z. B. Haselnüsse, gehäutete Mandeln, Walnüsse)
1 EL Butter
1 EL brauner Zucker
2 Birnen
2 Äpfel
1 EL Zitronensaft
50 g Sahne
4 Mini-Prisen Zimtpulver (wer mag)
etwas Ahornsirup zum Nachsüßen (wer mag)

Zubereitungszeit: 15 Minuten
+ Quellen über Nacht
Kalorien pro Portion: 425 kcal

1_Die Haferflocken und die Rosinen mit der Milch und dem Joghurt verrühren, abdecken und über Nacht im Kühlschrank quellen lassen.

2_Am nächsten Morgen die Nusskerne fein hacken. In einer kleinen Pfanne die Butter mit dem Zucker schmelzen lassen. Die Nusskerne einrühren und bei mittlerer Hitze 1–2 Minuten unter Rühren rösten, bis sie knusprig sind und fein duften. Aufpassen, dass sie nicht zu braun werden, das kann plötzlich ganz schnell gehen. Auf einem Teller abkühlen lassen.

3_Birnen vierteln, schälen und vom Kerngehäuse befreien. Die Birnen in möglichst kleine Würfel schneiden. Äpfel waschen und mit der Schale rund ums Kerngehäuse fein abreiben. Birnen und Äpfel mit dem Zitronensaft mischen und mit der Sahne unter die Flockenmischung rühren.

4_Das Müsli auf Schälchen verteilen und mit den Nüssen garnieren. Und wer mag, überstäubt seine Portion mit Zimt. Außerdem den Ahornsirup mit auf den Tisch stellen, damit alle, die's gerne besonders süß haben, ihr Müsli nachsüßen können.

Frischkornmüsli mit Beeren

Getreide selber mahlen oder im Naturkostladen machen lassen

Zutaten für 4 Personen:
150 g Sechskorn-Getreidemischung (aus dem Naturkostladen oder Reformhaus)
350 ml fettarme Milch
250 g Himbeeren
250 g Erdbeeren
1/2 Bio-Limette oder Bio-Zitrone
2 EL flüssiger Honig oder Ahornsirup
150 g Sahne
2 TL Vanillezucker
1 EL Haselnuss- oder Mandelmus

Zubereitungszeit: 25 Minuten
+ Quellen über Nacht
Kalorien pro Portion: 370 kcal

1_Die Getreidekörner grob mahlen oder schroten und mit der Milch mischen. Abdecken und über Nacht zum Quellen in den Kühlschrank stellen.

2_Am nächsten Tag die Himbeeren verlesen, nur falls nötig waschen. Erdbeeren gründlich waschen und abtropfen lassen. Die Kelchblätter aus den Beeren heraus-

schneiden, die Erdbeeren vierteln oder achteln. Limetten- oder Zitronenhälfte heiß waschen und abtrocknen. Die Zitrusschale fein abreiben und mit Honig oder Sirup unter den Frischkornbrei rühren.

3_Die Sahne mit dem Vanillezucker halbsteif schlagen, Nussmus unterschlagen. Den Frischkornbrei auf Schälchen verteilen. Die Beeren mischen und darauflöffeln, die Sahne darüberlaufen lassen.

TIPPs
Wenn das Nussmus sehr fest ist, am besten erst mit 1 EL Sahne gründlich verrühren, bevor es unter die geschlagene Sahne kommt.
Außerhalb der Beerenzeit schmecken auch Zwetschgen in kleinen Würfeln, Mango- oder Birnenschnitze.

Obstsalat mit Orangenjoghurt
Zum Frühstück oder auch für zwischendurch

Zutaten für 4 Personen:
2 Äpfel
1 Birne
2 Bananen
150 g Weintrauben (blau oder grün)
1 Kiwi
1 EL Zitronensaft
3 EL Ahornsirup
1 Bio-Orange
200 g Naturjoghurt
2 EL Sahne
1 Prise gemahlene Nelken (wer mag)
2 EL ungesalzene Pistazienkerne

Zubereitungszeit: 20 Minuten
Kalorien pro Portion: 255 kcal

1_Die Äpfel und die Birne waschen oder schälen, vierteln und vom Kerngehäuse befreien. Die Viertel in dünne Spalten schneiden. Die Bananen schälen und in dünne Scheiben schneiden. Die Trauben waschen, abzupfen, halbieren und eventuell die Kerne mit der Messerspitze aus dem Traubenfleisch pulen. Kiwi schälen, der Länge nach vierteln und in dünne Spalten schneiden.

2_Die Früchte mit dem Zitronensaft und 1 EL Ahornsirup vermischen und den Salat kurz ziehen lassen.

3_Inzwischen die Orange heiß waschen und abtrocknen, die Schale fein abreiben. Die Schale von der Orange dann so abschneiden, dass auch die weiße Haut mit entfernt wird. Die Orangenfilets zwischen den Trennhäutchen herausschneiden. Den Saft, der dabei abläuft, unter den Salat rühren. Orangenfilets in Stücke schneiden und ebenfalls unterrühren.

4_Den Joghurt mit der Sahne, übrigem Ahornsirup, der Orangenschale und eventuell dem Nelkenpulver gut verrühren. Die Pistazienkerne grob hacken und in einer Pfanne ohne Fett kurz anrösten.

5_Den Obstsalat noch mal durchrühren und in Schälchen verteilen. Den Orangenjoghurt darüberlaufen lassen, Pistazien aufstreuen.

Eier im Glas mit Gurken

Sieht gut aus und schmeckt auch so

Zutaten für 4 Personen:
1 kleine Salatgurke (etwa 200 g)
Salz
8 Eier (Größe M)
4 Stängel Dill oder 1/2 Kästchen Gartenkresse (wer mag)
2 TL heller Essig
Pfeffer
2 TL Öl
2 Frühlingszwiebeln (wer mag)

Zubereitungszeit: 15 Minuten
Kalorien pro Portion: 210 kcal

1_Die Gurke gründlich waschen oder schälen und der Länge nach halbieren. Die Kerne mit einem Teelöffel aus der Mitte herausschaben. Die Gurkenhälften in kleine Würfel schneiden und mit Salz mischen. 5 Minuten stehen lassen.

2_Eier an den runderen Seiten anpieksen und mit kaltem Wasser in einen Topf legen. Den Deckel auflegen und das Wasser zum Kochen bringen. Sobald es kocht, den Deckel abnehmen und die Eier noch gut 3 Minuten offen kochen lassen.

3_Inzwischen nach Belieben Dill waschen und trocken schütteln, die Dillspitzen fein hacken. Oder die Kresse mit einer Küchenschere vom Beet schneiden. Die Flüssigkeit, die sich bei der Gurke gebildet hat, abgießen. Die Gurke mit Essig, eventuell Kräutern, Pfeffer und Öl verrühren. (Mehr Salz braucht sie wahrscheinlich nicht.) Wer mag, wäscht jetzt noch die Frühlingszwiebeln, putzt sie und schneidet das knackige Grün in feine Ringe.

4_Eier abgießen, abschrecken und schälen. Jeweils 2 davon in ein breites Glas geben und mit einer Gabel oder einem Messer „öffnen". Die Gurken darauf verteilen und eventuell Zwiebelringe aufstreuen. Dazu passt am besten Toast mit Butter.

TIPP
Die Salatgurke auch mal durch Tomatenwürfel ersetzen. Und/oder die Eier im Glas mit je 1 TL Forellenkaviar oder auch knapp 1 EL gehacktem Räucherlachs oder fein geschnittenen Nordseekrabben krönen.

Rührei mit Schinken

Nicht nur fürs Sonntagsfrühstück

Zutaten für 4 Personen:
100 g gekochter Schinken (in dünnen Scheiben)
8 Eier (Größe M)
4 EL Sahne oder Milch
Salz | Pfeffer
1/2 Bund Schnittlauch (wer mag)
1 EL Butter

Zubereitungszeit: 10 Minuten
Kalorien pro Portion: 260 kcal

1_Den Fettrand vom Schinken abtrennen. Den Schinken in schmale, nicht zu lange Streifen schneiden. Die Eier aufschlagen und mit der Sahne oder Milch, Salz und etwas Pfeffer mit einer Gabel locker und nicht zu kräftig durchrühren. Nur so lang, bis sich Eigelb und Eiweiß einigermaßen verbinden. Nach Belieben Schnittlauch waschen, trocken schütteln, in Röllchen schneiden und in ein Schälchen füllen.

2_Die Butter in einer Pfanne zerlassen. Den Schinken einrühren und bei mittlerer Hitze etwa 1 Minute anbraten. Die Eier in die Pfanne laufen lassen und gut 1 Minute weiterrühren, bis die Mischung an allen Stellen fest wird, aber noch gut feucht aussieht. Heiß servieren, am besten auf gebuttertem Bauernbrot oder auf Laugenstangen. Und wer mag, streut sich noch ein bisschen Schnittlauch auf.

TIPPs
Auch sehr fein: Das helle Grün von 2 Frühlingszwiebeln in feine Ringe schneiden und statt des Schnittlauchs auf das Rührei streuen.

Zusatzaroma erwünscht: mit dem Schinken 1–2 TL kleine Kapern anbraten. Oder den Schinken durch Bacon ersetzen und ohne die Butter in der Pfanne braten, dann die angerührten Eier und 4 getrocknete, in Öl eingelegte Tomaten in feinen Streifen untermischen.

Käseomelett

Fein zum Frühstück oder als kleines Essen – immer portionsweise gemacht!

Zutaten für 1 Person:
3 Eier (Größe M)
Salz | Pfeffer
2 EL frisch geriebener Greyerzer oder mittelalter Gouda
1 EL Butter
1 EL Schnittlauchröllchen oder Gartenkresse (wer mag)

Zubereitungszeit: 10 Minuten
Kalorien pro Portion: 405 kcal

1_Die Eier in eine Schüssel aufschlagen und mit Salz und Pfeffer würzen. Mit dem Schneebesen verquirlen, dann 1 EL Käse unterrühren.

2_Eine nicht zu große Pfanne (mehr als 20 cm Ø sollte sie auf keinen Fall haben, sonst wird die Eimasse zu dünn; am besten antihaftbeschichtet) auf den Herd stellen und darin die Butter schmelzen. Die Hitze auf schwache Stufe schalten.

3_Die Eiermasse in die Pfanne laufen lassen und mit der Gabel knapp 1 Minute locker durchrühren, bis die Eier anfangen zu stocken. Restlichen Käse aufstreuen und die Eiermasse etwa 5 Minuten weitergaren, bis sie gestockt, die Oberfläche aber noch schön saftig ist.

4_Die Pfanne leicht anheben und die eine Hälfte des Omeletts auf die andere klappen. Das Omelett aus der Pfanne auf einen Teller rutschen lassen. Und wer mag, streut jetzt noch ein paar Schnittlauchröllchen oder etwas Kresse auf. Dazu schmeckt frisch gerösteter Toast besonders gut.

TIPP
Das Omelett vor dem Zusammenklappen mit etwa 1 EL feinen Schinkenstreifen (roh oder gekocht), zerpflücktem Räucherfisch oder auch mit blanchierten Spinatstreifen gleichmäßig belegen.

Focaccia mit Kirschtomaten

Ein ganzes Backblech voll italienischem Genuss

Zutaten für 6–8 Personen als Beigabe:
500 g Mehl
Salz
1 Prise Zucker
gut 1/2 Würfel frische Hefe (etwa 25 g)
8 EL Olivenöl
500 g Kirschtomaten
8 Zweige Thymian
4 Knoblauchzehen (wer mag)
2 TL mittelgrobes Salz (z.B. Fleur de Sel)
Pfeffer

Zubereitungszeit: 40 Minuten
+ 1 Stunde Gehen
+ 20 Minuten Backen
Kalorien pro Portion (bei 8 Personen): 315 kcal

1_Das Mehl mit 2 TL Salz und dem Zucker in einer Schüssel mischen. Die Hefe zerkrümeln und mit 1/4 l lauwarmem Wasser verrühren, bis sie sich gelöst hat. Mit 3 EL Öl zum Mehl gießen und alles gründlich verkneten, bis der Teig weich und schön geschmeidig ist und nicht mehr an den Händen klebt. Ist der Teig zu trocken, um geschmeidig zu werden, noch ein wenig Wasser dazugeben. Klebt er stark an den Händen, noch etwas mehr Mehl unter den Teig kneten.

2_Die Schüssel mit einem Küchentuch abdecken und den Hefeteig etwa 1 Stunde an einem warmen Ort ruhen lassen, bis er etwa doppelt so hoch aufgegangen ist.

3_Dann den Backofen auf 220 Grad vorheizen (auch schon jetzt einstellen: Umluft 200 Grad). Das Backblech mit Backpapier auslegen (oder stattdessen das Blech mit Öl einpinseln).

4_Den Teig noch einmal durchkneten und auf dem Backblech ausrollen, möglichst an allen Stellen ungefähr gleich dick. Die Tomaten waschen und halbieren. Den Thymian waschen und trocken schütteln, die Blättchen von den Zweigen streifen (das geht ganz einfach gegen die Richtung, in die sie wachsen). Wer mag, schält den Knoblauch und schneidet ihn in hauchdünne Scheiben.

5_Die Tomaten mit der Hautseite nach unten auf den Teig legen und leicht eindrücken. Thymian und eventuell den Knoblauch daraufstreuen. Das übrige Öl darüberlaufen lassen und das grobe Salz darüber verteilen. Die Focaccia im Ofen (Mitte) etwa 20 Minuten backen, bis sie schön aufgegangen und leicht braun ist.

6_Focaccia aus dem Ofen nehmen und in Stücke schneiden. Lauwarm schmeckt sie besonders gut, aber auch kalt ist sie fein – nur am selben Tag sollte man sie auf jeden Fall essen. Und: Sie passt sehr gut zu Vorspeisen mediterraner Art, aber auch zu einer Brotzeit mit italienischen Käsesorten, Salami und Schinken.

VARIANTE: Focaccia mit Zwiebeln

Den Hefeteig wie beschrieben zubereiten, gehen lassen und auf dem Blech ausrollen. Für den Belag 4 rote Zwiebeln schälen und in dünne Ringe schneiden. 4 Knoblauchzehen schälen und fein würfeln. Beides mit 6 EL Olivenöl und 1 TL getrockneten Mittelmeerkräutern, Salz und Pfeffer mischen und auf dem Teig verteilen. Wie beschrieben backen. Wer möchte, kann vor dem Servieren noch ein paar Späne Pecorino über den Fladen hobeln oder etwas Feta (Schafkäse) daraufkrümeln.

VARIANTE: Focaccia mit Zucchini

Den Hefeteig wie beschrieben zubereiten, gehen lassen und auf dem Blech ausrollen. Für den Belag 500 g Zucchini waschen, putzen, in dünne Scheiben schneiden und auf dem Teig auslegen. 1 Bio-Zitrone heiß waschen und abtrocknen, die Schale fein abreiben. 2 Knoblauchzehen schälen und fein hacken. Nach Belieben 2–3 Stängel Petersilie waschen, trocken schütteln und die Blättchen fein hacken. Zitronenschale, Knoblauch und eventuell Petersilie vermischen und auf die Zucchini streuen. Mit Salz und Pfeffer würzen. Mit 4 EL Olivenöl beträufeln und wie beschrieben backen. Nach dem Backen etwas frisch geriebenen Pecorino oder auch ganz fein gewürfelten Mozzarella darauf zerlaufen lassen. Auf dieser Focaccia schmeckt Olivensalz zum Würzen besonders gut.

Kartoffelsalat mit Krabben

Schmackhaftes fürs Büfett oder als Imbiss

Zutaten für 4 Personen:
1 kg festkochende Kartoffeln
1 Bio-Zitrone
250 g saure Sahne
1 TL scharfer Senf
1 EL Öl
2 EL Mayonnaise
Salz | Pfeffer
200 g gepulte Nordseekrabben
1 Bund Schnittlauch

Zubereitungszeit: 20 Minuten
+ 20–30 Minuten Garen
Kalorien pro Portion: 325 kcal

1_Die Kartoffeln gründlich waschen und ungeschält in einem Topf mit Wasser zum Kochen bringen. Den Deckel auflegen, die Hitze auf mittlere Stufe stellen und die Kartoffeln 20–30 Minuten garen, bis sie sich mit dem Messer leicht einstechen lassen (zu weich sollen sie aber auch nicht werden).

2_Die Kartoffeln abgießen und lauwarm abkühlen lassen. Inzwischen die Zitrone heiß waschen und abtrocknen, die Schale fein abreiben. Die Zitrone halbieren und eine Hälfte auspressen. Die saure Sahne mit dem Senf, dem Öl, der Mayonnaise, der Zitronenschale und 3–4 TL Zitronensaft in eine Schüssel füllen. Mit Salz und Pfeffer würzen und alles mit dem Schneebesen sehr kräftig durchschlagen.

3_Kartoffeln pellen und in dünne Scheiben schneiden. Mit der Sauce mischen und den Salat mit Salz und Pfeffer abschmecken. Vielleicht braucht's auch noch ein bisschen Zitronensaft. Die Krabben locker unterheben. Den Kartoffelsalat auf den Tisch stellen.

4_Den Schnittlauch waschen, trocken schütteln, in Röllchen schneiden und in ein Schälchen füllen. Auch mit auf den Tisch stellen, damit sich jeder davon etwas über den Salat streuen kann.

TIPP
Auf dem Büfett schmeckt der Kartoffelsalat ganz pur, als Imbiss kann man zusätzlich Räucherlachs dazu essen oder auch hart gekochte Eier.

Nudelsalat mit Joghurtsauce

Sommerlich leicht

Zutaten für 4 Personen:
250 g kleine griechische Nudeln in Reiskornform (Kritharaki)
Salz | 250 g Zucchini
1/2 Aubergine
1 große rote Paprikaschote
6 EL Olivenöl
Pfeffer
2 1/2 EL Zitronensaft
4 Knoblauchzehen
250 g Naturjoghurt
4 Frühlingszwiebeln (wer mag)

Zubereitungszeit: 35 Minuten
Kalorien pro Portion: 435 kcal

1_Für die Nudeln reichlich Wasser zum Kochen bringen und salzen. Die Nudeln darin in etwa 10 Minuten bissfest garen.

2_Schon während das Nudelwasser heiß wird, das Gemüse waschen, putzen und in kleine Würfel schneiden. 2 EL Olivenöl in einer Pfanne erhitzen. Gemüse darin bei starker Hitze unter Rühren in 6–7 Minuten bissfest garen. Mit Salz und Pfeffer würzen.

3_Nudeln abgießen, kurz abschrecken, abtropfen lassen und in einer Schüssel mit dem Gemüse, dem übrigen Öl und 2 EL Zitronensaft mischen. Mit Salz und Pfeffer abschmecken.

4_Knoblauch schälen und in ein Schälchen pressen. Mit Joghurt und übrigem Zitronensaft verrühren, salzen und pfeffern. Nach Belieben Frühlingszwiebeln waschen, putzen, in dünne Ringe schneiden und in ein Schälchen füllen.

5_Beim Essen Salat auf den Teller löffeln und ganz nach Belieben etwas von der Joghurtsauce daraufgeben. Und wer mag, streut auch noch Frühlingszwiebelringe auf den Salat. Dazu schmeckt außerdem Fladenbrot, am besten im Ofen kurz warm und knusprig aufgebacken.

TIPPs
Wer keine Auberginen mag, lässt sie einfach weg und nimmt dafür mehr Zucchini oder mischt zum Schluss frische Tomatenwürfel unter den fertigen Salat. Kräutermutige versuchen den Salat mit etwas fein gehackter Minze. Die passt super zu der Nudel-Gemüse-Mischung und der Joghurtsauce!

Reissalat mit Specksauce
Partyhit von heute

Zutaten für 4 Personen:
200 g Langkornreis | Salz
250 g grüne Bohnen
4–6 Zweige Bohnenkraut oder Thymian
250 g TK-Erbsen
150 g durchwachsener Räucherspeck
1 säuerlicher Apfel
2 EL Öl | 3 EL Apfelessig
100 ml Gemüsebrühe
2 TL scharfer Senf
Pfeffer

Zubereitungszeit: 35 Minuten
Kalorien pro Portion: 550 kcal

1_Den Reis mit 400 ml Wasser und Salz in einem Topf zum Kochen bringen. Die Hitze ganz klein stellen, Deckel auflegen und den Reis in etwa 15 Minuten sanft ausquellen lassen. Deckel abnehmen und den Reis abkühlen lassen.

2_Inzwischen die Bohnen waschen und die Enden abschneiden. Fäden, die sich dabei lösen, abziehen. Die Bohnen in etwa 3 cm lange Stücke schneiden.

3_Bohnenkraut oder Thymian waschen und mit Wasser in einem Topf zum Kochen bringen, salzen. Die Bohnen darin etwa 7 Minuten garen. Dann die Erbsen dazugeben und alles weitere 2–3 Minuten garen, bis die Bohnen bissfest sind. In ein Sieb abgießen, abschrecken und abkühlen lassen.

4_Für die Sauce vom Speck die Schwarte abschneiden. Den Speck zuerst in dünne Scheiben, dann in dünne Streifen und zum Schluss in Würfel schneiden, dabei die Knorpel rausschneiden. Apfel vierteln, schälen, entkernen und klein würfeln.

5_Das Öl mit dem Speck in einer Pfanne erhitzen. Bei mittlerer Hitze unter Rühren etwa 5 Minuten braten, bis der Speck knusprig wird. Apfel dazugeben und kurz mitbraten. Mit dem Essig und der Brühe aufgießen, mit dem Senf, Salz und Pfeffer abschmecken. Reis und Gemüse mit der Sauce mischen, den Salat abschmecken.

Kinder-TIPP
Erbsen mögen eigentlich fast alle, aber Bohnenmuffel gibt es doch einige. Für diejenigen die Bohnen einfach durch die entsprechende Menge Erbsen ersetzen.

Frischkäsebrote mit Lachs

Für den Sonntagsbrunch

Zutaten für 4 Personen:
1 kleiner Zucchino (etwa 100 g)
1 Frühlingszwiebel
1/4 Bio-Zitrone
125 g Doppelrahmfrischkäse
Salz | Pfeffer
12 dünne Scheiben Baguette (leicht schräg geschnitten)
100–150 g Räucherlachs (in dünnen Scheiben)

Zubereitungszeit: 15 Minuten
Kalorien pro Portion: 335 kcal

1_Zucchino waschen, putzen und auf der Küchenreibe fein raspeln. Die Frühlingszwiebel waschen, putzen und fein hacken. Das Zitronenviertel heiß waschen und abtrocknen, die Schale fein abreiben. Alles mit dem Frischkäse verrühren und mit Salz und Pfeffer würzen.

2_Den Zucchinofrischkäse auf den Brotscheiben verstreichen. Lachs in Stücke zupfen und darauflegen.

TIPP
Unbedingt probieren: Den Lachs durch roh geräucherten Schinken (ganz dünn aufschneiden lassen!) ersetzen.

Avocadobrote mit Fisch

Auch als Vorspeise fein

Zutaten für 4 Personen:
1 kleine Bio-Zitrone
1 Stück frischer Meerrettich (etwa 1 cm)
1 Kästchen Gartenkresse
2 weiche Avocados
2 EL Schmant oder feste saure Sahne
Salz
250 g geräucherte Saibling- oder Forellenfilets
8 Scheiben (Vollkorn-)Toast

Zubereitungszeit: 20 Minuten
Kalorien pro Portion: 425 kcal

1_Backofen auf 250 Grad vorheizen (auch schon jetzt einschalten: Umluft 220 Grad) oder den Toaster bereitstellen. Die Zitrone heiß waschen und abtrocknen, die Schale fein abreiben. Meerrettichstück schälen und fein reiben, die Kresse mit der Schere vom Beet abschneiden.

2_Die Avocados der Länge nach rundherum bis zum Kern einschneiden. Die Hälften gegeneinanderdrehen und auf diese Weise auseinanderlösen. Kerne mit der Messerspitze herauslösen. Das Avocadofleisch aus den Schalen löffeln und mit einer Gabel sehr fein zerdrücken. Zitronenschale, Meerrettich, Kresse und Schmant oder saure Sahne unterrühren, salzen. Den Fisch eventuell von der Haut und allen Gräten befreien und in kleinere Stücke teilen.

3_Die Brotscheiben im Toaster rösten oder auf den Rost legen und im Ofen (Mitte) in 3–4 Minuten goldbraun rösten. Mit der Avocadocreme bestreichen und diagonal vierteln, Fisch darauf verteilen.

Kinder-TIPP
Für Kinder, die es nicht so pikant-scharf mögen, den Meerrettich weglassen. Oder Meerrettich aus dem Glas nehmen, der ist auf jeden Fall milder.

Eierbrote mit Remoulade

Für den Schnittchenteller

Zutaten für 4 Personen:
5 Eier (Größe M) | 2 Gewürzgurken
1/4 Bund Schnittlauch
2 TL Kapern (wer mag)
1 in Öl eingelegtes Sardellenfilet (wer mag) | 1 Frühlingszwiebel (wer mag)
75 g Mayonnaise | 3 EL saure Sahne
Salz | Pfeffer | 2 Laugenstangen oder 12 dünne Scheiben Baguette

Zubereitungszeit: 20 Minuten
Kalorien pro Portion: 375 kcal

1_Eier an den runderen Seiten anpieksen und in 8–10 Minuten in kochendem Wasser hart kochen. Abschrecken, abkühlen lassen. Inzwischen die Gewürzgurken in winzige Würfel schneiden. Schnittlauch waschen, trocken schütteln und in Röllchen teilen. Nach Belieben Kapern und Sardellenfilet sehr fein hacken, die Frühlingszwiebel waschen, putzen und fein hacken.

2_Die Eier schälen und 4 Eier in Scheiben schneiden, das restliche Ei klein würfeln. Mayonnaise und Sahne verrühren, Gurken, Schnittlauch und Eiwürfel untermischen. Eventuell mit Kapern, Sardellenfilet und Zwiebel verfeinern, salzen und pfeffern.

3_Die Laugenstangen schräg in Scheiben schneiden. Die Laugen- oder Baguettescheiben mit der Remoulade bestreichen und mit den Eierscheiben belegen, fertig!

Hähnchen-Gurken-Sandwich

Feines Fingerfood

Zutaten für 4 Personen:
400 g Hähnchenbrustfilet
1 EL scharfer Senf
Salz | Pfeffer | 2 EL Öl
1/2 Salatgurke | 4 Blätter Kopfsalat
50 g Doppelrahmfrischkäse
2 EL Mayonnaise
1 Prise Currypulver (wer mag)
8 Scheiben Sandwichbrot

Zubereitungszeit: 20 Minuten
Kalorien pro Portion: 325 kcal

1_Das Hähnchenfleisch in dünne Scheiben schneiden und mit dem Senf einstreichen, salzen und pfeffern. Öl in einer großen Pfanne erhitzen. Das Hähnchen darin bei mittlerer Hitze pro Seite 1 1/2 Minuten braten, abkühlen lassen.

2_Die Gurke waschen und in 1/2 cm dicke Scheiben schneiden. Den Salat waschen und trocken schütteln, die Mittelrippen rausschneiden. Den Frischkäse mit Mayonnaise und eventuell dem Curry verrühren, leicht salzen und pfeffern.

3_Die Hälfte der Brotscheiben mit Frischkäsecreme bestreichen. Je 1 Salatblatt und die Gurken- und Hähnchenscheiben darauflegen. Die übrigen Brotscheiben auflegen und leicht andrücken. Die Sandwiches diagonal durchschneiden und auf einen Teller legen.

VARIANTE: Roastbeef-Sandwich

1 kleinen Apfel vierteln, schälen und entkernen, raspeln und mit 2 TL Zitronensaft unter 150 g Frischkäse rühren. Salzen, pfeffern, auf 4 Brotscheiben verteilen. Mit je 2 Scheiben Roastbeef belegen, 4 Brotscheiben auflegen und leicht andrücken.

Blätterteigtäschchen mit Rinderhack

Gut zum Brunch, aber auch fürs Büfett oder Picknick

Zutaten für 18 Stück:
1 Packung TK-Blätterteig (450 g, 6 Platten)
250 g Chinakohl, Spitzkohl oder Wirsing
Salz
1/2 Bund Petersilie
2 Knoblauchzehen oder 1 Schalotte
1 Stück Bio-Zitronenschale (etwa 2 cm)
250 g Rinderhackfleisch
100 g saure Sahne
1 Ei (Größe M)
Pfeffer
1 Eigelb (Größe M)
1 EL Milch
Mehl für die Arbeitsfläche

Zubereitungszeit: 40 Minuten
+ 15 Minuten Backen
Kalorien pro Stück: 145 kcal

1_Die Blätterteigplatten nebeneinander auf die Arbeitsfläche legen, mit einem Küchentuch abdecken, auftauen lassen.

2_Kohl waschen, die Blätter vom Strunk ablösen und die dicken Rippen schön flach schneiden oder ganz raustrennen. Kohl in Streifen schneiden. Wasser zum Kochen bringen und salzen. Kohlstreifen darin je nach Sorte 1–3 Minuten (Chinakohl 1, Spitzkohl 2, Wirsing 3) kochen lassen. In ein Sieb abgießen, kurz abschrecken und abtropfen lassen.

3_Petersilie waschen, trocken schütteln und die Blättchen abzupfen. Knoblauch oder Schalotte schälen und mit Petersilie und Zitronenschale sehr fein hacken. Mit Kohl, Hack, Sahne und Ei in eine Schüssel geben, salzen, pfeffern und vermengen.

4_Backofen auf 200 Grad vorheizen (auch schon jetzt einschalten: Umluft 180 Grad). Backblech mit Backpapier auslegen. Die Blätterteigplatten einzeln auf wenig Mehl doppelt so groß ausrollen und in 3 gleich große Stücke schneiden. Die Ränder mit kaltem Wasser einpinseln. Die Füllung jeweils auf einer Hälfte der Teigstücke verteilen, die freien Teighälften darüberklappen, die Ränder zusammendrücken.

5_Die Teigtäschchen auf das Blech legen. Eigelb und Milch verrühren, die Taschen damit einpinseln. Im Ofen (Mitte) etwa 15 Minuten backen, bis die Täschchen schön braun sind. Sie schmecken am besten lauwarm, aber auch abgekühlt.

VARIANTE: Schafkäse-Spinat-Füllung

300 g Spinat putzen, waschen, in kochendem Salzwasser zusammenfallen lassen, abschrecken, gut ausdrücken, fein hacken. Mit 200 g zerkrümeltem Schafkäse (Feta), 2 in feine Ringe geschnittenen Frühlingszwiebeln und 1 Ei (Größe M) verrühren. Mit Salz und etwas gemahlenem Koriander abschmecken und wie beschrieben in die Teigstücke hüllen und backen.

VARIANTE: Schinken-Käse-Füllung

Auf jede leicht ausgerollte Blätterteigplatte 1 dickere oder 2–3 dünne Scheiben gekochten Schinken legen. 100 g frisch geriebenen Hartkäse (Sorte ganz nach Belieben wählen) mit 2 EL Crème fraîche verrühren, leicht pfeffern und salzen und auf dem Schinken verteilen. Teigplatten zusammenklappen oder wie ein Hörnchen aufrollen und wie beschrieben backen.

VARIANTE: Räucherfisch-Gurken-Füllung

1 kleine Salatgurke schälen und längs halbieren, die Kerne mit einem Löffel herausschaben. Gurke klein würfeln. 1/2 Bund Dill waschen, trocken schütteln und fein hacken. 200 g geräuchertes Forellen- oder Saiblingsfilet zerpflücken und mit Gurke, Dill, 100 g Doppelrahmfrischkäse und 1 Ei (Größe M) verrühren. Mit Salz und Pfeffer würzen. Wie beschrieben in die Teigstücke hüllen und backen.

VARIANTE: Zucchini-Ricotta-Füllung

250 g kleine Zucchini waschen, putzen und grob raspeln. Mit 1 TL Salz mischen und 15 Minuten Saft ziehen lassen, dann gut ausdrücken. 1 Tomate waschen und würfeln, dabei den Stielansatz entfernen. Die Blättchen von 1/2 Bund Basilikum fein schneiden. Zucchini gut ausdrücken und mit Tomate, Basilikum, 250 g Ricotta, 2 EL frisch geriebenem Parmesan und 1 Ei (Größe M) verrühren. Mit Salz und Pfeffer abschmecken und wie beschrieben in die Teigstücke hüllen und backen.

Basic-TIPP

Wer für die Erwachsenen noch ein bisschen mehr Kick in die Füllung bringen will, würzt sie mit gemahlenem Koriander und ein bisschen Chilipulver. Damit man die Täschchen dann auch von den anderen unterscheiden kann, müssen sie eine Kennzeichnung bekommen: Einfach von einer Teigplatte einen schmalen Streifen abschneiden, in kleine Quadrate teilen und die würzigen Blätterteigtäschchen vor dem Backen damit dekorieren.

Guten-Morgen-Röllchen

Roll your day!

Zutaten für 8–10 Stück:
250 g Magerquark
3 EL Milch
80 g Zucker
1 Prise Salz
8 EL Öl + etwas mehr fürs Blech
500 g Mehl + etwas mehr zum Ausrollen
1 Päckchen Backpulver
1 Eigelb (Größe M)
100 g Zartbitterschokolade

Zubereitungszeit: 30 Minuten
+ 20–25 Minuten Backen
Kalorien pro Stück (bei 10 Röllchen):
375 kcal

1_Den Quark mit Milch, Zucker und Salz kräftig mit dem Schneebesen verrühren, bis er schön cremig und locker ist, dann nach und nach das Öl einrühren. Das Mehl mit dem Backpulver vermischen und mit den Knethaken des Handrührgeräts unter die Quarkmischung kneten.

2_Den Teig auf einer mit Mehl bestäubten Arbeitsfläche zu einem etwa 3 mm dicken Rechteck ausrollen und dieses in 20 x 20 cm große Quadrate schneiden. Alle Teigreste zusammenkneten, wieder ausrollen und zuschneiden. Es sollten 4–5 Teigquadrate entstehen. Den Backofen auf 190 Grad vorheizen (auch schon jetzt einstellen: Umluft 170 Grad).

3_Jedes Teigquadrat diagonal halbieren. Das Eigelb verquirlen und die Teigdreiecke dünn damit bestreichen. Jeweils 1 Rippe Schokolade daraufleglegen und die Dreiecke von der längsten Seite her zur Spitze hin aufrollen. Die Hörnchen wieder dünn mit Eigelb bestreichen.

4_Ein Backblech einölen und die Hörnchen darauflegen. In den Ofen (Mitte) schieben und in 20–25 Minuten hellgelb backen. Auskühlen lassen.

Marmorwaffeln mit Erdbeer-Quark-Butter

Frühstück für Naschkatzen

Zutaten für 8–10 Personen:
Für die Erdbeer-Quark-Butter:
250 g Erdbeeren
1 Päckchen Vanillezucker
100 g weiche Butter
50 g Magerquark
Für die Waffeln:
250 g weiche Butter + etwas mehr fürs Waffeleisen
150 g Zucker | 1 Prise Salz
4 Eier (Größe M)
1 Messerspitze Backpulver
150 g Mehl | 100 g Speisestärke
2 EL Kakaopulver
4 EL Milch

Zubereitungszeit: 45 Minuten
Kalorien pro Portion (bei 10 Personen):
480 kcal

1_Die Erdbeeren waschen, entkelchen, in Scheiben schneiden und in einer Schüssel mit dem Vanillezucker vermischen. Butter

und Quark dazugeben und alles mit der Gabel nur grob zerdrücken – es soll keine glatte Masse ergeben. Die Erdbeer-Quark-Butter in den Kühlschrank stellen.

2_Für die Waffeln die Butter mit Zucker und Salz mit den Schneebesen des Handrührgeräts schaumig rühren. Dann ein Ei nach dem anderen einrühren, wobei der Teig jedes Mal wieder schön glatt sein sollte. Backpulver, Mehl und Speisestärke vermischen und mit dem Kochlöffel unter den Teig ziehen.

3_Den Teig halbieren. Den Kakao mit der Milch glatt rühren und unter eine Hälfte des Teigs ziehen, bis dieser schön braun ist. Nun den dunklen auf den hellen Teig geben und beide mit einer Gabel locker vermengen – wie beim Marmorkuchen.

4_Das Waffeleisen auf mittlerer Stufe anheizen und gut einfetten. Dann nach und nach jeweils 1 ordentlichen EL voll Teig hineingeben, das Eisen zuklappen und den Teig goldbraun backen, wie es in der Gebrauchsanweisung steht (meistens bis das Licht am Waffeleisen erloschen ist). Waffeln auf Teller geben und darauf etwas Erdbeer-Quark-Butter schmelzen lassen.

Studentenfuttertaschen

Mit Müsli-Finish

Zutaten für 12 Stück:
150 g Korinthen
1 Packung TK-Blätterteig (450 g, 6 Platten)
100 g Marzipanrohmasse
3 EL Puderzucker
100 g getrocknete Aprikosen
100 g gemischte Nüsse und Kerne (z. B. Hasel- und Walnüsse, Mandeln)
1 EL Orangensaft
1 EL Honig
1 TL Zimtpulver
1 Eiweiß (Größe M)
3 EL Hagelzucker
Mehl zum Arbeiten

Zubereitungszeit: 45 Minuten
+ 15–20 Minuten Backen
Kalorien pro Stück: 315 kcal

1_Die Korinthen in einem Sieb abbrausen und in einer kleinen Schüssel knapp mit warmem Wasser bedecken, 30 Minuten quellen lassen. Blätterteigplatten auf einer mit Mehl bestäubten Arbeitsfläche nebeneinander auslegen und auftauen lassen.

2_Inzwischen Marzipan und Puderzucker glatt verkneten, zu einer Rolle (4 cm Ø) formen und diese in 12 Scheiben teilen. Die Aprikosen klein würfeln, die Nüsse und Kerne hacken. Orangensaft, Honig und Zimt verrühren und mit Aprikosen, Nüssen und Kernen vermengen.

3_Backofen auf 200 Grad vorheizen (auch schon jetzt einstellen: Umluft 180 Grad). Ein Backblech mit Backpapier auslegen. Aus dem Blätterteig 12 Kreise ausstechen (8 cm Ø), mit einer Gabel öfter einstechen.

4_Korinthen im Sieb gut abtropfen lassen und unter die Aprikosenfüllung mischen. Auf jeden Teigkreis 1 EL Füllung geben und 1 Marzipanscheibe darauflegen, die Teigränder dünn mit Eiweiß bestreichen. Dann die Teigränder so über die Füllung schlagen, dass ein Päckchen entsteht.

5_Die Päckchen umgedreht auf das Blech legen, ein wenig flacher drücken und die Oberfläche dreimal einschneiden. Die Päckchen dünn mit Eiweiß bestreichen und mit Hagelzucker bestreuen. Im Ofen (Mitte) in 15–20 Minuten goldbraun und knusprig backen. Lauwarm oder kalt servieren – am besten mit Joghurt.

Garantiert gemütliche Stunden: gute Freunde einladen und gemeinsam Pizza backen. Oder auch einmal einen Flammkuchen. Oder noch besser: beides! Einfach genug Teig für alle zubereiten und so viele Belegzutaten besorgen und vorbereiten, dass das Bestücken des Teiges für jeden zum individuellen Vergnügen wird. Man rechnet mit 1 Blech Pizza für 4 Personen und 1 Blech Flammkuchen für 2 Personen. Allerdings wird bei so einer Feier gerne ein bisschen mehr gegessen. Also besser etwas größere Mengen einplanen. Dazu für die Großen Wein servieren und für die Kleinen die Lieblingssaftschorle – und der Genuss ist perfekt.

Feier-Pizza

Ein Teig – und für jeden was anderes drauf

Zutaten für 1 Backblech,
Grundrezept für 3–4 Personen:
Für den Teig:
15 g frische Hefe
1 Prise Zucker
300 g Mehl
Salz | 4 EL Olivenöl
Für die Tomatensauce:
800 g Tomaten (1 große Dose geschälte Tomaten mit 800 g geht auch)
2 Knoblauchzehen
1 Zwiebel
2 EL Olivenöl
1 TL getrocknete Mittelmeerkräuter
Salz | Pfeffer

Zubereitungszeit: 45–75 Minuten
+ 15 Minuten Backen
Kalorien pro Portion (bei 4 Personen):
435 kcal

1_Für den Teig die Hefe zerkrümeln und mit Zucker und 150 ml lauwarmem Wasser verrühren. Mit Mehl, 1/2 TL Salz und dem Öl in eine Schüssel füllen und vermischen. Dann alles auf die Arbeitsfläche geben und kräftig durchkneten, bis ein glatter, glänzender Teig entstanden ist, der gut zusammenhält. Teig in die Schüssel legen, mit einem Küchentuch zudecken und aufgehen lassen, bis er ungefähr doppelt so groß ist. Das dauert 30–60 Minuten.

2_Inzwischen für die Sauce die Tomaten mit kochend heißem Wasser überbrühen, kurz ziehen lassen, abschrecken und die Haut abziehen. Tomaten klein würfeln, dabei die Stielansätze entfernen. Knoblauch und Zwiebel schälen und fein hacken. Das Öl in einem Topf erhitzen, Knoblauch und Zwiebel darin unter Rühren glasig werden lassen. Tomaten mit den Kräutern dazugeben, salzen, pfeffern und alles bei mittlerer Hitze in etwa 20 Minuten zu einer sämigen Sauce einkochen. Zwischendurch gut umrühren. Mit Salz und Pfeffer abschmecken und abkühlen lassen.

3_Backofen auf 250 Grad vorheizen (auch schon jetzt einschalten: Umluft 220 Grad). Teig noch mal durchkneten. Backblech mit Backpapier auslegen und den Teig darauf ausrollen, Ränder etwas dicker formen, Tomatensauce darauf verstreichen. Und jetzt mit Belag 1, 2, 3 oder 4 bestücken oder auch nach eigener Fantasie. Die Pizza im Ofen (Mitte) um die 15 Minuten backen.

BELAG 1: „Margherita" mit Mozzarella

375 g dünne Mozzarellascheiben auf die Tomatensauce legen und mit 2 EL Olivenöl beträufeln. Pizza wie beschrieben backen und vorm Essen mit 1 Handvoll Basilikum- oder Rucolablättchen bestreuen. Auch fein: 6–8 dünne Scheiben San-Daniele-Schinken nach dem Backen auf die Pizza legen und mit etwas Rucola garnieren.

BELAG 2: Spargel und Schinken

500 g grünen Spargel waschen, putzen und in Salzwasser 3 Minuten vorkochen. Abschrecken, abtropfen lassen und auf die Tomatensauce legen. Mit 250 g dünnen Mozzarellascheiben belegen und mit 2 EL Olivenöl beträufeln. Pizza wie beschrieben backen, dann mit 100 g roh geräuchertem Schinken in dünnen Scheiben belegen.

BELAG 3: Sardellen und Zucchini

250 g Zucchini waschen, putzen, in dünne Scheiben hobeln, auf die Tomatensauce legen. Mit 50 g Sardellenfilets in Öl und 2 EL Oliven belegen. Mit 2 EL Olivenöl beträufeln oder mit 250 g dünnen Mozzarellascheiben belegen. Wie beschrieben backen.

Belag 4: Salami

Ganz schlicht und bei den meisten Kindern die einzige Alternative zur „Margherita": Tomatensauce mit 150 g Salamischeiben (oder gekochtem Schinken) belegen und darauf 250 g dünne Mozzarellascheiben verteilen. Pizza wie beschrieben backen.

Feier-Flammkuchen

Ein echter Klassiker

Zutaten für 1 Backblech oder für 2 Personen zum Sattessen:
Für den Teig:
250 g Mehl | 1 TL Trockenhefe
2 EL Öl | 1 TL Salz
Für den klassischen Belag:
2 Zwiebeln | 100 g Bacon
250 g saure Sahne | Salz | Pfeffer

Zubereitungszeit: 25 Minuten
+ 1 Stunde Gehen
+ 13–15 Minuten Backen
Kalorien pro Portion (bei 2 Personen):
960 kcal

1_Für den Teig das Mehl in einer Schüssel mit der Hefe, dem Öl, dem Salz und 150 ml lauwarmem Wasser zu einem glatten Teig verkneten. Zudecken und etwa 1 Stunde an einem warmen Ort gehen lassen.

2_Backofen auf 250 Grad vorheizen (auch schon jetzt einschalten: Umluft 220 Grad). Teig noch mal durchkneten. Backblech mit Backpapier auslegen und den Teig darauf so dünn wie möglich ausrollen.

3_Für den Belag die Zwiebeln schälen und fein würfeln, Bacon in Streifen schneiden. Die saure Sahne mit Zwiebeln und Bacon verrühren und leicht salzen und pfeffern, die Masse auf dem Teig verstreichen. Den Flammkuchen in den Ofen (Mitte) schieben und 13–15 Minuten backen, bis er schön knusprig ist. Mit einem Pizzaschneider in Stücke teilen und heiß essen, vielleicht mit ein paar Schnittlauchröllchen drauf.

TIPP

Für viele Gäste entsprechend viel Teig vorbereiten und in Portionen geteilt unter einem Tuch bereithalten. Einen Flammkuchen backen, in viele Stücke schneiden und aufessen. Dann gleich den nächsten Fladen in den Ofen schieben.

Möhrenquiche vom Blech

Simples Basisrezept mit einer ganzen Menge Gestaltungsspielraum

Zutaten für 8 Personen:
Für den Teig:
250 g kalte Butter
500 g Mehl
2 TL Salz
Für den Belag:
1 kg Möhren
1 Bund Frühlingszwiebeln
4 Knoblauchzehen
1/2 Bund Thymian
300 g Hartkäse (z. B. Bergkäse oder mittelalter Gouda)
Salz | Pfeffer
1/2 TL edelsüßes Paprikapulver
4 Eier (Größe M)
200 g Sahne
200 g saure Sahne

Zubereitungszeit: 50 Minuten
+ 1 Stunde Kühlen
+ 35 Minuten Backen
Kalorien pro Portion: 775 kcal

1_Für den Teig die Butter in kleine Würfel schneiden. Mit dem Mehl, dem Salz und 100 ml kaltem Wasser in einer Schüssel mischen, auf die Arbeitsfläche umfüllen und alles zu einem glatten Teig verkneten. Wenn der Teig zu trocken ist, noch ein bisschen Wasser unterarbeiten. Zu einer Kugel formen, in ein Küchentuch wickeln und 1 Stunde in den Kühlschrank legen.

2_Danach den Teig noch einmal kurz durchkneten und auf dem (tiefen) Backblech mit dem Nudelholz ausrollen. Den Teig mit den Fingern etwas am Blechrand hochziehen.

3_Den Backofen auf 200 Grad vorheizen (erst später einschalten: Umluft 180 Grad). Für den Belag die Möhren schälen und grob raspeln (das geht am schnellsten in der Küchenmaschine). Von den Frühlingszwiebeln Wurzelbüschel und alle welken Teile abschneiden. Zwiebeln waschen und in feine Ringe schneiden. Den Knoblauch schälen und klein würfeln. Den Thymian waschen und trocken schütteln, die Blättchen abstreifen – am besten gegen die Richtung, in die sie wachsen. Vom Käse die Rinde abschneiden, den Käse reiben.

4_Die Möhren mit Zwiebeln, Knoblauch und Thymian vermischen, mit Salz, Pfeffer und Paprika würzen und auf dem Teig verteilen. Eier mit der süßen und der sauren Sahne gründlich verrühren, den Käse untermischen. Die Eiersahne leicht salzen und pfeffern und auf die Möhren gießen.

5_Quiche in den Ofen (Mitte) schieben und etwa 35 Minuten backen, bis sie schön gebräunt ist. Quiche kurz stehen lassen, dann in Stücke schneiden und sofort servieren. Lauwarm oder kalt schmeckt die Quiche aber auch. Und dazu passt ein Salat immer gut.

VARIANTE: Käse-Nuss-Quiche

Den Teig wie beschrieben zubereiten und auf dem Blech ausrollen. Für den Belag von 1 Bund Frühlingszwiebeln die Wurzelbüschel und die welken Teile abschneiden. Die Zwiebeln waschen und in feine Ringe schneiden. 1/2 Bund Petersilie waschen, trocken schütteln und fein hacken. 100 g Walnusskerne oder Haselnusskerne grob hacken. 400 g Hartkäse wie Bergkäse, Greyerzer oder Emmentaler fein reiben. 100 g Blauschimmelkäse in kleine Würfel schneiden. 4 Eier (Größe M) mit je 200 g süßer und saurer Sahne verrühren. Käse, Zwiebelringe, Nüsse und Petersilie untermischen, mit Salz, Pfeffer und frisch geriebener Muskatnuss würzen. Belag auf dem Teig verteilen, wie beschrieben backen.

VARIANTE: Schafkäse-Spinat-Quiche

Den Teig wie beschrieben zubereiten und auf dem Blech ausrollen. Für den Belag 750 g Spinat waschen, putzen und in wenig kochendem Salzwasser zusammenfallen lassen. In einem Sieb abschrecken, mit den Händen ausdrücken. Den Spinat sehr fein hacken. 250 g Schafkäse (Feta) zerkrümeln, 4 Knoblauchzehen schälen und fein hacken. Spinat, Feta und Knoblauch mischen. Mit etwas fein abgeriebener Bio-Zitronenschale, Salz und Pfeffer würzen und gleichmäßig auf dem Teig verteilen. 500 g Ricotta oder Magerquark mit 80 g Sahne und 3 Eiern (Größe M) verrühren, mit Salz und Pfeffer würzen und gleichmäßig auf dem Spinat verteilen. Die Quiche wie beschrieben backen.

Ein paar Kilo Kartoffeln ganz simpel im Backofen zubereitet, dazu verschiedene Saucen – und schon ist die Kartoffelparty in vollem Gange! Man rechnet normalerweise mit 300–400 g Kartoffeln pro Person, wenn es das Hauptgericht ist. Kaufen Sie aber ruhig ein bisschen mehr ein!

Folienkartoffeln
Eingepackt gebacken

Zutaten für 4 Personen:
8 große vorwiegend festkochende Kartoffeln (je etwa 200 g)
2 EL weiche Butter | Salz

Zubereitungszeit: 10 Minuten
+ 1 Stunde Backen
Kalorien pro Portion: 260 kcal

1_Den Backofen auf 220 Grad vorheizen (erst später einschalten: Umluft 200 Grad). Die Kartoffeln gut waschen und mit einer Gabel mehrmals einstechen. 8 Stück Alufolie auf der glänzenden Seite mit Butter einstreichen und mit Salz bestreuen. Je 1 Kartoffel darauflegen und mit der Folie umhüllen. Auf dem Rost im Ofen (Mitte) etwa 1 Stunde backen, bis sie gar sind.

Blechkartoffeln
Ganz einfach zu machen

Zutaten für 4 Personen:
1 kg vorwiegend festkochende Kartoffeln (möglichst gleich groß)
Öl und Salz für das Blech
dazu wer mag: Kümmelsamen, frische Kräuterblättchen wie Thymian oder zerkrümelte Chilischoten

Zubereitungszeit: 10 Minuten
+ 30 Minuten Backen
Kalorien pro Portion: 160 kcal

1_Backofen auf 200 Grad vorheizen (auch schon jetzt einschalten: Umluft 180 Grad). Backblech mit Backpapier auslegen, mit Öl einstreichen und mit Salz und eventuell Kümmel, Kräutern oder Chili bestreuen. Kartoffeln gut waschen, längs halbieren und mit der Schnittfläche nach unten auf das Blech legen. Im Ofen (Mitte) in etwa 30 Minuten weich backen.

TIPP
Schmecken auch sehr fein – vor allem Kindern: Wedges. Wie die gehen, steht auf Seite 68.

Tomaten-Käse-Tatar

Geht auch mit Zutaten aus dem Vorrat – Tomatenstücke aus der Packung nehmen!

Zutaten für 4 Personen:
250 g Tomaten
200 g Schafkäse (Feta)
1 Bund Basilikum
6 EL Olivenöl
Salz | Pfeffer

Zubereitungszeit: 10 Minuten
Kalorien pro Portion: 255 kcal

1_Tomaten waschen und in sehr kleine Würfel schneiden, die Stielansätze dabei herausschneiden. Den Schafkäse fein zerkrümeln. Die Basilikumblättchen von den Stängeln zupfen und fein hacken.

2_Tomaten, Käse und Basilikum mit dem Olivenöl mischen. Das Tatar mit Salz und Pfeffer abschmecken.

Grüne Mojo

Knoblauchsauce von den Kanaren

Zutaten für 4 Personen:
6 Knoblauchzehen
1 grüne Chilischote
1 EL gehäutete Mandeln
1 Bund Koriandergrün
1/2 Bund Petersilie
4 EL Weißweinessig oder Zitronensaft
100 ml Olivenöl | Salz | Pfeffer

Zubereitungszeit: 15 Minuten
Kalorien pro Portion: 250 kcal

1_Knoblauch schälen und grob hacken. Die Chilischote waschen, entstielen und würfeln. Mandeln hacken. Kräuter waschen und trocken schütteln, Blättchen abzupfen und grob hacken. Alles mit dem Essig oder Zitronensaft und Öl im Mixer fein pürieren. Mit Salz und Pfeffer abschmecken.

VARIANTE: Rote Mojo

Knoblauch und Petersilie mit Essig, Öl und 10 getrockneten Chilischoten pürieren. Mit gemahlenem Kreuzkümmel, edelsüßem Paprikapulver, Salz und Pfeffer würzen.

Knoblauch- mayonnaise

Wichtig: Alle Zutaten müssen Zimmertemperatur haben!

Zutaten für 4 Personen:
ein paar Safranfäden (wer mag)
1 sehr frisches, zimmerwarmes Eigelb (Größe M)
150 ml Olivenöl
4 Knoblauchzehen
Salz
1 TL Zitronensaft

Zubereitungszeit: 10 Minuten
Kalorien pro Portion: 360 kcal

1_Nach Belieben die Safranfäden mit den Fingern leicht zerreiben und mit 1–2 EL warmem Wasser verrühren.

2_Das Eigelb mit den Schneebesen des Handrührgeräts gründlich verquirlen. Das Öl zuerst tropfenweise, dann in einem dünnen Strahl unter ständigem Rühren dazufließen lassen, bis eine dickliche Sauce entsteht.

3_Den Knoblauch schälen und durch die Presse in die Sauce drücken, unterrühren. Die Mayonnaise mit Salz, Zitronensaft und eventuell Safran abschmecken.

TIPP

Außer Tomaten-Käse-Tatar, grüner Mojo und der Knoblauchmayonnaise noch eine ganz schlichte Schnittlauchsauce zu den Kartoffeln reichen: 1 großes Bund Schnittlauch waschen, trocken schütteln und in feine Röllchen schneiden. Mit 250 g saurer Sahne und 100 g Crème fraîche verrühren und mit Salz, Pfeffer und ein klein bisschen Zitronensaft abschmecken.

Menüs für viele

Es war einmal … „HEY, keine Zeit für Geschichten! Wir müssen nämlich ein MENÜ KOCHEN!!" Bitte schön, dann eben im Klartext: Die Rezepte auf den nächsten Seiten sind alle perfekt für Menüs – Hauptgerichte, die sich bestens vorbereiten lassen und beim Fertigwerden überhaupt nicht viel Pflege brauchen; Vorspeisen, die gut und fix gemacht sind; Desserts, an die man sich einfach erinnern muss. Als erstes aber gibt's ein paar hilfreiche Tipps fürs richtige Menü-Kochen – so geht's dann auch ohne „keine Zeit".

Tante Ilse über:
große Einladungen

„Ich hätte Lust, einmal wieder richtig groß zu feiern", wer so etwas sagt, hat im Nu meine volle Unterstützung. Ich zerstreue sofort alle Bedenken, dass ein runder Geburtstag als Anlass nur Selbstverherrlichung wäre. („Ach komm, du bist nun mal ein herrlicher Mensch.") Ich gebe den Tipp, gleich die persönlich wichtigsten Menschen zu fragen, ob sie an dem Tag Zeit hätten. („Also ich hab' da jedenfalls noch nichts vor.")

Dann rate ich dazu, das Fest ein wenig zu strukturieren. („So ein großer Auftritt fürs Hauptgericht wäre schon schick, vielleicht kannst du das ja einen Tischzauberer machen lassen?") Und ja nicht die Musik zu vernachlässigen. („Wenn alle DJ sein wollen, geht das gar nicht. Soll ich vielleicht was singen?") Und schaue blöd, wenn ich gefragt werde, ob ich nicht das große Fest gleich selbst organisieren will. („Äh… … …")

Tipps, mit denen das Menü rechtzeitig fertig wird

Rechtzeitig anfangen
Dazu am besten vom Ende her denken: Apfeltarte zum Nachtisch braucht die längste Zeit – also fange ich damit an. Davor muss alles eingekauft sein – am besten schon am Tag vorher. Ohne Plan und Zettel schaffe ich das nicht – am besten noch einen Tag vorher fertig machen. Bei mir wird's trotzdem immer eng? Dann fange ich eben mit allem noch ein bisschen früher an. Und bleib dann dabei.

Realistisch bleiben
Und zwar von Anfang an: Ein 6-Gänge-Menü für zehn im Apartment mit Kochnische bringt alle in Stress, die bei einer Stehparty mit Tapas eine gute Zeit haben könnten. Und wenn ich erst beim Vorbereiten merke, dass ich mich übernommen habe, gleich einen Gang zurückschalten – lieber Kekse zum Kaffee reichen als eine halbgare Tarte.

Hilfe holen
Und das nicht erst, wenn es arg spät ist: Getränke können gebracht werden, beim Vertrauenshändler einfach vorbestellen. Fragt die Freundin, ob sie was mitbringen soll – JA! Am besten ihre tolle Apfeltarte und gleich sich selbst 2 Stunden vor den anderen. Dafür hilft man ihr mal beim Abwasch. Ach, vielleicht könnte sie da jetzt auch …

Rechtzeitig aufhören
Wenn es nur noch 1 Stunde ist, bis die Gäste kommen, überlegen: Was habe ich noch zu tun und was ist in der Zeit zu schaffen? Dann lassen, was es nicht braucht – das Sorbet als Zwischengang, die kleine Ansprache vorweg, die jetzt nur gehetzt klingen würde, und eben jene Apfeltarte. Denn was es vorm Klingeln auf jeden Fall braucht, ist:

Atem holen
Und damit ist nicht nur Luft holen gemeint: Sind die Gastgeber bei der Begrüßung völlig gestresst, stehen die Zeichen bei den Gästen den ganzen Abend auf Alarm – und das reißt auch die beste Apfeltarte zum Schluss nicht mehr raus. Also sich genug Zeit nehmen, noch mal durch die Küche und über den Tisch zu schauen, sich fein zu machen und in Ruhe vielleicht den Aperitif zu testen.

Das *bayerische* Pausenbrot

Dip aus 3 EL geriebenem Lieblingskäse, 2 EL Quark, etwas Schnittlauch (wer mag) und 1/2 TL edelsüßem Paprikapulver in ein gut verschließbares Döschen geben. Dazu kommt 1 Breze zum Abbrechen und Stippen. Wer möchte und die Zeit dazu hat, kann die Breze auch aufschneiden, mit dem Dip bestreichen und wieder zusammensetzen.

Magazin

Unser liebstes Familienfest:

das Heim-kehrer-Menü

Olaf kommt zurück aus Vancouver – nach einem Jahr! Da werden wir ihm einen fetten Burger zum Willkommen braten oder ein Riesensteak oder was essen sie da hinten in den USA? Ach, das ist Kanada? Da haben wir ja nun gar keine Ahnung, was bei denen auf den Tisch kommt. Olaf weiß es bestimmt, nur den können wir schlecht fragen, soll ja eine Überraschung werden.

Aber vielleicht will er das gar nicht mehr wissen, vielleicht will er ja lieber etwas essen, was er schon lange nicht mehr geschmeckt hat, so was typisch Mitteleuropäisches. Einen großen Braten zum Beispiel oder eine schöne Forelle oder irgendwas mit Linsen? Am Ende einen Eintopf? Oder lieber eine Brühe vorweg, mit Einlage natürlich. Und danach? Fürst Pückler? Rote Grütze? Tiramisu? Ob's in Vancouver auch Italiener gibt? Ach, ich glaub, wir machen einen feinen Schokopudding zum Nachtisch.

5 Gästetypen:

die Mehrgängigen
Sie sitzen gerne lange, weswegen man sich überlegen sollte, mit wem man sie zusammen einlädt. Sie mögen es, wenn man sich etwas Mühe macht, weswegen man etwas Gutes kochen sollte. Sie schwärmen noch Tage vom tollen Nachtisch, weswegen man den nie vergessen sollte. Wer das alles schafft, schafft die übrigen vier Gästetypen mit links.

die Banketteure
Für sie hat ein gutes Essen immer auch was Großfamiliäres, von „Kannst Du mir mal die Knödelschüssel geben?" bis „Soll ich uns noch ein bisschen Sauce aus der Küche holen?". Sie mögen den großen Auftritt – aber bitte ohne viel Schnickschnack. Statt Petersilie vom Tellerrand zu picken, matschen sie lieber den Salat mit Salzkartoffeln – wenn's schmeckt.

die Allesaufeinmals
Wer von der Anmut asiatischer Küche schwärmt, war noch bei keiner chinesischen Hochzeit. Denn dort kommt alles auf einmal auf den Tisch, und dann geht's los – das Zugreifen nach einem ausgeklügelten System. Wer das nicht beherrscht, kann da bloß Desaster und Stress erkennen und sollte so was wirklich nur mit guten Freunden wagen.

die Büfettschlachter
Sie sind nicht unverwandt mit den Stehtischlern (Seite 85), weswegen man sie lieber nicht mit den Mehrgängigen mischen sollte, vor allem wenn sie beim Beladen des Tellers zu den Allesaufeinmals neigen. Manchmal geht es aber nicht anders, und das ist auch gut so – sonst wird ein Hochzeitsmahl schnell zur Stubenhockerei. Die kommt noch früh genug.

die Rumnascher
Wenn die einen nicht am Büfett Schlange stehen, und die anderen nicht dauernd festsitzen wollen, empfiehlt sich die Rumnaschlösung: nach Marktart mit über den Festplatz (große Wohnung!) verteilten Stationen, an denen es Suppe, Salat, Süßes gibt oder à la Grand Hotel mit schwebenden Tabletts (hilfreiche Freunde!) voller feiner Kleinigkeiten.

Kleine Mengenlehre für große Menüs

Gang für Gang immer mehr Gas geben!

Großes Menü? Jetzt bitte keinen großen Schreck bekommen, denn so wild ist das gar nicht mit dem Kochen in mehreren Gängen. Vor allem, wenn man sich bei manchen davon das Kochen ganz spart. Denn statt Gang für Gang immer mehr Akrobatik am Herd zu zeigen, kommt es bei einem guten Menü viel eher darauf an, dass die Balance stimmt zwischen den Zutaten und den Zubereitungsarten.

Wie wir uns das denken

Ein Menü beginnt mit Salat oder Suppe, wir aber fangen auf den nächsten Seiten mit den Hauptgerichten an. Denn die überlegt man sich als erstes, wenn man Leute einlädt, und dann wird das Drumherum geplant – vom Einstieg bis zum Nachtisch. Die Rezepte dafür stehen im Anschluss zum Kombinieren – und natürlich im Rest des Buches. Wobei es da ein paar Regeln zu beachten gibt, wenn es richtig gut werden soll.

Bei den Getränken gilt: mit zwei Sorten kommt man schon sehr weit. Der Aperitif-Sekt kann noch die Vorspeise begleiten, bevor es Weiß- oder Rotwein gibt. Will man Weißen und Roten anbieten, kann der Weißwein auch schon Aperitif sein. Und: Es gibt nicht nur Wein auf der Welt, sondern auch Cidre, Bier, Säfte, Wasser.

Wie es klassisch ist

Nehmen wir einfach mal das klassische große Menü als Vorlage, das sich nach Wunsch abspecken lässt. Es startet mit der kalten Vorspeise (vor der es noch einen kleinen Happen zum Aperitif geben kann, das „Amuse-gueule"). Diese kann ein Salat sein oder eingelegtes Gemüse, eine Terrine oder Pastete, etwas Schinken oder Salami, eine Mousse, eine Sülze – die Vielfalt macht den Reiz der Vorspeisen aus. Danach kommt etwas kleines Warmes, zum Beispiel eine Suppe, ein Eiergericht oder in Italien ein wenig Pasta. Wenn man gerne einmal zwei warme Gänge machen mag, kommt die Suppe immer als erstes.

Jetzt käme der Fischgang, nicht zu mächtig mit einer Idee von Beilage. Dann der Fleisch- und damit der Hauptgang, der sich einst in mehrere Gänge teilte – helles und dunkles Fleisch bzw. Kurzgebratenes und große Braten –, vor denen es dann manchmal noch ein Zwischengericht gab, eine Art warme Vorspeise XXL. Das ist heute nicht mehr so gefragt, dafür sind die Beilagen umso wichtiger.

Nun kommt der Nachtisch – wer es ganz klassisch machen möchte, serviert erst ein warmes, dann ein kaltes Dessert, anschließend Käse und nachher noch eine süße Kleinigkeit zum Kaffee. Wir halten es basic und fragen, wer etwas Süßes und wer lieber etwas Käse zum Abschluss will, und stellen einige Edelkekse und -pralinen zum Espresso.

Wie ich runter- und hochrechne
Je nach Zahl der Gänge schrumpfen die Zutatenmengen der Rezepte. Bei einem 3-Gänge-Menü kann man sich noch an die Angaben in diesem Buch halten, bei einem 4-Gänge-Menü müssen die Zutaten um ein Drittel reduziert werden, bei einem 6-Gänge-Menü um die Hälfte (siehe dazu auch Seite 22). Generell kann man sagen, dass im Menü pro Portion bei Fleisch und Fisch je 80–100 g für die Vorspeise und für die Hauptspeise je 120–140 g gerechnet werden. Bei den Gewürzen kommt es ein bisschen aufs eigene Zungenspitzengefühl an, da kleinere Mengen auch kürzere Garzeiten bedeuten, was die Aromen beeinflusst.

Um Rezepte auf mehr Personen als angegeben hochzurechnen, reicht ebenfalls nicht die einfache Multiplikation. Gewürze können sich in den größeren Mengen verlieren, Salziges und Scharfes aber kann sich beim Vervielfältigen noch vielfältiger verstärken; also lieber nicht gleich auch die Zahl der Chilischoten verdoppeln, nachschärfen geht immer noch.

Wie ich die Balance halte
Die wichtigste und die sinnvollste Menü-Regel heißt: keine Wiederholungen. So sollen etwa charakteristische Zutaten und Zubereitungsarten nur einmal im Menü vorkommen. Gibt es also eine zarte Rahmsuppe, ist beim Hauptgang keine Sahne in der Sauce, und das Dessert sollte keine Creme oder kein Rahmeis sein. Überhaupt werden Sahne, Butter und Öl desto sparsamer im Menü vorkommen, je mehr Gänge es hat.

Und selbst bei einem italienischen Menü sollten insgesamt nur einmal Tomate, Basilikum, Parmesan oder Balsamico vorkommen und nicht doppelt. Das Doppelverbot ist eine ebenso sinnvolle Reduzierung aufs Wesentliche bei allen Fleischsorten, bei Käse (der in Vorspeisen ohnehin zu satt macht) und Milchprodukten, Früchten generell (entweder in Vorspeise, Hauptgang ODER Nachtisch), Gemüse und Sättigungsbeilagen (auch Brot im Rezept) sowie bei prägenden Gewürzen, Kräutern und anderen Aromen wie Wein, Sojasauce oder Nüssen und Kernen.

Nicht anders ist es bei den Zubereitungsarten: Gibt es zum Auftakt eine Gemüsemousse, passt danach eine klare Suppe besser als eine pürierte, auf gebratenen Fisch folgt gekochtes oder geschmortes Fleisch, und werden dazu Bratkartoffeln serviert, ist ein Eis zum Nachtisch besser als ein Kaiserschmarren (den man sich wie die meisten Mehlspeisen im großen Menü verkneifen sollte). Ganz Strenge achten noch darauf, dass jeder Gang seine Farbe hat – aber da sind wir nicht so.

MENÜ-IDEEN
Hier finden sich ein paar Vorschläge mit Rezepten aus diesem Kapitel sowie aus dem Rest des Buches, bei denen die Menüs nach den gerade genannten Grundsätzen zusammenstellt sind. Wobei wir da nicht immer ganz streng sind – irgendwann muss man auch mal mit dem Kochen anfangen.

3 Gänge mit Fleisch
Crostini mit Schinkencreme, Seite 129
Hähnchenkeulen auf Apfel-Kürbis-Gratin, Seite 120
ODER Rinderrouladen mit Gnocchi, Seite 118
Wolke Süß, Seite 130

3 Party-Gänge
Eisgekühlte Gurkensuppe, Seite 128 (im Stehen aus Gläschen trinken)
Moussaka, Seite 125
Marzipan-Apfelkücherl aus dem Ofen, Seite 132

3 festliche Gänge
Räucherfisch mit Melonentatar, Seite 128
Extrazarter Tafelspitz, Seite 121 (nur mit Schnittlauchquark) ODER Rindercurry mit Reisnudelkuchen, Seite 119
Vanille-Polenta, Seite 130 (statt der Kirschen nur Honig dazu)

3 Gänge vegetarisch
Pilze vom marinierten Gemüseallerlei, Seite 126
Gefüllte Gemüse, Seite 124
Aprikosen im Gläschen, Seite 131

4 Gänge mit Fisch
Paprika vom marinierten Gemüseallerlei, Seite 126
Gazpacho, Seite 129 (halbes Rezept)
Kräuterfische mit Zitronenbutter, Seite 122
Früchte-Fondue, Seite 133

4 mediterrane Gänge
Tomaten mit Mozzarella vom marinierten Gemüseallerlei, Seite 126
Pilzrisotto, Seite 66
Kalbsbraten, Seite 120
Mandelpfirsiche mit Honig (ohne Joghurt), Seite 132

Hauptgerichte mit Fleisch

Rinderrouladen mit Gnocchi

Großer Genuss mit wenig Stress

Zutaten für 8 Personen:
Für die Gnocchi:
1 1/2 kg vorwiegend festkochende Kartoffeln
500 g Mehl (aus Hartweizengrieß)
2 Eier (Größe S) | Salz
Für die Rouladen:
1 Wirsing | Salz | 8 Rinderrouladen
1 EL scharfer Senf | Pfeffer
16 dünne Scheiben durchwachsener Räucherspeck oder Bacon (ohne Knorpel und Schwarte)
1 EL Öl | 1 EL Butter
1/2 l Fleisch- oder Gemüsebrühe
2 TL Tomatenmark | 2 EL Crème fraîche

Zubereitungszeit: 1 Stunde
+ 2 Stunden Schmoren
Kalorien pro Portion: 845 kcal

1_Für die Gnocchi die Kartoffeln waschen und ungeschält in Wasser in 25–30 Minuten weich garen. Abgießen und 5–10 Minuten ausdampfen lassen, dann pellen und durch die Kartoffelpresse drücken. Lauwarm abkühlen lassen.

2_Mehl, Eier, Kartoffeln und 2 TL Salz zu einem geschmeidigen formbaren Teig verkneten. Er soll nicht an den Fingern kleben. Aus dem Teig etwa daumendicke Rollen formen und jeweils in 1 cm lange Stücke schneiden. Wer mag, drückt mit einer Gabel noch Rillen in die Teigstücke. Die Gnocchi auf bemehlten Küchentüchern ausbreiten und ruhen lassen, bis die Rouladen fast fertig sind. (Gnocchi kann man gut auch schon morgens machen. Dann aber zwischendurch mal umdrehen.)

3_Für die Rouladen von dem Wirsingkopf 8 Blätter ablösen und in kochendem Salzwasser 1 Minute blanchieren. Dann abschrecken und abtropfen lassen, jeweils die dicke Mittelrippe der Blätter ein wenig flacher schneiden.

4_Rinderrouladen mit dem Handballen noch etwas flacher drücken, mit Senf einstreichen und mit Salz und Pfeffer würzen. Auf jede Roulade 2 Speck- oder Baconscheiben und 1 Wirsingblatt legen. Die Ränder nach innen klappen, die Rouladen von der Schmalseite her aufrollen und die Enden mit Zahnstochern oder Rouladennadeln feststecken. Die Rouladen außen salzen und pfeffern.

5_In einem weiten Schmortopf das Öl und die Butter erhitzen. Rouladen darin rundherum anbraten. Die Brühe angießen und den Bratsatz lösen. Den Deckel auflegen, Hitze klein stellen und die Rouladen etwa 2 Stunden schmoren. Ab und zu umdrehen.

6_Kurz vor Ablauf der 2 Stunden in zwei großen Töpfen Salzwasser zum Kochen bringen. Gnocchi hineingeben, die Hitze zwischen mittlere und schwache Stufe stellen und die Gnocchi etwa 10 Minuten leise blubbernd köcheln lassen.

7_Die Rouladen aus dem Topf nehmen, die Sauce mit dem Tomatenmark und der Crème fraîche verrühren und mit Salz und Pfeffer abschmecken. Rouladen wieder einlegen. Die Gnocchi mit einem Schaumlöffel aus dem Wasser heben und in eine vorgewärmte Schüssel füllen. Mit den Rouladen auf den Tisch stellen.

TIPP

Aus dem restlichen Wirsing ein Gemüse kochen: Wirsing waschen und putzen, in Streifen schneiden und mit wenig Salzwasser bissfest garen. Mit etwas Butter oder Crème fraîche verfeinern und mit Salz und gemahlenem Kümmel würzen.

Hauptgerichte mit Fleisch

Rindercurry mit Reisnudelkuchen

Für kleine Kinder einen Teil ganz ohne Currypaste machen

Zutaten für 8 Personen:
Für das Curry:
1 1/2 kg Rindfleisch zum Schmoren (z. B. Schulter oder Nacken)
250 g Schalotten | 5 Knoblauchzehen
1 Stück frischer Ingwer (etwa 4 cm)
3 Stangen Zitronengras
4 EL Öl | 2 TL rote Currypaste (wer mag, kann auch mehr nehmen)
300 ml Fleisch- oder Gemüsebrühe
400 ml Kokosmilch | 4 EL Fischsauce
1 EL brauner Zucker | Salz
1 Bio-Limette | 1 Bund Koriandergrün
Für den Reisnudelkuchen:
400 g schmale Reisbandnudeln
Salz | 4 Eier (Größe M)
1 EL Sesamöl | 1/2 TL abgeriebene Bio-Limettenschale (von der Limette vom Curry) | Pfeffer

Zubereitungszeit: 40 Minuten
+ 2 Stunden Schmoren
Kalorien pro Portion: 560 kcal

1_Für das Curry das Fleisch von größeren Fettstücken und den Sehnen befreien und in etwa 1 1/2 cm große Würfel schneiden. Schalotten schälen und in dicke Scheiben schneiden. Knoblauch und Ingwer schälen und fein hacken. Zitronengras waschen und in 3–4 cm lange Stücke schneiden.

2_Das Öl in einem großen Topf erhitzen. Schalotten, Knoblauch, Ingwer und das Zitronengras darin andünsten. Currypaste dazugeben und alles bei mittlerer Hitze unter Rühren 2–3 Minuten braten. Brühe und Kokosmilch gut unterrühren. Mit Fischsauce, Zucker und Salz würzen. Das Fleisch dazugeben, den Deckel auflegen, Hitze auf schwache Stufe schalten und das Curry etwa 2 Stunden schmoren. Immer wieder durchrühren und wenn es nötig wird, Wasser oder Brühe nachgießen.

3_Nach gut 1 Stunde Schmorzeit für die Nudeln Wasser zum Kochen bringen und salzen. Nudeln darin in etwa 5 Minuten bissfest kochen. In ein Sieb abgießen und ganz kurz abschrecken. Abtropfen lassen.

4_Backofen auf 250 Grad vorheizen: auch schon jetzt einschalten: Umluft 220 Grad). Das Backblech mit Backpapier auslegen.

5_Limette heiß waschen und abtrocknen, die Schale fein abreiben und den Saft auspressen. Die Eier mit dem Sesamöl, der Limettenschale, Salz und Pfeffer gründlich verrühren, die Nudeln untermischen. Die Nudeln auf dem Backpapier verteilen und etwa 1 cm dick und glatt verstreichen. Im Ofen (Mitte) etwa 10 Minuten backen, bis sie goldbraun und knusprig sind, dann in Stücke schneiden.

6_Inzwischen das Koriandergrün waschen und trocken schütteln, die Blättchen von den Stängeln zupfen, grob hacken und in ein Schälchen füllen. Das Curry mit Salz und etwa 3 EL Limettensaft abschmecken und mit den Reisnudelkuchen auf den Tisch stellen. Koriander mit dazustellen, davon bedient sich jeder wie er mag.

VARIANTE: Lammragout

1 1/2 kg Lammfleisch wie bei dem Curry vorbereiten und in 3–4 EL Öl anbraten. 4 Zwiebeln in Ringen, 200 g getrocknete Aprikosen, 1 Zimtstange, Salz, Pfeffer und 1/2 l Fleisch- oder Gemüsebrühe (oder halb Brühe und Wein) dazugeben und alles wie beschrieben schmoren.

Hauptgerichte mit Fleisch

Hähnchenkeulen auf Apfel-Kürbis-Gratin

Wer mag, gart alles in zwei Formen – für die Kinder ohne Zwiebeln und Rosmarin

Zutaten für 8 Personen:
1 Stück Kürbis (etwa 1 1/2 kg)
6 Äpfel | 1 Bund Frühlingszwiebeln
4 Zweige Rosmarin
Salz | Pfeffer | 8 EL Olivenöl
1 große Bio-Zitrone
6 Knoblauchzehen | 2 EL süßer Senf
8 Hähnchenkeulen mit Schulterteil
(je etwa 300 g)

Zubereitungszeit: 35 Minuten
+ 45 Minuten Backen
Kalorien pro Portion: 580 kcal

1_Den Kürbis in Stücke schneiden und schälen. Die Kerne mitsamt dem faserigen Fruchtfleisch entfernen. Kürbis in dünne Scheiben schneiden. Die Äpfel vierteln, schälen, entkernen und in nicht zu dünne Spalten schneiden. Von den Frühlingszwiebeln die Wurzelbüschel und welken Teile abschneiden. Die Frühlingszwiebeln waschen und in feine Ringe schneiden. Rosmarin waschen und trocken schütteln, Blättchen abzupfen und grob schneiden.

2_Kürbis und Äpfel mit den Zwiebelringen und dem Rosmarin mischen, mit Salz und Pfeffer würzen und ein tiefes Backblech damit auslegen. Das Öl darüberlöffeln.

3_Den Backofen auf 180 Grad vorheizen (erst später einschalten: Umluft 160 Grad). Die Zitrone heiß waschen und abtrocknen, die Schale fein abreiben. Den Knoblauch schälen, durchpressen und mit Zitronenschale und Senf verrühren.

4_Hähnchenkeulen waschen und trocken tupfen, salzen und pfeffern und mit der Senfmischung einstreichen. Die Keulen nebeneinander auf die Kürbismischung auf dem Blech legen. Im Ofen (Mitte) in etwa 45 Minuten gar und knusprig backen. Mit einem Messer in die dickste Stelle eines Hühnerbeins stechen. Ist der austretende Saft klar, ist das Fleisch durch. Ist er noch rötlich, die Keulen noch etwas länger garen. Und wenn die Haut vom Huhn noch nicht knusprig und braun ist, einfach kurz den Grill zuschalten.

Kalbsbraten

Und Ofenkartoffeln dazu

Zutaten für 8 Personen:
1 1/2 kg Kalbfleisch für Braten
(z.B. Keule oder Schulter)
Salz | Pfeffer
1 Bund Rosmarin | 4 Stängel Salbei
10 Knoblauchzehen
1 Bio-Zitrone | 8 EL Olivenöl
1 TL Wacholderbeeren
400 ml trockener Weißwein, Cidre oder Fleischbrühe und etwas Zitronensaft
1 1/2 kg festkochende Kartoffeln

Zubereitungszeit: 40 Minuten
+ 1 1/2 Stunden Schmoren und Backen
Kalorien pro Portion: 400 kcal

1_Vom Kalbfleisch dickere Fettstücke und Sehnen abschneiden. In einem Schälchen Salz und Pfeffer mischen und den Braten damit an allen Stellen einreiben und die Mischung leicht ins Fleisch einmassieren.

2_Kräuter waschen und trocken schütteln. Den Knoblauch schälen und halbieren. Die Zitrone heiß waschen und abtrocknen, die Schale möglichst dünn (ohne das Weiße) abschneiden.

Hauptgerichte mit Fleisch

3_In einem großen Schmortopf 3 EL Öl erhitzen, Braten einlegen und von allen Seiten bei starker Hitze anbraten. Aus dem Topf heben. Knoblauch, 3 Zweige Rosmarin und Salbei im Bratfett andünsten. Wacholderbeeren und Zitronenschale dazugeben, mit Wein, Cidre oder Brühe ablöschen. Mit Salz und Pfeffer würzen. Den Braten wieder einlegen. Hitze klein stellen, Deckel auflegen und den Braten etwa 1 1/2 Stunden vor sich hin schmoren lassen. Zwischendurch umdrehen und nachschauen, ob noch genug Flüssigkeit im Topf ist. Wenn nicht, Wein oder Wasser nachgießen.

4_Nach etwa 45 Minuten den Backofen auf 200 Grad vorheizen (auch schon jetzt einschalten: Umluft 180 Grad). Kartoffeln schälen, waschen und längs halbieren oder vierteln – kommt auf die Größe an. Kartoffeln mit dem restlichen Öl und dem übrigen Rosmarin in einer feuerfesten Form mischen, salzen und im Ofen (Mitte) etwa 30 Minuten backen, bis sie weich und knusprig sind.

5_Den Braten aus der Sauce heben. Die Sauce durch ein Sieb gießen und mit Salz und Pfeffer abschmecken. Den Braten in dünne Scheiben schneiden und mit der Sauce und den Kartoffeln essen.

Extrazarter Tafelspitz

Bei niedriger Temperatur ganz entspannt im Ofen gegart

Zutaten für 8 Personen:
Für den Tafelspitz:
1 Zwiebel | 1/2 EL Öl
1 Bund Suppengrün
2 Lorbeerblätter
je 1 TL Wacholderbeeren und schwarze Pfefferkörner | 2 Gewürznelken
Salz | Pfeffer
1 1/2 kg Tafelspitz
Für die Saucen:
2 Birnen | 1 Stück Meerrettich (5 cm)
1 TL Birnen- oder Apfeldicksaft
1 großes Bund Schnittlauch
50 g Quark | 250 g saure Sahne
1 TL scharfer Senf | 1 TL Öl
Salz | Pfeffer

Zubereitungszeit: 40 Minuten
+ 5 Stunden Garen
Kalorien pro Portion: 315 kcal

1_Den Backofen auf 100 Grad (Ober- und Unterhitze nehmen!) vorheizen. Zwiebel waschen und halbieren. Das Öl in einem Suppentopf erhitzen, darin die Zwiebel auf den Schnittflächen etwa 5 Minuten anrösten. Suppengrün waschen, putzen und grob zerteilen. Mit Lorbeerblättern und Gewürzen in den Topf geben. Mit etwa 2 l Wasser auffüllen (das Fleisch soll knapp damit bedeckt sein) und zum Kochen bringen. Die Flüssigkeit salzen und pfeffern, Fleisch einlegen. Zudecken, in den Ofen (unten) stellen und das Fleisch in etwa 5 Stunden weich garen.

2_Nach etwa 4 1/2 Stunden Garzeit für die Saucen die Birnen vierteln, schälen, entkernen und fein reiben. Meerrettich schälen und ebenfalls fein reiben. Beides mit dem Dicksaft verrühren. Den Schnittlauch waschen, trocken schütteln und in Röllchen schneiden. Den Quark mit der sauren Sahne, dem Senf und dem Öl gut verrühren. Schnittlauch untermischen und die Creme mit Salz und Pfeffer würzen.

3_Fleisch aus der Brühe heben, in dünne Scheiben schneiden, auf eine vorgewärmte Platte legen und mit ein wenig Brühe beschöpfen. Mit dem Birnenmeerrettich und dem Schnittlauchrahm essen. Dazu am besten Bratkartoffeln servieren. Und noch etwas frisch geriebenen Meerrettich pur und Senf mit auf den Tisch stellen. Außerdem passen Brezen dazu.

Hauptgerichte mit Fisch

Fischfilets in Tomatensahne

Eine milde Variante für Kinder und eine würzige für Erwachsene

Zutaten für 8 Personen:
Für die Kinder- und die Erwachsenenvariante:
1 1/2 kg Fischfilets (z. B. Zander, Seelachs oder Rotbarsch)
4 EL Zitronensaft
Salz | Pfeffer
800 g Tomaten
300 g Sahne
2 EL Butter
Nur für die Erwachsenenvariante:
8 getrocknete, in Öl eingelegte Tomaten
2 Knoblauchzehen
1 Bund Basilikum
2 Zweige Thymian

Zubereitungszeit: 40 Minuten
Kalorien pro Portion: 330 kcal

1_Die Fischfilets waschen und trocken tupfen. Mit den Fingerspitzen über die Filets streifen und nach Gräten tasten. Wer welche findet, zieht sie mit einer Pinzette vorsichtig aus dem Fischfleisch.

2_Fischfilets mit Zitronensaft beträufeln, mit Salz und Pfeffer würzen und in zwei feuerfesten Formen verteilen. (Wichtig: Die Formen müssen nebeneinander in den Backofen passen.) Den Backofen auf 200 Grad vorheizen (auch schon jetzt einschalten: Umluft 180 Grad).

3_Tomaten mit kochend heißem Wasser überbrühen und kurz ziehen lassen, abschrecken und häuten. Die Tomaten in sehr kleine Würfel schneiden, dabei die Stielansätze entfernen. Tomaten mit der Sahne mischen und die Menge halbieren. Die Kinderportion salzen und pfeffern und über dem Fisch in einer Form verteilen.

4_Für die Erwachsenenversion die getrockneten Tomaten abtropfen lassen und würfeln. Den Knoblauch schälen und fein hacken. Kräuter waschen und trocken schütteln, Blättchen von den Stängeln abzupfen und fein hacken. Diese Zutaten mit der anderen Hälfte der Tomatensahne verrühren, salzen, pfeffern und über dem Fisch in der zweiten Form verteilen.

5_Butter klein würfeln und auf dem Fisch in beiden Formen verteilen. Den Fisch im Ofen (Mitte) etwa 15 Minuten garen. Dazu schmecken Salz- oder Pellkartoffeln.

Kräuterfische mit Zitronenbutter

Für Kräutermuffel die Fische nur mit Zitronenscheiben füllen oder die Kräuter vor dem Servieren wieder rausnehmen

Zutaten für 8 Personen:
8 küchenfertige Fische (z. B. Forellen, Saiblinge, Brassen oder Rotbarben – je etwa 300 g)
2 Bio-Zitronen
1 Bund gemischte Kräuter (z. B. Petersilie, Basilikum, Borretsch, Thymian und Lorbeerblätter)
Salz | Pfeffer
4 EL Olivenöl
150 g weiche Butter
je 2 TL scharfer und süßer Senf

Zubereitungszeit: 30 Minuten
+ 20 Minuten Backen
Kalorien pro Portion: 500 kcal

1_Die Fische innen und außen waschen und gut trocken tupfen. 1 Zitrone heiß waschen und in feine Scheiben schneiden. Kräuter waschen, trocken schütteln und

Hauptgerichte mit Fisch

in 8 Sträußchen teilen. Die Fische innen salzen und pfeffern und jeweils ein paar Zitronenscheiben und noch 1 Kräutersträußchen einlegen.

2_Die Fische auch außen mit Salz und Pfeffer würzen und nebeneinander auf ein Backblech legen. Das Öl darüberträufeln. Backofen auf 220 Grad vorheizen (auch schon jetzt einschalten: Umluft 200 Grad).

3_Für die Zitronenbutter die restliche Zitrone heiß waschen und abtrocknen, die Schale fein abreiben. Die Butter mit der Zitronenschale und den beiden Senfsorten gut vermengen, mit Salz würzen. Bis zum Servieren in den Kühlschrank stellen und fest werden lassen.

4_Die Kräuterfische im Ofen (Mitte) etwa 20 Minuten backen. Kurz stehen lassen, dann auf vorgewärmte Teller legen. Auf jeden Fisch etwas Zitronenbutter geben, die restliche Butter extra dazu reichen. Außerdem gibt's Kartoffeln oder Brot und eventuell etwas Blattsalat dazu.

Fischtopf mit Gemüse

Für große und kleine Italienfreunde

Zutaten für 8 Personen:
250 g Zuckerschoten | Salz
250 g kleine Zucchini
1 gelbe Paprikaschote
250 g Kirschtomaten
4 Knoblauchzehen
1,2 kg Fischfilets ohne Haut (z. B. Lachs, Seeteufel, Rotbarsch – eine Sorte oder gemischt)
Pfeffer | 2 EL Olivenöl
1/2 l Fischfond (aus dem Glas)
1 rote Chilischote (wer mag)
1 EL Basilikumblättchen (wer mag)

Zubereitungszeit: 45 Minuten
Kalorien pro Portion: 355 kcal

1_Die Zuckerschoten waschen und die Enden abschneiden. Fäden, die sich dabei lösen, abtrennen. Salzwasser zum Kochen bringen und die Zuckerschoten darin etwa 2 Minuten sprudelnd kochen lassen. In ein Sieb abschütten, abschrecken und abtropfen lassen.

2_Die Zucchini und die Paprika waschen und putzen. Zucchini längs in Scheiben, dann quer in Stifte schneiden, die Paprika in Streifen schneiden. Tomaten waschen und halbieren. Den Knoblauch schälen und in sehr feine Scheiben schneiden.

3_Die Fischfilets waschen und trocken tupfen, in mundgerechte Würfel schneiden und mit Salz und Pfeffer würzen.

4_Das Öl in einem großen Topf erhitzen. Zucchini, Paprika und Knoblauch darin anbraten. Fischfond angießen, mit Salz und Pfeffer würzen und etwa 2 Minuten köcheln lassen. Dann die Zuckerschoten, den Fisch und die Tomaten untermischen und bei mittlerer Hitze in 5–6 Minuten in der Suppe gar ziehen lassen.

5_Für alle, die es würzig mögen: Die Chili waschen, entstielen und samt Kernen in feine Ringe schneiden. Basilikumblättchen kleiner zupfen und mit der Chili mischen. Vom Fischtopf eine beliebige Portion abnehmen und mit der Chilimischung in einer vorgewärmten Suppenschüssel abschmecken. Oder die Chilimischung extra auf den Tisch stellen, damit sich jeder selbst etwas davon nehmen kann. Dazu schmecken Bandnudeln oder Brot.

Hauptgerichte mit Gemüse

Gefüllte Gemüse

Bunt gemischt vom Blech – und bestimmt mit einem Lieblingsgemüse für jeden

Zutaten für 8 Personen:
2 kleine Auberginen
8 rote Zwiebeln | Salz
4 kleine Zucchini
4 schlanke Paprikaschoten
(rot oder gelb oder gemischt)
4 kleine Fleischtomaten
200 g altbackenes Brot
1 großes Bund Basilikum
6 Zweige Thymian
4 Knoblauchzehen
1/2 Bio-Zitrone
200 g frisch geriebener Hartkäse nach Geschmack (z. B. Pecorino, Parmesan oder Manchego)
4 Eier (Größe M)
Pfeffer | frisch geriebene Muskatnuss
8 EL Olivenöl

Zubereitungszeit: 1 Stunde
+ 35–40 Minuten Backen
Kalorien pro Portion: 365 kcal

1_Die Auberginen waschen und die Enden abschneiden, Auberginen der Länge nach halbieren. Die Zwiebeln schälen. In einem Topf Wasser zum Kochen bringen, salzen. Die Auberginen und Zwiebeln darin etwa 5 Minuten sprudelnd kochen lassen. In ein Sieb abgießen, kurz abschrecken und abtropfen lassen.

2_Zucchini, Paprikaschoten und Tomaten waschen und längs halbieren. Von den Zucchini, Auberginen, Zwiebeln und den Tomaten mit einem Teelöffel das Innere bis auf einen Rand von 1 cm herauslösen. Aus den Paprika die Trennhäutchen mit den Kernen und die Stiele herauslösen.

3_Das Backblech mit Backpapier belegen. Die ausgehöhlten Gemüse nebeneinander daraufsetzen. Das Brot in einer Schüssel mit lauwarmem Wasser begießen und gut 10 Minuten stehen lassen. Die Kräuter waschen und trocken schütteln, Blättchen von den Zweigen zupfen oder streifen und fein hacken.

4_Ausgelöstes Gemüsefleisch sehr fein schneiden und in eine Schüssel geben. Den Knoblauch schälen und dazupressen. Die Zitronenhälfte heiß waschen und abtrocknen, die Schale fein abreiben und mit Käse, Eiern und Kräutern mit in die Schüssel geben. Das Brot mit den Händen gut ausdrücken, fein zerkrümeln und auch dazugeben. Mit Salz, Pfeffer und Muskat würzen und gründlich miteinander mischen.

5_Den Backofen auf 180 Grad vorheizen (erst später einschalten: Umluft 160 Grad). Die Brotmischung in die ausgehöhlten Gemüse füllen. Falls davon etwas übrig bleibt, einfach als kleine Bällchen neben die Gemüse setzen. Das Olivenöl gleichmäßig über das Gemüse laufen lassen.

6_Gemüse in den Ofen (Mitte) schieben und 35–40 Minuten backen, bis es schön gebräunt ist. Kurz stehen lassen, dann servieren. Dazu passt ofenfrisches Weißbrot gut und ein Salat, z. B. mit grünen Bohnen oder auch ein Blattsalat. Und: Das Gemüse schmeckt auch lauwarm oder sogar abgekühlt auf dem Büfett.

Kinder-TIPP

Wenn ein paar Kräutermuffel dabei sind, die Kräuter entweder so fein schneiden, dass sie in der Füllung nicht mehr erkennbar sind. Oder einen Teil der Füllung ganz ohne Kräuter zubereiten.

Hauptgerichte mit Gemüse

Moussaka

Griechischer Gemüseklassiker mit Hackfleisch

Zutaten für 8 Personen:
800 g Auberginen | 500 g Zucchini
10 EL Olivenöl | Salz
2 große Zwiebeln | 4 Knoblauchzehen
1/2 Bund Oregano | 600 g Tomaten
600 g Rinderhackfleisch
1/8 l trockener Weißwein oder Gemüsebrühe | 1 EL Tomatenmark
1/2 TL Zimtpulver | Pfeffer
40 g Butter | 30 g Mehl | 600 ml Milch
400 g mehligkochende Kartoffeln
100 g Schafkäse (Feta)
50 g Semmelbrösel
100 g frisch geriebener Pecorino oder Parmesan | 2 Eier (Größe M)
etwas abgeriebene Bio-Zitronenschale

Zubereitungszeit: 1 1/2 Stunden
+ 1 1/4 Stunden Backen
Kalorien pro Portion: 560 kcal

1_Die Auberginen und Zucchini waschen, putzen und quer in etwa 1/2 cm dicke Scheiben schneiden. Ein Backblech mit Backpapier auslegen und leicht ölen. Die Gemüsescheiben darauflegen (nacheinander in etwa drei Portionen), mit wenig Öl einpinseln, salzen. Den Backofengrill anheizen und das Gemüse mit 10 cm Abstand zur Hitzequelle in den Ofen schieben. 8–10 Minuten grillen, ab und zu wenden.

2_Zwiebeln und Knoblauch schälen und fein schneiden. Oregano waschen, trocken schütteln und die Blättchen fein hacken. Die Tomaten mit kochend heißem Wasser begießen, abschrecken, häuten und klein würfeln, dabei die Stielansätze entfernen. 2 EL Öl in einem Topf erhitzen, Zwiebeln und Knoblauch darin andünsten. Hackfleisch dazugeben und krümelig braten. Tomaten, Wein oder Brühe und Tomatenmark zugeben. Mit Salz, Zimt und Pfeffer würzen und etwa 20 Minuten offen bei schwacher Hitze sanft schmurgeln lassen.

3_Inzwischen 30 g Butter in einem Topf bei mittlerer Hitze schmelzen. Mehl dazugeben und unter Rühren goldgelb werden lassen. Die Milch mit dem Schneebesen kräftig unterschlagen. Die weiße Sauce offen 10 Minuten bei schwacher Hitze köcheln, dann lauwarm abkühlen lassen.

4_Die Kartoffeln schälen, waschen und in dünne Scheiben schneiden. Den Feta zerkrümeln. Den Backofen auf 180 Grad vorheizen (erst später einschalten: Umluft 160 Grad). Eine große Auflaufform mit Semmelbröseln ausstreuen. Die Tomatensauce mit Oregano mischen, abschmecken. Unter die weiße Sauce den Pecorino oder Parmesan und die Eier rühren, mit Salz, Pfeffer und Zitronenschale würzen.

5_Abwechselnd Auberginen, Zucchini, Tomatensauce, Kartoffeln und wieder Tomatensauce in die Form schichten. Den Feta dazwischen streuen. Die weiße Sauce zum Schluss gleichmäßig über alle Zutaten laufen lassen. Übrige Butter in Flöckchen auflegen. Moussaka im Ofen (Mitte) etwa 1 1/4 Stunden backen, bis sie schön braun ist und die Kartoffeln gut weich sind. Dann noch 10 Minuten stehen lassen und erst anschließend in Stücke schneiden.

Vegetarische VARIANTE

Auch richtig gut – die vegetarische Version nur mit Gemüse, Kartoffeln, weißer Sauce und Tomatensauce. Dazu braucht man folgende Mengen: je 1 kg Auberginen und Kartoffeln und 800 g Zucchini. Für die Tomatensauce 1,2 kg Tomaten und für die weiße Sauce 50 g Butter, 50 g Mehl, 1 l Milch und 3 Eier (Größe M). Dazu 150 g Feta. Alles wie beschrieben zubereiten.

Vorspeisen mit Gemüse

Mariniertes Gemüseallerlei

Hier ist garantiert für jeden Geschmack etwas dabei

Zutaten für 8 Personen:
Für die gegrillten Paprika:
8 Spitzpaprika (rot oder hellgrün)
Salz | Pfeffer
1 Stück frischer Ingwer (etwa 4 cm)
4 Knoblauchzehen
8 EL Olivenöl | 1 Bio-Zitrone
Für die Tomaten mit Mozzarella:
400 g Tomaten | 1 Bund Basilikum
6 EL Olivenöl | Salz | Pfeffer
500 g (Büffel-)Mozzarella
5 getrocknete, in Öl eingelegte Tomaten
(wer mag)
Für die Pilze mit Balsamico:
1 kg kleine Champignons oder Egerlinge
8 Knoblauchzehen (am besten frische)
4 EL Olivenöl | 75 ml Aceto balsamico
1/8 l trockener Sherry, Weißwein oder
Gemüsebrühe | 2 Lorbeerblätter
2 TL Honig | Salz | Pfeffer
etwas Chilipulver (wer mag)
Für die Zucchini:
1 kg kleine Zucchini | 8 EL Olivenöl
Salz | Pfeffer | 1/2 Bund Petersilie
2 EL Orangensaft | 1 TL scharfer Senf
100 g Parmesan oder Pecorino
(am Stück)
Rucolablätter zum Garnieren (wer mag)

Zubereitungszeit für die Paprika:
20 Minuten + 2 Stunden Marinieren
Zubereitungszeit für die Tomaten:
20 Minuten + 30 Minuten Marinieren
Zubereitungszeit für die Pilze:
35 Minuten + 4 Stunden Marinieren
Zubereitungszeit für die Zucchini:
30 Minuten + 4 Stunden Marinieren
Kalorien pro Portion: 590 kcal

1_Paprika waschen, Stiele abschneiden und Trennhäutchen samt Kernen aus dem Inneren herauszupfen. Den Backofengrill anheizen. Die Schoten innen salzen und pfeffern. Ingwer und Knoblauch schälen, fein hacken und in den Schoten verteilen. Die Schoten nebeneinander in eine feuerfeste Form legen, mit 2 EL Öl beträufeln. Die Schoten mit etwa 10 cm Abstand zur Hitzequelle etwa 8 Minuten grillen, dabei einmal umdrehen.

2_Die Zitrone heiß waschen, von einer Hälfte die Schale dünn abschneiden und fein hacken, die restliche Zitronenhälfte in Spalten schneiden. Zitronenschale mit dem restlichen Olivenöl verrühren und mit Salz und Pfeffer würzen. Über den gegrillten Paprika verteilen und mindestens 2 Stunden marinieren lassen. Mit den Zitronenspalten servieren.

3_Tomaten waschen und in sehr kleine Würfel schneiden, die Stielansätze dabei entfernen. Basilikumblättchen von den Stängeln zupfen und fein hacken. Beides mit dem Öl mischen und mit Salz und Pfeffer würzen. Die Tomaten mindestens 30 Minuten zugedeckt bei Zimmertemperatur marinieren lassen.

4_Dann den Mozzarella in dünne Scheiben schneiden und auf Tellern auslegen. Die Tomaten darauf verteilen. Wer möchte, schneidet noch die getrockneten Tomaten in feine Streifen und streut sie vor dem Servieren darüber.

5_Die Pilze eventuell kurz waschen oder nur mit feuchtem Küchenpapier abreiben – kommt ganz darauf an, wie schmutzig sie sind. Die Stielenden abschneiden. Den Knoblauch schälen und halbieren.

6_Olivenöl in einem weiten Topf erhitzen. Pilze darin bei starker Hitze 3–4 Minuten braten, Knoblauch dazugeben. Mit Essig und Sherry, Wein oder Brühe ablöschen. Lorbeerblätter, Honig, Salz, Pfeffer und eventuell etwas Chilipulver (vielleicht auch nur unter einen Teil mischen) dazugeben und offen etwa 10 Minuten köcheln lassen. In eine Schüssel füllen und mindestens 4 Stunden marinieren lassen.

7_Die Zucchini waschen und die Enden abschneiden. Zucchini der Länge nach in 1/2 cm dicke Scheiben schneiden. Mit 4 EL Öl, Salz und Pfeffer mischen. Den Backofengrill anheizen. Das Backblech mit Backpapier auslegen. Die Zucchini (nacheinander in drei Portionen) auf dem Blech auslegen und mit etwa 10 cm Abstand zur Hitzequelle 10 Minuten grillen, dabei einmal umdrehen.

8_Petersilie waschen, trocken schütteln und die Blättchen fein hacken. Orangensaft mit Senf und restlichem Öl gut verrühren. Zucchini in eine Schale füllen, mit der Petersilie bestreuen und die Marinade darüberlöffeln. Mindestens 4 Stunden marinieren lassen. Vorm Servieren den Parmesan oder Pecorino in feinen Spänen über die Zucchini hobeln. Eventuell auf ein Rucolabett legen.

Vorspeisen mit Fisch

Räucherfisch mit Melonentatar

Feinwürzig und erfrischend

Zutaten für 8 Personen:
1 Netz- oder Galiamelone
1 große Bio-Zitrone
1 gestrichener EL Zucker
Salz
1 Prise edelsüßes Paprikapulver
4 Stängel Zitronenmelisse (wer mag)
8 geräucherte Fischfilets (z. B. Forelle oder Saibling oder Renke, ersatzweise geht aber auch Räucherlachs dünn aufgeschnitten – pro Person 2–3 Scheiben)

Zubereitungszeit: 30 Minuten
Kalorien pro Portion: 150 kcal

1_Die Melone einmal durchschneiden. Die Kerne mit einem Löffel aus der Mitte herauslösen. Die Melone schälen und erst in Scheiben, dann in Würfel schneiden. Mit einem großen Messer so lange kreuz und quer darüberhacken, bis möglichst kleine Würfel entstanden sind.

2_Zitrone heiß waschen und abtrocknen, die Hälfte der Schale dünn abschneiden, den Rest fein abreiben. Die Zitrone auspressen. Den Saft mit dem Zucker und der abgeschnittenen Zitronenschale in einen Topf geben und in 2–3 Minuten bei starker Hitze zu einem dickflüssigen Sirup einkochen, dann etwas abkühlen lassen.

3_Die abgeschnittene Zitronenschale aus dem Sirup entfernen und den Sirup mit der geriebenen Zitronenschale unter die Melonenwürfel rühren. Mit Salz und Paprika abschmecken und bis zum Servieren in den Kühlschrank stellen. Dann nach Belieben Melisse waschen, trocken schütteln und die Blättchen fein schneiden.

4_Die Fischfilets auf Tellern anrichten und etwas vom Melonentatar daneben löffeln. Eventuell jetzt noch mit etwas Melisse bestreuen. Den Rest der Melisse extra mit auf den Tisch stellen. Dazu gibt es außerdem knuspriges Weißbrot oder frisch geröstete Toastbrotscheiben.

Eisgekühlte Gurkensuppe

Herrlich sommerlich

Zutaten für 8 Personen:
2 Salatgurken
2 EL Butter
2 EL Noilly Prat (wer mag)
1 l Gemüsebrühe oder -fond
2 EL Zitronensaft
250 g saure Sahne
Salz | Pfeffer
1 Prise gemahlener Koriander
1 kleines Bund Dill
Zum Aufpeppen (wer mag):
150 g gepulte Nordseekrabben oder Räucherlachs oder Schafkäse (Feta)

Zubereitungszeit: 30 Minuten
+ 4 Stunden Kühlen
Kalorien pro Portion: 90 kcal

1_Die Salatgurken schälen und die Enden abschneiden. Die Gurken längs halbieren und die Kerne mit einem Teelöffel aus der Mitte herausschaben. Ein etwa 5 cm langes Stück Salatgurke abschneiden und beiseitelegen, den Rest grob würfeln.

Vorspeisen mit Schinken

2_Butter in einem Topf zerlassen und die Gurkenwürfel darin andünsten. Wer mag, gibt jetzt den Noilly Prat dazu, in jedem Fall aber Brühe oder Fond. Aufkochen und die Gurken zugedeckt bei schwacher Hitze etwa 10 Minuten garen. Etwas abkühlen lassen, dann mit Zitronensaft und saurer Sahne mit dem Pürierstab fein pürieren. Die Suppe auskühlen lassen und mit Salz, Pfeffer und Koriander würzen. Für etwa 4 Stunden in den Kühlschrank stellen.

3_Dann Dill waschen, trocken schütteln und die Spitzen fein hacken. Weggelegtes Gurkenstück klein würfeln. Die Suppe mit dem Pürierstab nochmals aufmixen, mit dem Dill mischen, abschmecken und in tiefe Teller oder Gläser verteilen. Und jetzt kommen die Gurkenwürfel drauf und nach Lust und Laune die Krabben oder der Lachs in feinen Streifen oder der Feta in Krümeln.

VARIANTE: Gazpacho
4 Scheiben Toastbrot in etwas lauwarmem Wasser einweichen. 1 kg Tomaten waschen und würfeln, dabei Stielansätze entfernen. 2 grüne Paprikaschoten und 1 große Salatgurke waschen, putzen und würfeln, je ein Viertel weglegen. 2 Schalotten und 4 Knoblauchzehen schälen und grob zerkleinern.

Brot ausdrücken und mit Schalotten, Knoblauch, Tomaten, Gurken, Paprika und 8 EL Olivenöl und 4 EL Weinessig fein pürieren, salzen, pfeffern, nach Belieben mit Wasser leicht verdünnen. Mindestens 1 Stunde kalt stellen. Weggelegtes Gemüse klein würfeln und über die Suppe streuen.

Crostini mit Schinkencreme
Superschnell gemacht

Zutaten für 8 Personen:
150 g gekochter Schinken
100 g Crème fraîche
1 kleine Tomate | 1 Stängel Basilikum
1 TL Zitronensaft
Salz | Pfeffer
16 Scheiben Weißbrot (aus dem mittleren Stück eines Baguettes)
Zum Aufpeppen (wer mag):
2 EL kleine Kapern oder 1 EL grüne Pfefferkörner (frisch oder eingelegt)

Zubereitungszeit: 20 Minuten
Kalorien pro Portion: 180 kcal

1_Den Schinken vom Fettrand befreien und in grobe Würfel schneiden. Mit der Crème fraîche im Blitzhacker oder im Mixer fein pürieren.

2_Tomate waschen und sehr fein würfeln, dabei den Stielansatz herausschneiden. Basilikumblätter vom Stängel zupfen und fein hacken. Beides mit dem Zitronensaft unter die Schinkencreme rühren, salzen und pfeffern.

3_Backofen auf 250 Grad vorheizen (auch schon jetzt einschalten: Umluft 220 Grad). Die Brotscheiben auf dem Rost im Ofen (Mitte) in 4–5 Minuten knusprig werden lassen. Dann mit der Schinkencreme bestreichen und sofort warm und knusprig servieren. Wer die Brote pikanter mag, bestreut sie mit ein paar Kapern oder etwas grob gehacktem grünen Pfeffer.

TIPP
Unbedingt mal probieren: Statt Schinken Thunfisch aus der Dose oder geräuchertes Fischfilet ohne Haut und Gräten nehmen. Die Crème fraîche durch fettärmere saure Sahne oder durch Naturjoghurt ersetzen.

Kalte Desserts

Wolke Süß
Am besten mit Mango

Für 8 Personen:
400 g Sahne (sehr gut gekühlt!)
400 g Mango-Dessertsauce (aus der Flasche)
2 Handvoll Baiserküsschen (gibt es im Keksregal, noch besser ist ein frischer Baiser vom Konditor, zur Not gehen auch Baiser-Desserttörtchen aus der Backabteilung)
200 g Himbeeren

Zubereitungszeit: 15 Minuten
Kalorien pro Portion: 265 kcal

1_Die Sahne in einer Schüssel mit den Schneebesen des Handrührgeräts steif schlagen. Dessertsauce dazugeben, von Hand mit einem Schneebesen unterziehen.

2_Baiserküsschen in einen Gefrierbeutel geben und darin mit der Hand grob zerkleinern, dann in einem Sieb den feinen Zucker aussieben. Himbeeren verlesen und nur falls nötig abbrausen. Den Baiser und die Himbeeren unter die Fruchtsahne ziehen. In vier Gläser füllen und gleich servieren – sonst weicht der Baiser auf.

TIPP
Ein echtes Blitzdessert, das man darum nicht vormachen muss – und auch nicht kann. Denn sonst wird die Schlagsahne recht bald wieder flüssig und der Baiser weich. Aber gerade der Gegensatz von luftig-weich und luftig-knusprig macht den Reiz dieses Desserts aus.

VARIANTEN
Wolke Süß ist eine aufgepeppte Version der Mangosahne, dem Standarddessert beim Inder – dafür wird einfach Schlagsahne mit Mangopüree vermischt. Wer keine Mango-Dessertsauce bekommt oder auch nichts mit Mango mag, kann Wolke Süß auch anders machen: zum Beispiel Himbeersauce (nicht: Sirup) nehmen und dann Stückchen vom Pfirsich oder der Nektarine reinschneiden. Oder wie wär's mit der Herbstversion mit Apfelmus und halbierten Weintrauben? Oder à la Helene mit Schokoladensauce (da reichen 250 g auf 400 g Sahne) und Birne?

Vanille-Polenta mit Balsamico-Kirschen
Grießbrei auf Italienisch

Zutaten für 8 Personen:
Für die Kirschen:
100 g Zucker
400 ml Apfelsaft
2 Stück Bio-Orangenschale (je 3 cm)
500 g süße Kirschen
5 EL Aceto balsamico
Für die Polenta:
1 Vanilleschote
1 l Milch
2 Eier (Größe M)
1 Prise Salz
4 EL Zucker
100 g Instant-Polenta

Zubereitungszeit: 30 Minuten
Kalorien pro Portion: 300 kcal

1_Für die Kirschen den Zucker in einem kleinen Topf bei geringer Hitze schmelzen lassen, bis er goldbraun wird – also karamellisiert. Dann mit Apfelsaft ablöschen und mit der Orangenschale 5 Minuten bei

Kalte Desserts

mittlerer Hitze köcheln lassen. Inzwischen die Kirschen waschen, entstielen und entsteinen. Die Kirschen mit dem Essig zum Saft geben, einmal aufkochen und dann abkühlen lassen.

2_Für die Polenta die Vanilleschote der Länge nach halbieren und mit dem Messerrücken das Mark herausschaben. Vanillemark und Schotenhälften mit der Milch in einen Topf geben und aufkochen. Dann den Topf vom Herd nehmen und die Milch 5 Minuten ziehen lassen.

3_Die Eier trennen. Die Eiweiße mit dem Salz zu steifem Schnee schlagen, dabei den Zucker einrieseln lassen. Kühl stellen.

4_Schotenhälften aus der Milch fischen, Milch nochmals aufkochen. Die Polenta einrieseln lassen und alles unter Rühren in 5 Minuten zu einem Brei kochen. Die Eigelbe unterrühren, den Eischnee unterheben. Vanille-Polenta auf kleine Teller oder in Schälchen füllen und auskühlen lassen. Zum Servieren mit den Balsamico-Kirschen umgießen. Auch fein: Polenta lauwarm mit den Kirschen genießen.

Aprikosen im Gläschen

Fast wie ein Kompott

Zutaten für 8 Personen:
16 Aprikosen
16 Mandeln (nach Belieben gehäutet)
1/2 l heller Traubensaft
8 EL Zitronensaft
400 g Zucker
2 Sternanise
16 Löffelbiskuits
8 kleine Schraubgläser
(je 200 ml Inhalt)

Zubereitungszeit: 20 Minuten
+ Ziehen über Nacht
Kalorien pro Portion: 345 kcal

1_Die Aprikosen waschen und kreuzweise einritzen. Dann die Aprikosen zuerst etwa 10 Sekunden in kochendes Wasser eintauchen, anschließend in Eiswasser. Die Haut der Aprikosen mit einem kleinen Messer abziehen, die Früchte leicht einschneiden und die Steine vorsichtig entfernen und durch die Mandeln ersetzen.

2_Trauben- und Zitronensaft mit Zucker, Sternanisen und 800 ml Wasser aufkochen. Aprikosen darin 3–4 Minuten bei geringer Hitze sanft köcheln lassen, dann im Sud abkühlen lassen.

3_Die Aprikosen auf die Gläschen verteilen. Den Sud aufkochen und über die Aprikosen gießen (dabei die Sternanise entfernen), dann die Gläschen sofort zuschrauben. Die Aprikosen und den Sud auskühlen lassen und über Nacht im Kühlschrank durchziehen lassen. Am nächsten Tag mit den Löffelbiskuits genießen.

TIPP
Für eine Erwachsenenversion kann der Traubensaft durch einen kräftigen Weißwein oder Cidre ersetzt werden und beim Kochen können noch 4 TL grüne Pfefferkörner (aus dem Glas) dazukommen.

Warme Desserts

Marzipan-Apfelkücherl aus dem Ofen

Backen statt Ausbacken

Zutaten für 8 Personen:
250 g Marzipanrohmasse
50 g weiche Butter + etwas mehr fürs Blech
3 Eigelb (Größe M)
2 süßsaure Äpfel (z. B. Boskop)
100 g saure Sahne
60 g Preiselbeerkonfitüre

Zubereitungszeit: 30 Minuten
+ 15–20 Minuten Backen
Kalorien pro Portion: 260 kcal

1_Das Marzipan mit der Butter glatt verkneten, dann nach und nach die Eigelbe darunterarbeiten. Die Masse in einen Spritzbeutel mit großer Sterntülle füllen.

2_Die Äpfel waschen, schälen und in etwa fingerdicke Scheiben schneiden. Aus jeder Scheibe das Kerngehäuse in der Mitte mit einem kleinen, spitzen Messer herausschneiden (oder einen Kerngehäuseausstecher benutzen). 8 gleichmäßig dicke Apfelscheiben auswählen, den Rest am besten gleich essen.

3_Backofen auf 175 Grad vorheizen (auch schon jetzt einstellen: Umluft 160 Grad). Ein Backblech mit Butter einfetten. Die Apfelscheiben nebeneinander aufs Blech legen und das Loch in der Mitte mit etwas Marzipanmasse auffüllen. Die restliche Masse ringförmig rundherum auf den Rand der Apfelscheiben spritzen.

4_Die saure Sahne auf den Apfelscheiben in der Mitte der Marzipanringe verteilen. Die Preiselbeeren daraufgeben und leicht in die Sahne drücken. Das Blech in den Ofen (Mitte) schieben und die Kücherl 15–20 Minuten backen, bis die Marzipanmasse schön gebräunt ist. Die Kücherl am besten lauwarm servieren.

TIPP
Die Kücherl können etwa 1 Stunde vor dem Backen komplett vorbereitet werden. Dann beim Servieren des Hauptgangs in den Ofen schieben.

Mandelpfirsiche mit Honig

Süßes aus der Folie

Zutaten für 8 Personen:
8 Pfirsiche
100 g Mandelblättchen
100 g Honig
5 EL Orangensaft
300 g Naturjoghurt (am besten der etwas fettere griechische Joghurt)
Zimtpulver zum Bestreuen
weiche Butter für die Folie

Zubereitungszeit: 30 Minuten
+ 10 Minuten Garen
Kalorien pro Portion: 195 kcal

1_Die Pfirsiche waschen und kreuzweise einritzen. Dann die Pfirsiche zuerst etwa 10 Sekunden in kochendes Wasser eintauchen, anschließend in Eiswasser. Mit einem kleinen Messer die Haut der Pfirsiche abziehen.

2_Die Pfirsiche am Stein entlang halbieren und entsteinen. Die Mandeln mit 4 EL Honig vermengen und statt der Steine in die Pfirsichhälften füllen.

Warme Desserts

3_Backofen auf 200 Grad vorheizen (auch schon jetzt einstellen: Umluft 180 Grad). Aus Alufolie acht Bögen zu je 30 x 40 cm zuschneiden und dünn mit etwas Butter bestreichen.

4_Auf jeden Alufolienbogen 2 Pfirsichhälften mit der Füllung nach oben setzen. 4 EL Honig mit dem Orangensaft glatt verrühren und darüberträufeln. Die Alufolie zuerst von den schmalen Seiten her hochschlagen, dann von den längeren Seiten. Diesen »First« nun öfter umbiegen, so dass jedes Folienpäckchen ganz dicht verschlossen ist. Die Päckchen auf ein Backblech setzen und im Ofen (Mitte) etwa 10 Minuten garen, bis sie stramm aufgebläht sind.

5_Den Joghurt mit dem übrigen Honig verrühren und mit Zimt bestreuen. Die Folienpäckchen auf Teller setzen und servieren. Die Päckchen erst direkt am Tisch öffnen, den Joghurt dazu reichen.

TIPP
Die Päckchen etwa 1 Stunde vor dem Garen fix und fertig vorbereiten und nach dem Hauptgang in den Ofen schieben.

Früchte-Fondue
Nachtisch zum Dippen

Zutaten für 8 Personen:
2 Mangos | 4 Birnen
4 Bananen (nicht zu reif!)
4 Bio-Limetten
8 Bio-Orangen
1 Stück frischer Ingwer (4 cm, wer mag)
4 EL Aprikosenkonfitüre
4 TL Speisestärke
800 ml Kokosmilch
Kokosraspel zum Bestreuen (wer mag)

Zubereitungszeit: 25 Minuten
Kalorien pro Portion: 430 kcal

1_Die Mangos schälen und das Fruchtfleisch in kleinen, nicht zu dünnen Spalten vom Stein schneiden. Die Birnen waschen und vierteln, entkernen und in Scheiben schneiden. Bananen schälen und ebenfalls in Scheiben schneiden.

2_Alle Limetten und 2 Orangen heiß waschen und abtrocknen, die Schale fein abreiben. Dann den Saft von allen Zitrusfrüchten auspressen. Bananenscheiben mit 2 EL Limettensaft vermengen.

3_Eventuell den Ingwer schälen und fein reiben, mit Aprikosenkonfitüre und Stärke verrühren. Mit dem restlichen Zitrussaft, der Zitrusschale und der Kokosmilch in zwei Fondue-Töpfen verrühren und zum Kochen bringen. Kurz kochen lassen, dann auf zwei Rechauds setzen.

4_Die Früchte nach und nach auf Fondue-Gabeln spießen, durch die Kokoscreme ziehen, nach Belieben mit Kokosrasaspeln bestreuen und genießen.

TIPP
Wem Kokos zu speziell ist, der macht einfach Schokoladen-Fondue. Dafür 600 g Zartbitterschokolade in 200 g Sahne schmelzen, wie den Kokosdip in Fondue-Töpfen auf Rechauds warm halten und die Früchte in die Sauce dippen.

Draußen essen

„Kinder, Kinder, da draußen scheint die Sonne und ihr hockt den ganzen Tag hier drin. Das hätt's bei uns früher nicht gegeben, gleich nach dem Mittagessen sind wir runter zum Fluss und in die Wiesen, und beim Abendbrot waren wir erst wieder da." „Wie wär's dann, wenn wir heute Mittag gleich zum Fluss gehen und dort was essen – und zum Abendbrot in die Wiesen?" „Netter Versuch, aber für heute reicht mir noch der Balkon. Nächstes Mal geht's dann zum Fluss, ihr könnt' ja schon mal blättern, was wir mitnehmen."

Tante Ilse über:
draußen essen

„Wollen wir draußen essen?", ist eine der liebsten Fragen, die ich höre – weil sie so schön unkompliziert klingt. So, als ob der Tisch dafür gleich auf der Terrasse steht, und wir die Teller, Schüsseln und Flaschen nur ein paar Schritte weiter als gewohnt tragen müssen. Das mag ich, das finde ich gut.

Was ich allerdings ein bisschen anstrengend finde: Wenn es ganz weit draußen was zu essen gibt. Wir also erst Picknickkörbe, Kühlboxen und Klapptische an ein Flussufer karren müssen, um dort dann in so einer Art französischen Land-Art-Film mitzuspielen. Da schwinge ich mich lieber alleine aufs Rad, das ich dann einfach in die Böschung lege und mich daneben mit einem Landjäger im Gepäck. Und wenn sonst noch jemand Nettes dabei ist, ist es auch sehr recht.

5 Zutaten, die sehr gut zum Mitnehmen sind

Brot
Am Stück zum Runterschneiden oder -reißen und Dazuessen + in Würfel geröstet zum Naschen oder um einen Salat knusprig zu machen + in Scheiben mit Belag oder Aufstrich und zusammengeklappt + als „Brottorte": ganzen Laib quer in Scheiben schneiden, mit Füllung versehen und wieder zusammensetzen (siehe Seite 26), dann in ein Picknickhandtuch schlagen und oben fest zubinden, vor Ort in Stücke schneiden.

Eier
Hart gekocht als Klassiker für jeden Wandertag, dazu ebenso klassisch Salz, Senf oder Maggi – oder auch Chutneys + als Kräuterrührei mit Gurkenwürfeln und Kresse zwischen zwei Brötchenhälften + das Rührei in Stücken unter einen Salat mit Spargel, Möhren und Erbsen gemischt.

Nudeln
Und zwar als Blitzsalat: Kaum ist die Idee fürs Picknick da, wird der Wasserkocher angeworfen, um schnell im Topf mit Brühwürfeln kompakte Nudeln zu garen. Derweil eine Vinaigrette rühren, Tomaten würfeln, Möhren raspeln, Kräuter hacken und alles mit den warmen Nudeln mischen. Kräftig würzen und auf dem Weg marinieren lassen.

Anti-Ekler
Also alles, was nicht unterwegs matscht, (aus)läuft, tropft, schmilzt, riecht, Flecken macht oder sonstwie im Rucksack oder spätestens in den Fingern „rumsutscht". Weswegen Avocados, Bananen, reifer Weichkäse oder Räucherfisch im Grunde gar nicht gehen und Tomaten, Beeren, Stein- und fast alle exotischen Früchte sowie Fettes wie Speck oder Schokolade nur in gut verschließbaren Boxen.

Geld
Denn manchmal gibt es das Beste unterwegs zu kaufen, und das darf dann ruhig auch mal „sutschen": Bergkäse und Buttermilch vom Almbauern; Kirschen, Beeren, Pflaumen usw. direkt vom Baum und Feld; üppige Sahnetorten vom Ausflugscafé; Rollmöpse vom Heringsfischer; Ochsenherztomaten samt Olivenöl von der Fattoria.

Das *deftige* Pausenbrot

1 Kürbiskernbrötchen aufschneiden und mit Butter oder (wer's mag und hat) Kürbiskernöl bestreichen. 3 Scheiben Lieblingsschinken in feine Würfel schneiden, mit wenig Zitronensaft und 1 TL Schnittlauchröllchen (wer mag) und gemahlenem Pfeffer mischen, zwischen das Brötchen geben und zusammendrücken.

Magazin

Unser liebstes Familienfest:

Essen gehen

Junge Paare sind vielleicht nicht die zahlungskräftigsten, aber mit die ausgehfreudigsten Gäste für einen Wirt. Dann kriegt sie plötzlich einen immer dickeren Bauch – und mit dem ersten Babyschrei sind die zwei bzw. drei erst mal vom Markt, manchmal fehlen sie für Jahre der heimischen Gastronomie.

Das muss doch nicht sein, auch wenn wahrscheinlich jeder seine ganz eigene Horrorgeschichte vom Essen gehen mit Kindern erzählen kann. Da muss man durch, und der Rest der Welt übrigens auch – so gewöhnt er sich rechtzeitig daran, dass Kinder im Lokal einfach dazugehören. Mit dem Training dafür kann man nicht früh genug anfangen – spätestens seit Einführung des Rauchverbots in Restaurants gilt schlechte Luft auch nicht mehr als Ausrede. Keine Kinderstühle, zu wenig Malzeug? Der Italiener, zu dem ihr schon selbst so gerne als Kinder gegangen seid, hat so was bis heute nicht. Also, junge Eltern, worauf wartet ihr noch?

5 Typen „to go":

die Eintüter
Kaum heißt's „Wollen wir was zu essen mitnehmen?", haben sie schon ein Tütchen in der einen und die dafür bestimmte Gurke/Tomate/Dauerwurst in der anderen Hand. Eierkochen ist für sie die höchste Form der „to-go"-Küche, ansonsten kommen Pfeffer und Salz sowie Brett und Messer in die Tüte – und der Rest wird unterwegs erledigt.

die Plastikboxer
Sagst du „Picknick", machen sie sich an die Arbeit: Nudeln für Salat kochen, Brote für Sandwiches schmieren, Erdbeerquark für den Nachtisch stampfen. Dann ab damit in Boxen und Döschen und fluchend nach dem passenden Deckel suchen. Plastikboxer sind toll, wenn man's sich gut gehen lassen will, aber nicht so toll, wenn man schnell los will.

die Henkelmänner
Für sie ist das Leben kein Picknick, weswegen sie es sich mit fieser Kantinenkost nicht noch schwerer machen wollen. Darum ziehen sie als professionelle Plastikboxer jeden Morgen mit dem Mittagessen im Gepäck in den Alltag. Wenn sie das nicht einsam am Computer mümmeln, sondern gemeinsam mit anderen Henkelessern genießen – gut so.

die Schüsselschlepper
Eine Party wird für sie zum Fest, wenn es vorher „Könnt ihr was mitbringen?" heißt. „Klar", rufen sie und fangen gleich mit Ideensuchen an, stürzen sich in den Einkauf und verbarrikadieren sich in der Küche. Das ist fein, weil sie stets mit was Gutem rauskommen. Nicht so fein: Wenn sie nur deswegen kommen – und erschöpft auf dem Sofa einschlafen.

die Einkäufer
„Wollten wir nicht wandern? Dann aber los. Ach, halt doch mal an der Tankstelle, da kann ich mir was zu trinken und zum Naschen holen. Was Handfestes wäre auch nicht schlecht, fährst du noch rasch beim Metzger vorbei? Und gab es da nicht unterwegs Richtung Berg diesen Käse …? Kaffee? Neee, keine Zeit – wir wollen doch wandern!"

Hackbällchen mit Joghurtdip

Fingerfood für draußen

Zutaten für 4 Personen:
1 Scheibe Toastbrot
2 EL Pinienkerne oder gehäutete Mandeln (wer mag)
1 EL Rosinen
2 Frühlingszwiebeln
2 Knoblauchzehen
2 Stängel Petersilie, Zitronenmelisse oder Minze (wer mag)
500 g Hackfleisch (vom Rind oder vom Lamm oder auch Schwein und Rind gemischt)
1 Ei (Größe M)
Salz | Pfeffer
1 gehäufter EL Butterschmalz
250 g Naturjoghurt
1 TL Zitronensaft
2 TL Olivenöl
1 TL edelsüßes Paprikapulver

Zubereitungszeit: 40 Minuten
Kalorien pro Portion: 495 kcal

1_Toastbrot in einem tiefen Teller mit lauwarmem Wasser bedecken und einweichen. Nach Belieben Pinienkerne oder Mandeln in einer Pfanne bei mittlerer Hitze ohne Fett goldbraun anrösten. Herausnehmen und grob hacken. Rosinen etwas kleiner schneiden. Von den Frühlingszwiebeln die Wurzelbüschel und die welken Teile abschneiden, Zwiebeln waschen. Knoblauch schälen und mit den Zwiebeln sehr fein schneiden. Eventuell Kräuter waschen und trocken schütteln, die Blättchen von den Stängeln zupfen und fein hacken.

2_Das Brot gut ausdrücken und mit den Händen fein zerkleinern. Mit den Rosinen, den Zwiebeln, Knoblauch, Hack, Ei und eventuell Pinienkernen oder Mandeln und Kräutern in eine Schüssel füllen. Salz und Pfeffer dazugeben und alles gründlich verkneten. Die Masse zu gut tischtennisballgroßen Bällchen formen.

3_Schmalz in einer großen Pfanne erhitzen. Die Fleischbällchen einlegen und bei mittlerer Hitze etwa 8 Minuten braten, dabei die Pfanne immer wieder rütteln und die Bällchen so umdrehen. Aus der Pfanne nehmen, auskühlen lassen, einpacken.

4_Zum Dippen Joghurt mit Zitronensaft und Öl gut verrühren, mit Salz, Pfeffer und Paprika abschmecken und in ein Schraubglas füllen. Dazu gibt's Fladenbrot.

TIPP
Statt des Hackfleischs kann man auch sehr fein geschnittenes Hähnchen- oder Putenbrustfilet nehmen. Und: Die Kleinen (und manch Großer) freuen sich, wenn es außer dem Joghurt auch Ketchup dazu gibt.

Knusprige Mini-Schnitzel

Fürs Picknick oder fürs Büfett

Zutaten für 4 Personen:
150 g Knäckebrot
1/2 Bio-Zitrone
Salz | Pfeffer
500 g dünne Kalbs-, Schweine- oder Putenschnitzel
50 g Mehl
2 Eier (Größe M)
2 EL Butterschmalz

Zubereitungszeit: 45 Minuten
Kalorien pro Portion: 375 kcal

1_Knäckebrot im Gefrierbeutel mit dem Nudelholz zerkleinern und auf einen Teller füllen. Die Zitrone heiß waschen und abtrocknen, von einer Hälfte die Schale fein abreiben, die andere Hälfte in Spalten schneiden. Die Zitronenschale mit Salz und Pfeffer unter das Knäckebrot rühren.

2_Die Schnitzel mit dem Handballen noch flacher drücken und in etwa 5 cm große Stücke schneiden, salzen und pfeffern. Das Mehl auf einen Teller schütten. Die Eier auf einen anderen Teller aufschlagen und mit einer Gabel verquirlen.

3_Die Schnitzelchen erst ins Mehl legen und andrücken, dann schütteln, um das überschüssige Mehl wieder zu entfernen. Jetzt die Schnitzel durch die Eier ziehen und ganz zum Schluss in die Knäckebrotmischung legen und leicht hineindrücken.

4_Das Schmalz in einer großen Pfanne (am besten antihaftbeschichtet) erhitzen. Die Hitze auf mittlere Stufe schalten, die Mini-Schnitzel einlegen und auf jeder Seite in etwa 2 Minuten goldbraun braten. Herausnehmen, auskühlen lassen und einpacken. Die Zitronenspalten extra mitnehmen, damit sich später jeder etwas Saft über die Schnitzel träufeln kann.

Tafelspitzsalat mit Gurke

Schmeckt auch mit gegartem Suppenfleisch, Roastbeef oder Bratenresten klasse

Zutaten für 4 Personen:
1 Salatgurke
Salz
1 Bund Schnittlauch
400 g gegarter Tafelspitz
(siehe Seite 121)
1 EL Zitronensaft
1 EL heller Essig
1 TL scharfer Senf
1 TL Apfeldicksaft oder Apfelgelee
Pfeffer
5 EL Kürbiskernöl (ersatzweise Oliven- oder Rapsöl)
2 EL Kürbiskerne (wer mag)

Zubereitungszeit: 25 Minuten
Kalorien pro Portion: 290 kcal

1_Die Gurke schälen und die Enden abschneiden. Gurke längs halbieren und die Kerne mit einem Teelöffel herausschaben. Die Gurkenhälften quer in dünne Scheiben schneiden, mit etwas Salz mischen und etwa 10 Minuten stehen lassen.

2_Den Schnittlauch waschen, trocken schütteln und in Röllchen schneiden. Das Fleisch erst in dünne Scheiben, dann in breitere Streifen schneiden. Für die Sauce Zitronensaft, Essig, Senf und Dicksaft oder Gelee sehr gründlich verrühren. Mit Salz und Pfeffer würzen, das Öl unterschlagen.

3_Von den Gurkenscheiben die Flüssigkeit abgießen. Gurke, Fleisch und Schnittlauch mit der Sauce mischen und abschmecken. In ein verschließbares Gefäß füllen.

4_Nach Belieben die Kürbiskerne in einer Pfanne ohne Fett leicht anrösten, extra einpacken und mitnehmen. Die kann sich dann jeder nach Gusto auf seinen Salat streuen. Dazu schmecken Laugenbrezen oder Kümmelstangen.

VARIANTE: Asia-Salat
Gurke und Fleisch wie beschrieben vorbereiten. Für die Sauce 2 EL Zitronensaft mit 2 EL heller Sojasauce oder Fischsauce und 2 EL Sesamöl verrühren und mit Salz und Pfeffer würzen. Mit Fleisch und Gurke vermischen und den Salat eventuell mit gerösteten gehackten Erdnusskernen bestreuen. (Oder die Nüsse extra mitnehmen.) Dazu passen außerdem Korianderblättchen.

Mini-Quiches mit Tomaten

Bequem im Muffinblech gebacken

Zutaten für 12 Stück:
300 g Mehl
150 g kalte Butter
Salz
300 g reife, aber feste Tomaten
4 Zweige Thymian (wer mag)
250 g Ricotta oder Doppelrahmfrischkäse
2 Eier (Größe M)
2 EL frisch geriebener Parmesan
Pfeffer

Zubereitungszeit: 50 Minuten
+ 1 Stunde Kühlen
+ 30 Minuten Backen
Kalorien pro Stück: 240 kcal

1_Das Mehl in eine Schüssel geben. Die Butter in kleine Stücke schneiden und mit 1 gestrichenen TL Salz und 50 ml kaltem Wasser zum Mehl geben. Alles zu einem glatten geschmeidigen Teig verkneten.

2_Den Teig in 12 Portionen teilen. Jeweils zu einer Kugel formen, etwas ausrollen und in die Vertiefungen des Muffinblechs legen. Teig mit den Fingern gleichmäßig in den Vertiefungen verteilen. In der Form etwa 1 Stunde kühl stellen.

3_Für den Belag die Tomaten waschen oder häuten (dafür vorher mit kochend heißem Wasser überbrühen) und in der Mitte halbieren. Die Kerne mit den Händen aus den Tomaten quetschen und mit dem Messer abstreifen. Die Tomaten in kleine Würfel schneiden, dabei die Stielansätze herausschneiden. Nach Belieben Thymian waschen und trocken schütteln, die Blättchen von den Zweigen abstreifen.

4_Backofen auf 200 Grad vorheizen (auch schon jetzt einschalten: Umluft 180 Grad). Den Ricotta oder Frischkäse mit den Eiern und dem Parmesan verrühren. Tomaten und eventuell den Thymian untermischen und die Füllung mit Salz und Pfeffer abschmecken.

5_Die Käsemischung auf dem Teig in den Vertiefungen verteilen. Quiches im Ofen (Mitte) etwa 30 Minuten backen, bis sie schön gebräunt sind. Kurz stehen lassen, aus der Form lösen und dann komplett auskühlen lassen, einpacken.

TIPP
Natürlich schmecken die Quiches auch frisch aus dem Backofen, dann am besten lauwarm mit einem gemischten Salat auf den Tisch stellen.

VARIANTE: Zucchini-Feta-Füllung
250 g kleine Zucchini waschen, putzen und grob raspeln. Mit Salz mischen und etwa 10 Minuten stehen lassen, dann die Flüssigkeit, die sich gebildet hat, abgießen. 150 g Schafkäse (Feta) in kleine Stücke krümeln. 2 Eier (Größe M) mit 100 g Naturjoghurt, Salz und edelsüßem Paprika nach Geschmack verrühren. Zucchini und Feta untermischen und diese Füllung auf dem gekühlten Teig verteilen. Wer mag, legt auf einige Portionen noch ein paar kleine entkernte Oliven. Die Mini-Quiches wie beschrieben backen.

VARIANTE: Schinken-Frischkäse-Füllung
100 g gekochten Schinken vom Fettrand befreien und in kleine Würfel oder feine Streifen schneiden. 1 Tomate waschen oder häuten und fein hacken, dabei den Stielansatz entfernen. Wer mag, hackt auch noch die Blättchen von 4 Stängeln Basilikum. 250 g Doppelrahmfrischkäse mit 2 Eiern (Größe M) verrühren und mit Salz, Pfeffer und etwas frisch geriebener Muskatnuss würzen. Schinken, Tomate und eventuell das Basilikum untermischen und auf dem gekühlten Teig verteilen. Die Mini-Quiches wie beschrieben backen.

Basic-TIPP
Teig und Füllung werden beim Backen zwar relativ stabil, die Mini-Quiches müssen zum Mitnehmen aber trotzdem quetschsicher verpackt werden. Am besten in eine Alu- oder Plastikdose setzen, die möglichst so groß sein sollte, dass die kleinen Kuchen gut nebeneinander Platz darin finden.

Couscous-salat mit Käsebällchen

Peppt jede sommerliche Party auf

Zutaten für 4 Personen:
200 g Instant-Couscous
300 g Tomaten
1 Salatgurke
1 Bund Schnittlauch
175 g Schafkäse (Feta)
175 g Doppelrahmfrischkäse
Salz | Pfeffer
1/2 TL edelsüßes Paprikapulver
4 EL Zitronensaft
5 EL Olivenöl

Zubereitungszeit: 35 Minuten
Kalorien pro Portion: 500 kcal

1_Den Couscous in eine Schüssel füllen und mit so viel warmem Wasser begießen, dass er gerade davon bedeckt ist. Etwa 30 Minuten quellen lassen.

2_Inzwischen die Tomaten waschen und den Stielansatz herausschneiden, Gurke waschen. Beides sehr klein würfeln. Den Schnittlauch waschen, trocken schütteln und in Röllchen schneiden. Den Schafkäse mit einer Gabel sehr fein zerdrücken und mit Frischkäse, Schnittlauch, Salz, Pfeffer und Paprika gut verrühren. Aus der Masse mit den Händen kleine Bällchen formen.

3_Couscous, falls nötig, in einem Sieb abtropfen lassen. Zitronensaft mit Olivenöl cremig schlagen und mit Salz und Pfeffer würzen. Die Sauce mit den Tomaten und der Gurke unter den Couscous mischen, den Salat abschmecken. In eine flache Schüssel füllen und die Bällchen obenauf legen. Dazu gibt's außerdem Fladenbrot und eventuell Joghurt, mit etwas Öl, Salz und gemahlenem Koriander oder Kreuzkümmel verrührt.

TIPPs

Anstatt der Salatgurke schmecken auch Paprikaschoten (fein würfeln) oder kleine Zucchini (grob raspeln). Und die Käsebällchen werden mit Ziegenfrischkäse noch pikanter. Fein für Käsemuffel: statt der Käsebällchen Sardinen aus der Dose auf dem Couscoussalat verteilen.

Dips mit Gemüse

Gut füs Büfett oder Picknick

Zutaten für 4–6 Personen:
Für den Bohnendip:
200 g weiße Bohnen (aus der Dose)
1/2 Bio-Zitrone | 2 Knoblauchzehen
1/2 Bund Petersilie | 1 Tomate
4 EL Olivenöl | Salz | Pfeffer
Für den Möhrendip:
200 g zarte Möhren
1 Stängel Minze (wer mag)
1 Frühlingszwiebel (wer mag)
100 g fester Naturjoghurt
200 g saure Sahne
Salz | edelsüße Paprikapulver
Für den Käse-Nuss-Dip:
150 g Gorgonzola
100 g saure Sahne | 100 g Sahne
1 Handvoll Walnusskerne
Salz | frisch geriebene Muskatnuss
Außerdem:
etwa 800 g Gemüse (z. B. Salatgurken, Paprika, Stangensellerie und Chicorée)

Zubereitungszeit: 45 Minuten
Kalorien pro Portion (bei 6 Personen): 360 kcal

1_Die Bohnen in einem Sieb abbrausen. Die Zitronenhälfte heiß waschen und abtrocknen, die Schale fein abreiben, den Saft auspressen. Knoblauch schälen und durch die Presse drücken. Die Petersilie waschen und trocken schütteln, Blättchen von den Stängeln zupfen und sehr fein hacken. Die Tomate waschen und fein würfeln, dabei Stielansatz entfernen.

2_Bohnen mit Öl, 1 EL Zitronensaft und 1 EL Wasser mit dem Pürierstab fein pürieren. Knoblauch, Zitronenschale, Tomate und die Petersilie unterrühren, mit Salz, Pfeffer und Zitronensaft abschmecken.

3_Möhren schälen und sehr fein raspeln. Nach Belieben die Minze waschen und trocken schütteln, die Blättchen von dem Stängel zupfen und fein schneiden. Frühlingszwiebel putzen, waschen und fein schneiden. Joghurt und Sahne verrühren, Möhren und eventuell Minze und Zwiebel unterrühren, mit Salz und Paprika würzen.

4_Käse würfeln und mit der sauren und der süßen Sahne mit den Schneebesen des Handrührgeräts cremig schlagen. Die Nusskerne fein hacken und untermischen. Mit Salz und Muskat würzen.

5_Das Gemüse waschen oder schälen und putzen und in längere, nicht zu dicke Stifte schneiden. Gemüsesticks mit den Dips auf das Büfett stellen oder alles getrennt einpacken und zum Picknick mitnehmen.

Nudelsalat mit Melone

Erfrischendes für die Party – daheim oder anderswo

Zutaten für 4 Personen:
250 g kurze Nudeln (Penne, Fusilli oder Casarecce) | Salz
1 kleine Netz-, Galia- oder Honigmelone
2 EL Zitronensaft | 2 TL flüssiger Honig
2 Kugeln Mozzarella (je 125 g)
100 g roh geräucherter Schinken
(z. B. San Daniele oder Serrano)
1 Kästchen Gartenkresse oder 1 Bund Basilikum oder 1 Handvoll Kerbel (wer mag) | 2 EL Balsamico bianco
Pfeffer | 4 EL Olivenöl

Zubereitungszeit: 25 Minuten
Kalorien pro Portion: 560 kcal

1_Für die Nudeln reichlich Wasser zum Kochen bringen und salzen. Die Nudeln darin nach Packungsangabe bissfest kochen, in einem Sieb abschrecken und abtropfen lassen.

2_Melone aufschneiden, die Kerne aus der Mitte mitsamt dem faserigen Fruchtfleisch mit einem Löffel herauskratzen. Fruchtfleisch mit einem kleinen Kugelausstecher aus den Schalen lösen. Oder die Melone mit einem Messer schälen und klein würfeln. Zitronensaft mit dem Honig verrühren und mit der Melone mischen.

3_Den Mozzarella klein würfeln, den Schinken ohne den Fettrand in schmale, nicht zu lange Streifen schneiden. Nach Belieben Kresse mit der Küchenschere vom Beet schneiden. Oder die Basilikumblättchen von den Stängeln zupfen und hacken. Oder vom Kerbel alle groben Stängel abzwacken, Kerbel hacken.

4_Den Balsamico mit Salz und Pfeffer verrühren, das Öl dazugeben und alles zu einer cremigen Sauce schlagen. Nudeln, Melone, Käse und Schinken mit der Sauce mischen. Den Salat abschmecken und eventuell die Kräuter aufstreuen.

Kleine Avocado-Tomaten-Sandwiches

Kleine Teilchen fürs Büfett

Zutaten für 4 Personen:
1 große Avocado
2 TL Zitronensaft | 150 g Tomaten
1/2 Bund Schnittlauch
100 g Quark oder Ricotta
100 g Salatmayonnaise
1 TL Meerrettich (aus dem Glas, wer mag)
Salz | Pfeffer
4 Kopfsalatblätter
8 Scheiben Sandwichbrot
Cocktailspießchen zum Zusammenstecken

Zubereitungszeit: 15 Minuten
Kalorien pro Portion: 390 kcal

1_Die Avocado rundherum bis zum Kern einschneiden. Die Hälften gegeneinanderdrehen und auf diese Weise auseinanderlösen. Kern mit der Messerspitze anheben und herauslösen. Die Hälften schälen, das Fruchtfleisch in kleine Würfel schneiden und mit dem Zitronensaft mischen.

2_Tomaten waschen und ebenfalls klein würfeln, die Stielansätze dabei herausschneiden. Den Schnittlauch waschen und trocken schütteln, in Röllchen schneiden.

3_Quark oder Ricotta mit Mayonnaise und eventuell Meerrettich verrühren. Avocado, Tomaten und Schnittlauch untermengen und die Mischung mit Salz und Pfeffer würzen. Salat waschen, trocken schütteln, die dicken Blattrippen flacher schneiden.

4_Die Hälfte der Brotscheiben mit jeweils 1 Salatblatt belegen und mit der Avocadomischung bedecken. Die restlichen Brotscheiben auflegen, leicht andrücken. Die Sandwiches in kleine Quadrate schneiden und mit je 1 Cocktailspießchen zusammenstecken, auf einen großen Teller legen.

TIPPs

Für alle, die keine Avocado mögen, 100 g gegarte Garnelen klein schneiden oder Schinkenwürfel nehmen oder Zucchini raspeln (salzen, kurz stehen lassen und gut ausdrücken) und mit den Tomaten unter die Mayocreme rühren.
Auch fein: Salat in Streifen schneiden, in wenig Butter kurz dünsten und auf die Brotscheiben legen.

Speck-Paprika-Sandwiches

Deftiges für die Sommerparty

Zutaten für 4 Personen:
2 EL weiche Butter oder Mayonnaise
2 TL scharfer Senf (wer mag)
Salz | Pfeffer
200 g gehäutete Paprikaschoten (aus dem Glas)
200 g Bacon (in dünnen Scheiben)
8 Scheiben Sandwichbrot (ersatzweise Ciabattabrötchen)

Zubereitungszeit: 20 Minuten
Kalorien pro Portion: 440 kcal

1_Die Butter oder Mayonnaise eventuell mit dem Senf mischen, leicht salzen und pfeffern. Die Paprika abtropfen lassen und klein würfeln. Eine Pfanne auf dem Herd heiß werden lassen. Auf mittlere Stufe schalten, den Bacon einlegen und in etwa 5 Minuten knusprig werden lassen.

2_Die Hälfte der Brotscheiben mit Butter oder Mayo bestreichen und mit Paprika belegen, Speck daraufgeben. Übrige Brotscheiben auflegen, leicht andrücken. Sandwiches vierteln und am besten warm essen.

VARIANTE: Speck-Eier-Sandwiches

Die Speckscheiben wie beschrieben in der Pfanne knusprig werden lassen. 4 Eier (Größe M) mit 4 EL Sahne oder Milch verrühren, salzen und pfeffern und auf den Speck gießen. Mit Schnittlauchröllchen oder Gartenkresse oder fein gehackter Petersilie nach Belieben bestreuen und die Eiermasse bei schwacher Hitze in etwa 4 Minuten stocken lassen. Die unteren Brotscheiben mit etwas Butter oder Frischkäse bestreichen. Die Speckeier in Größe der Brotscheiben zurechtschneiden, auf die Brote legen und mit den übrigen Brotscheiben abdecken. Diagonal halbieren und am besten warm essen.

TIPPs

Wer Paprikaschoten nicht so gerne hat, schneidet stattdessen 1 Fleischtomate in dünne Scheiben und legt diese auf die Sandwichbrote.

Statt der Butter oder der Mayo schmeckt auch kräuter-zitroniger Frischkäse: Die Blättchen von 1 Kästchen Gartenkresse abschneiden und mit der abgeriebenen Schale von 1/2 Bio-Zitrone unter 100 g Doppelrahmfrischkäse rühren. Mit Salz, Pfeffer und 1 Messerspitze Honig würzen.

Tramezzini mit Fischcreme

Cremig und leicht – ideal für den lauen Sommerabend

Zutaten für 4 Personen:
300 g geräuchertes Fischfilet (Forelle oder Saibling) **oder** 200 g Räucherlachs **oder** 300 g Thunfisch aus der Dose (naturell, im eigenen Saft)
1 in Öl eingelegtes Sardellenfilet (wer mag)
1/2 Bio-Zitrone
100 g Crème fraîche
2 TL Kapern (wer mag)
Salz | Pfeffer
1 Handvoll Kerbel oder 1/2 Bund Basilikum (wer mag)
8 Scheiben Sandwichbrot
4 Salatblätter oder 1 Handvoll Rucola (wer mag)

Zubereitungszeit: 15 Minuten
Kalorien pro Portion: 280 kcal

1_Fischfilet oder Räucherlachs zerpflücken oder den Thunfisch abtropfen lassen, nach Belieben Sardellenfilet grob zerkleinern. Die Zitronenhälfte heiß waschen und abtrocknen, die Schale fein abreiben.

2_Fischfilet, Räucherlachs oder Thunfisch mit der Crème fraîche, der Zitronenschale und eventuell der Sardelle und den Kapern mit dem Pürierstab fein pürieren, mit Salz und Pfeffer würzen. Wer mag, wäscht die Kräuter, schüttelt sie trocken, hackt sie fein und rührt sie auch unter die Creme.

3_Die Brotscheiben toasten. Eventuell die Salatblätter oder den Rucola waschen und trocken schütteln, dicke Blattrippen flacher schneiden. Den Salat oder Rucola auf die Hälfte der Brotscheiben legen, mit der Creme bestreichen. Übrige Brotscheiben auflegen, Brote leicht zusammendrücken, diagonal halbieren, auf Tellern anrichten.

TIPP

Sehr fein schmecken die Tramezzini auch so: 1 Zucchino waschen, putzen und der Länge nach in dünne Scheiben schneiden. In einer Pfanne in etwas Öl bei mittlerer Hitze auf beiden Seiten goldbraun braten. Salzen, pfeffern und die Hälfte der Brotscheiben damit belegen. Nach Wunsch pro Brot 2 in Öl eingelegte, getrocknete Tomaten auflegen. Mit der Fischcreme bestreichen, übrige Brotscheiben darauflegen und leicht andrücken. Tramezzini halbieren und essen.

Steckerl-fisch

Über der heißen Glut gegart

Zutaten für 4 Personen:
4 Makrelen (je etwa 400 g)
2 EL Olivenöl
Salz | Pfeffer
8 Kräuterstängel (wer mag, z. B. Petersilie, Zitronenmelisse, Rosmarin oder Salbei – ganz nach Belieben)
4 TL Butter
4 dünne, stabile Stöcke (gut 1 m lang, aus dem Baumarkt oder Gartencenter)
Zitronenspalten zum Servieren

Zubereitungszeit: 15 Minuten
+ 20–25 Minuten Grillen
Kalorien pro Portion: 265 kcal

1_Makrelen innen und außen waschen, gut trocken tupfen. Außen mit Öl einpinseln, innen und außen salzen und pfeffern.

2_Wer mag, wäscht jetzt die Kräuter seiner Wahl, schüttelt sie trocken und steckt in jeden Fischbauch 1–2 Zweige. In jedem Fall kommt aber jeweils 1 TL Butter hinein. Bäuche so gut wie möglich verschließen und leicht zusammendrücken. Jetzt jede Makrele durch das Maul bis zum Schwanz auf einen Stock spießen.

3_Und jetzt gibt es zwei Möglichkeiten: Alle mit Garten oder die, die sowieso ganz im Freien Picknick machen, heizen reichlich Grillkohle im Grill (ohne Rost) oder in einem Grillkorb (eine gebogene Schale auf kurzen Beinen) an und lassen sie so weit runterbrennen, dass nur noch die Glut zu sehen ist. Die wird jetzt angehäuft. Und die Stecken mit den Fischen steckt man leicht schräg in die Erde, sodass die Fische etwa 10 cm über der Glut hängen. Alle, die auf der Terrasse grillen, heizen die Kohle genau so an, müssen die Stecken aber an den Grill anehnen und unten gut zwischen großen stabilen Steinen befestigen.

4_Die Makrelen 20–25 Minuten grillen, bis sie schön braun sind, dabei ab und zu den Stock drehen und die Fische wenden. Mit den Zitronenspalten servieren.

Stockbrot

Sieht gut aus und schmeckt auch so

Zutaten für 4 Personen:
1 Würfel frische Hefe (etwa 40 g)
1 TL Honig, Ahorn- oder Rübensirup
500 g Mehl | 2 EL Olivenöl | 2 TL Salz
8 dünne, stabile Stöcke (etwa 1 m lang, aus dem Baumarkt oder Gartencenter)

Zubereitungszeit: 25 Minuten
+ 1 Stunde Gehen
+ 20 Minuten Grillen
Kalorien pro Portion: 460 kcal

1_Die Hefe zerkrümeln und mit 350 ml lauwarmem Wasser und dem Honig oder Sirup verrühren. Dann mit Mehl, Öl und Salz in eine Schüssel füllen und gründlich zu einem geschmeidigen Teig verkneten. Den Hefeteig in der Schüssel zugedeckt etwa 1 Stunde gehen lassen, bis er etwa doppelt so groß ist.

2_Jetzt ausreichend Holzkohle in einem Grill oder Grillkorb anheizen und runterbrennen lassen, bis nur noch die Glut zu sehen ist (siehe links).

3_Den Teig noch mal durchkneten und in 8 Portionen teilen. Jede Portion zu einer etwa 20 cm langen Rolle formen und dann spiralförmig dicht um einen Stock wickeln. Mit etwa 15 cm Abstand über die heiße Glut halten und etwa 20 Minuten grillen. Dabei den Stock immer wieder drehen.

Bruschetta vom Grill

Das Original der Olivenbauern

Zutaten für 4 Personen:
200 g Tomaten
4 Stängel Basilikum
4 EL Olivenöl
Salz | Pfeffer
4 große Knoblauchzehen
8 Scheiben italienisches Weißbrot (etwa 1 1/2 cm dick)

Zubereitungszeit: 20 Minuten
Kalorien pro Portion: 195 kcal

1_Die Tomaten waschen und in kleine Würfel schneiden, dabei die Stielansätze entfernen. Die Basilikumblättchen von den Stängeln zupfen und in Streifen schneiden. Beides mit dem Öl mischen und mit Salz und Pfeffer würzen. In ein Schälchen füllen, auf den Tisch stellen. Den Knoblauch schälen und dazulegen.

2_Den Elektro-, Gas- oder Holzkohlengrill anheizen. Die Brotscheiben auf den Rost legen und mit etwa 10 cm Abstand zu der Hitzequelle pro Seite 1–1 1/2 Minuten grillen, bis sie braune Rillen haben. Die heißen Brotscheiben auf Teller legen und mit Knoblauch einreiben – das knusprige Brot funktioniert wie eine Reibe. Die angemachten Tomaten darüberlöffeln und die Bruschetta schmecken lassen.

VARIANTE: Fettunta
Die schlichte Version zum Probieren von neuem Öl geht so: Brot grillen, mit Knoblauch einreiben und reichlich mit feinem Öl beträufeln. Leicht salzen und essen.

Gefüllte Zucchini

Überraschung vom Grill

Zutaten für 4 Personen:
8 kleine Zucchini (etwa 800 g)
1/2 Bio-Zitrone | 2 Knoblauchzehen
2 EL Pinienkerne | 100 g Ricotta
100 g frisch geriebener Parmesan
Salz | Pfeffer
8–12 dünne, lange Scheiben Bacon
Öl für den Rost

Zubereitungszeit: 30 Minuten
+ 10–12 Minuten Grillen
Kalorien pro Portion: 485 kcal

1_Die Zucchini waschen, putzen und längs halbieren. Die Hälften mit einem kleinen Löffel bis auf einen knapp 1 cm breiten Rand aushöhlen. (Ausgehöhltes Fleisch für ein anderes Gericht verwenden.) Die Zitrone heiß waschen, abtrocknen und die Schale fein abreiben. Knoblauch schälen und durchpressen. Pinienkerne in einer Pfanne ohne Fett goldgelb rösten, hacken.

2_Ricotta mit dem Parmesan verrühren, Zitronenschale, Knoblauch und Pinienkerne unterrühren. Die Creme mit Salz und Pfeffer würzen. In die ausgehöhlten Zucchini füllen. Zucchini wieder zusammensetzen und gut mit dem Bacon umwickeln.

3_Den Elektro-, Gas- oder Holzkohlengrill anheizen. Rost ölen und Zucchini darauflegen. Zucchini mit etwa 15 cm Abstand zur Hitzequelle 10–12 Minuten grillen, dabei immer mal wieder umdrehen.

Käse im Päckchen

Ganz frisch servieren!

Zutaten für 4 Personen:
250 g Kirschtomaten
2 Knoblauchzehen
2 Frühlingszwiebeln
1 EL Basilikumblättchen
4 kleine Camemberts (etwa 400 g)
oder ebensoviel Brie (am Stück)
Salz | Pfeffer | 4 EL Olivenöl

Zubereitungszeit: 15 Minuten
+ 10 Minuten Grillen
Kalorien pro Portion: 405 kcal

1_Tomaten waschen und je nach Größe halbieren oder vierteln, den Knoblauch schälen. Die Frühlingszwiebeln putzen, waschen und mit Knoblauch und den Basilikumblättchen sehr fein hacken.

2_Alufolie in vier Stücke schneiden und auf der Arbeitsfläche ausbreiten. Jeweils 1 Camembert in die Mitte setzen oder vom Brie 4 Scheiben abschneiden und auf die Folie legen. Die Tomaten darauf verteilen, leicht salzen und pfeffern und mit der Knoblauchmischung bestreuen. Jeweils 1 EL Olivenöl darüberträufeln. Alufolie über dem Käse zusammenfalten und gut verschließen.

3_Elektro-, Gas- oder Holzkohlengrill anheizen. Die Päckchen auf den Rost legen und mit etwa 15 cm Abstand zur Hitzequelle etwa 10 Minuten grillen, bis der Käse heiß und leicht geschmolzen ist.

TIPP
Wer keinen Camembert mag, ersetzt ihn durch mittelalten Gouda in je 1 cm dicken Scheiben. Oder Schafkäse (Feta) nehmen und zusammen mit den Tomaten noch ein paar Chiliringe aufstreuen und grillen.

Gegrillter Mais
Zum Ausblättern gut!

Zutaten für 4 Personen:
4 dicke Maiskolben (mit Blättern)
1/2 Bio-Zitrone | 2 Knoblauchzehen
2 Stängel Basilikum (wer mag)
100 g weiche Butter | 1 TL Ahornsirup
Salz | Pfeffer | etwas Küchengarn

Zubereitungszeit: 20 Minuten
+ 30 Minuten Wässern
+ 25–30 Minuten Grillen
Kalorien pro Portion: 680 kcal

1_Maiskolben mit den Blättern 30 Minuten in kaltes Wasser legen, damit die Blätter später auf dem Grill nicht brennen.

2_Zitrone heiß waschen und abtrocknen, Schale fein abreiben. Knoblauch schälen und durch die Presse drücken. Basilikum eventuell fein hacken. Butter mit Zitronenschale, Knoblauch, Basilikum und Ahornsirup vermischen, salzen und pfeffern.

3_Maiskolben aus dem Wasser nehmen und trockentupfen. Maisblätter vorsichtig aufbiegen und die feinen Maishärchen abzupfen. Die Maiskolben rundherum mit der Butter einstreichen, die Blätter wieder um die Kolben hüllen und oben mit einem Stück Küchengarn verschließen.

4_Elektro-, Gas- oder Holzkohlengrill anheizen. Mais auf den Rost legen und mit etwa 15 cm Abstand zur Hitzequelle unter Wenden 25–30 Minuten grillen.

Gefüllte Kartoffeln
Dank Folie mit Aromaplus

Zutaten für 4 Personen:
8 flache, eher längliche Kartoffeln
(1,2 kg; vorwiegend festkochende Sorte)
3 Stängel Petersilie oder 2 Zweige Thymian (wer mag)
8 Scheiben Bacon oder dünne Scheiben Südtiroler Speck | 8 Scheiben Bergkäse (ersatzweise ein anderer Hartkäse)
1 EL Olivenöl | Salz | Pfeffer

Zubereitungszeit: 20 Minuten
+ 30–35 Minuten Grillen
Kalorien pro Portion: 595 kcal

1_Die Kartoffeln gründlich unter fließendem Wasser abbürsten oder schälen und der Länge nach halbieren. Nach Belieben Petersilie oder Thymian waschen, trocken schütteln und die Blättchen hacken.

2_Je 1 Scheibe Bacon oder Speck und Bergkäse auf eine Kartoffelhälfte legen, eventuell Petersilie oder Thymian aufstreuen. Die zweite Kartoffelhälfte auflegen und die Kartoffeln außen mit dem Öl einpinseln, dann salzen und pfeffern.

3_Alufolie in acht Stücke schneiden. Die Alufolienstücke mit der glänzenden Seite nach oben auf die Arbeitsfläche legen. Die Kartoffeln darin einpacken.

4_Den Elektro-, Gas- oder Holzkohlengrill anheizen. Kartoffeln auf den Rost legen und mit etwa 15 cm Abstand zur Hitzequelle 30–35 Minuten grillen, bis sie weich sind. Zum Überprüfen mit dem Messer in eine Kartoffel stechen. Sie muss sich ganz leicht einschneiden lassen, sonst noch ein paar Minuten weitergrillen. Die Kartoffeln schmecken mit Salat, aber genauso als Beilage zu Koteletts oder Bratwürstchen (dann reicht 1 Kartoffel pro Person).

T-Bone-Steak

Mit Erwachsenen- und mit Kinderbutter

Zutaten für 4 Personen:
1 EL frische grüne Pfefferkörner (ersatzweise Pfefferkörner aus dem Glas)
1 Stück Bio-Zitronenschale (etwa 2 cm)
2 Knoblauchzehen
200 g weiche Butter
1 TL Ahornsirup
1 Spritzer Aceto balsamico
Salz | Pfeffer
6 Zweige Rosmarin | 2 EL Olivenöl
1 T-Bone-Steak (etwa 4 cm dick und 1 1/2 kg schwer)

Zubereitungszeit: 20 Minuten
+ 25–30 Minuten Grillen
Kalorien pro Portion: 810 kcal

1_Die Pfefferkörner waschen und mit der Zitronenschale fein hacken. Knoblauch schälen, durch die Presse drücken. 100 g Butter mit Knoblauch, grünem Pfeffer und Zitronenschale vermischen, übrige Butter mit dem Sirup und Essig. Beide Buttermischungen mit Salz und Pfeffer würzen und bis zum Essen kalt stellen. Den Rosmarin waschen und trocken schütteln.

2_Den Elektro-, Gas- oder Holzkohlengrill anheizen. Rost mit etwas Öl einpinseln. Das Steak mit einem feuchten Tuch oder Küchenpapier abreiben, auf den Rost legen, mit 3 Rosmarinzweigen belegen und mit etwa 15 cm Abstand zur Hitzequelle etwa 15 Minuten grillen, dann wenden, mit den restlichen Rosmarinzweigen belegen und noch einmal 10–15 Minuten grillen. Das Steak hat dann im Inneren noch einen kleinen rohen Kern. Wer das nicht mag, legt pro Seite etwa 5 Minuten zu.

3_Den Rosmarin wegwerfen. Das Steak auf eine Platte legen, mit Salz und Pfeffer würzen und mit übrigem Öl beträufeln. Das Fleisch vom Knochen abschneiden, in Scheiben schneiden und mit den beiden Buttersorten, Brot und Salat essen.

VARIANTE: Rindersteaks

4 Rindersteaks (je ca. 3 cm dick und 180 g schwer, vom Filet oder von der Lende) mit Pfeffer übermahlen und diesen leicht einmassieren. Elektro-, Gas- oder Holzkohlengrill anheizen. Steaks mit 10 cm Abstand zur Hitzequelle auf dem geölten Rost pro Seite 2–6 Minuten (rare bis gar) grillen. Vor dem Servieren mit einem würzigen Salz, z. B. Olivensalz, bestreuen.

Lammspieße

Am besten jeden seinen Spieß selber zusammenstellen lassen

Zutaten für 4 Personen:
300 g Schalotten (auch nett: kleine rote Zwiebeln)
4 Zweige Thymian
4 EL Olivenöl
50 ml Aceto balsamico
50 ml trockener Weißwein oder Apfelsaft
Salz | Pfeffer
1 rote Paprikaschote
1 Zucchino
8 Kirschtomaten
600 g Lammkeule (ohne Knochen)
12 lange Spieße (aus Holz oder Metall)

Zubereitungszeit: 40 Minuten
Kalorien pro Portion: 500 kcal

1_Die Schalotten schälen. Den Thymian waschen und trockenschütteln, Blättchen von den Zweigen streifen. In einem Topf 1 EL Öl erhitzen, Schalotten mit Thymian darin andünsten. Mit Essig, Wein oder Saft ablöschen und offen bei mittlerer Hitze etwa 10 Minuten garen, bis die Schalotten die Flüssigkeit aufgesogen haben. Salzen und pfeffern und abkühlen lassen.

2_Das Gemüse waschen. Die Paprika halbieren, Stiel und Trennhäutchen mit den Kernen herauslösen. Paprika in gut 2 cm große Stücke schneiden. Zucchino von den Enden befreien und in gut 1 cm dicke Scheiben schneiden, Tomaten ganz lassen. Das Lammfleisch 2 cm groß würfeln.

3_Das Gemüse und das Fleisch mit den Zwiebeln abwechselnd auf die Spieße stecken, salzen und pfeffern und mit dem übrigen Öl einpinseln. Den Elektro-, Gas- oder Holzkohlengrill anheizen. Die Spieße mit etwa 10 cm Abstand zur Hitzequelle etwa 15 Minuten grillen, dabei ab und zu wenden. Dazu schmecken eine Joghurtsauce (z. B. die von Seite 138) oder ein Salat und knuspriges Weißbrot.

TIPPs
Statt Lammfleisch passen auch Rind- oder Schweinefleisch (Filet oder Lende) sehr gut auf den Spieß. Ebenfalls klasse: Putenbrust-, Hähnchenbrust- oder Kaninchenfilet. Geflügel und Kaninchen allerdings nur etwa 10 Minuten grillen.
Und beim Gemüse kann man auch gerne abwechseln – ganz nach den Vorlieben: z. B. Auberginen, Kürbis, Äpfel oder Pilze sind äußerst schmackhaft.

Joghurthuhn
Das Huhn am besten schon am Vortag einlegen

Zutaten für 4 Personen:
1 Hähnchen (etwa 1,2 kg)
1/2 Bio-Zitrone
500 g flüssiger Naturjoghurt
3 EL Olivenöl
1 EL Ras-el-hanout (marokkanische Gewürzmischung)
1 TL rosenscharfes Paprikapulver
Salz | Pfeffer
Korianderblättchen zum Bestreuen (wer mag)

Zubereitungszeit: 20 Minuten
+ mindestens 12 Stunden Marinieren
+ 30 Minuten Grillen
Kalorien pro Portion: 520 kcal

1_Das Hähnchen waschen und trocken tupfen. Mit der Geflügelschere und dem Messer in 12 Teile zerlegen und in eine flache Schüssel geben.

2_Zitronenhälfte heiß waschen und abtrocknen und die Schale fein abreiben, Saft auspressen. Beides mit Joghurt und 1 EL Öl verrühren, mit Ras-el-hanout, Paprika, Salz und Pfeffer würzen. Über die Hähnchenteile gießen, mit Folie abdecken und in den Kühlschrank stellen – 12 Stunden mindestens, 24 Stunden sind noch besser.

3_Dann den Elektro-, Gas- oder Holzkohlengrill anheizen und den Rost leicht einölen. Joghurt leicht von den Hähnchenteilen abstreifen. Die Teile auf den Rost legen und mit etwa 15 cm Abstand zur Hitzequelle um die 30 Minuten grillen (die Bruststücke sind etwas schneller gar, die schon vorher essen oder später auf den Rost legen), dabei immer wieder umdrehen. Sehr gut schmecken Fladenbrot und Salat dazu.

VARIANTE: Joghurtfisch
4 dicke, festfleischige Fischfilets (Lachs, Schwertfisch oder Seeteufel) nebeneinander in eine Form legen. 2 Knoblauchzehen und 1 Stück frischen Ingwer (1 cm) schälen und durch die Presse drücken. Mit 250 g Naturjoghurt, 1 EL Zitronensaft, 1 EL Olivenöl und 2 TL scharfem Senf verrühren, salzen, pfeffern und gut auf dem Fisch verteilen. Zugedeckt etwa 4 Stunden marinieren. Dann den Fisch in Alu-Grillschalen auf den Rost setzen und mit etwa 10 cm Abstand zur Hitzequelle pro Seite 3–4 Minuten grillen.

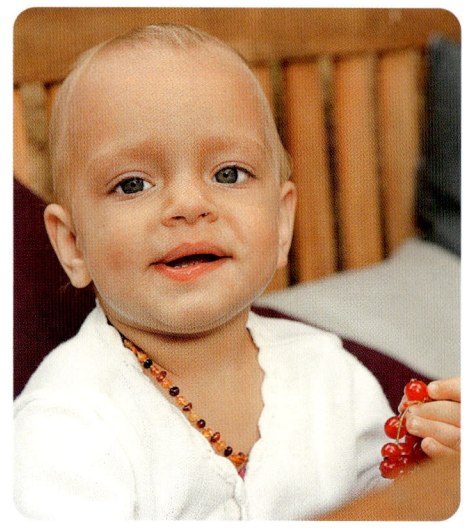

Gelbe Grütze
Ganz der Sommer

Zutaten für 6 Personen:
1/2 Melone mit orangem Fruchtfleisch (Cantaloupe- oder Charentais-Melone, etwa 500 g)
250 g weiße Johannisbeeren
500 g Nektarinen
1 Päckchen Vanillepuddingpulver (zum Kochen)
1/2 l Orangensaft (am besten frisch gepresst)
3 EL Zucker
100 g Sahne
6 kleine Schraubgläser (je 250 ml Inhalt)

Zubereitungszeit: 30 Minuten
Kalorien pro Portion: 190 kcal

1_Die Melone entkernen und in schmale Spalten schneiden. Von den Spalten die Schale abschneiden und das Fruchtfleisch in dünne Stücke teilen. Johannisbeeren waschen und mit einer Gabel von den Rispen streifen.

2_Die Nektarinen am Stein entlang rundherum einschneiden. Die Hälften gegeneinanderdrehen und auf diese Weise voneinander lösen. Die Steine entfernen und die Hälften in dünne Scheiben schneiden.

3_Das Puddingpulver mit 5 EL Orangensaft und dem Zucker verrühren. Das Obst mit dem übrigen Saft in einen Topf geben und aufkochen. Das angerührte Puddingpulver einrühren und alles noch 2 Minuten kochen lassen, dann den Topf sofort vom Herd ziehen.

4_Die gelbe Grütze noch heiß auf die Gläschen verteilen und zuschrauben. Abkühlen lassen und in die Picknicktasche packen. Die Sahne extra verpacken und später zur Grütze reichen, damit sich jeder davon darübergießen kann.

TIPP
Wer keine weißen Johannisbeeren bekommt, nimmt stattdessen einfach kernlose grüne Weintrauben.

Beerenkaltschale mit Grießplätzchen
Eine Kanne Früchte

Zutaten für 4 Personen:
Für die Kaltschale:
500 g süße Beeren (z. B. Erdbeeren, Himbeeren und Brombeeren)
150 g rote Johannisbeeren
1/2 Bio-Zitrone
4 EL Honig
1/2 l Buttermilch
200 g saure Sahne
Für die Plätzchen:
1/2 l Orangensaft
50 g Weichweizengrieß
4 EL Honig
2 EL Öl

Zubereitungszeit: 45 Minuten
Kalorien pro Portion: 430 kcal

1_Süße Beeren nur falls nötig waschen (vor allem die Himbeeren) und putzen. Johannisbeeren waschen und mit einer Gabel von den Rispen streifen.

2_Zitrone heiß waschen und abtrocknen, die Schale fein abreiben. Zitronenschale mit den süßen Beeren und dem Honig mischen und 30 Minuten ziehen lassen.

3_Inzwischen die Grießplätzchen vorbereiten: Den Orangensaft aufkochen und den Grieß langsam einrieseln lassen. Die Grießmasse etwa 5 Minuten unter Rühren kochen lassen, dann den Honig einrühren. Die Masse fingerdick auf ein feuchtes Brett streichen (auf dem vorher nicht gerade Zwiebeln usw. geschnitten wurden) und abkühlen lassen.

4_Die marinierten süßen Beeren mit dem Pürierstab oder im Mixer pürieren, dabei nach und nach Buttermilch und saure Sahne zugeben. Die Kaltschale durch ein feines Sieb streichen, mit den Johannisbeeren mischen und in eine Thermoskanne (1 l Inhalt) füllen.

5_Die Grießplatte in kleine, quadratische Plätzchen schneiden. Das Öl in der großen Pfanne erhitzen. Darin die Plätzchen auf jeder Seite 2–3 Minuten bei mittlerer Hitze braten, bis sie goldbraun sind. Plätzchen in eine Vorratsdose geben und sich mit dieser und der Thermoskanne voll Kaltschale auf den Weg ins Blaue machen.

Kindamisu
Das Bambini-Tiramisu

Zutaten für 4–6 Personen:
250 g Kokoszwieback (möglichst im Mini-Format)
150 g Heidelbeeren
3 EL Kakaopulver + etwas mehr zum Bestreuen
500 g Mascarpone
250 g Magerquark
3 EL Honig
4 Mohrenköpfe

Zubereitungszeit: 30 Minuten
+ 3–4 Stunden Kühlen
Kalorien pro Portion (bei 6 Personen): 695 kcal

1_In einer rechteckigen Auflaufform die Hälfte der Zwiebackscheiben flach auf dem Boden verteilen, große Zwiebackscheiben vorher halbieren. Die Heidelbeeren waschen, gut abtropfen lassen und die Hälfte davon zwischen dem Zwieback in der Form verteilen.

2_Kakaopulver mit 5 EL kaltem Wasser glatt verrühren, dann mit 1/4 l kochend heißem Wasser verrühren. Den Kakao zur Hälfte über den Zwieback und die Beeren gießen und kurz einweichen lassen.

3_Inzwischen den Mascarpone mit dem Quark und dem Honig mit den Schneebesen des Handrührgeräts möglichst schaumig schlagen. Die Mohrenköpfe von den Böden befreien und ganz zum Schluss rasch einrühren.

4_Die Hälfte der Mascarponemasse auf dem eingeweichten Zwieback verstreichen. Darauf den restlichen Zwieback sowie die übrigen Beeren verteilen. Den restlichen Kakao falls nötig nochmals erhitzen und ebenfalls darüber verteilen, die übrige Mascarponemasse daraufstreichen. Das Kindamisu mit ein wenig Kakaopulver bestäuben und 3–4 Stunden zugedeckt durchkühlen und ziehen lassen.

Register von A – Z

Damit Sie Rezepte mit bestimmten Zutaten noch schneller finden können, stehen in diesem Register zusätzlich auch beliebte Zutaten wie **Kartoffeln** und **Tomaten** sowie Gerichte wie **Salate** und **Brote** – ebenfalls alphabetisch geordnet und hervorgehoben – über den entsprechenden Rezepten.

Äpfel
  Hähnchenkeulen auf Apfel-Kürbis-Gratin 120
  Marzipan-Apfelkücherl aus dem Ofen 132
  Apfelmus selbst gemacht 59
Aprikosen
  Aprikosen im Gläschen 131
  Aprikosenpaste 90
Asia-Salat 139
Auflauf
  Brotauflauf mit Tomaten 65
  Nudelauflauf mit Ricotta und Tomaten 54
  Moussaka 125
  Reisauflauf mit Zimtkirschen 80
  Scheiterhäuflein 80
Avocados
  Avocado-Zitronen-Creme 91
  Avocadobrote mit Fisch 100
  Kleine Avocado-Tomaten-Sandwiches 144

Balsamico: Vanille-Polenta mit Balsamico-Kirschen 130
Bananen-Orangen-Milch 87
Bayerisches Pausenbrot 114
Beeren
  Beerenfrischkäse 90
  Beerenkaltschale mit Grießplätzchen 152
  Frischkornmüsli mit Beeren 92
Birchermüesli mit Birnen 92
Birnen
  Birchermüesli mit Birnen 92
  Kürbis-Birnen-Gläschen 12
  Ofen-Palatschinken mit Birnen 81
Blätterteigtäschchen mit Rinderhack 102
Blechkartoffeln 110
Blitzbolognese 49
Blitzbrühe aus Hackfleisch 42
Bohnensalat 73
Bowle: Kinderfrüchtebowle 25
Braten: Paprika-Braten-Toasts 41
Bratkartoffeln mit Käse 58
Brätnockerl (Suppeneinlage) 42
Brezengröstl 65
Brotauflauf mit Tomaten 65

Brotaufstriche
  Aprikosenpaste 90
  Avocado-Zitronen-Creme 91
  Beerenfrischkäse 90
  Dattel-Nuss-Paste 90
  Garnelen-Dill-Butter 88
  Landpasteten-Aufstrich 89
  Mangobutter 88
  Obatzda 89
  Radieschenfrischkäse 88
  Schokocreme 91
  Tomaten-Eier-Quark 88
Brote
  Avocadobrote mit Fisch 100
  Bayerisches Pausenbrot 114
  Bruschetta vom Grill 147
  Deftiges Pausenbrot 136
  Eierbrote mit Remoulade 101
  Fettunta 147
  Frischkäsebrote mit Lachs 100
  Gesundes Pausenbrot 84
  Hähnchen-Gurken-Sandwich 101
  Kleine Avocado-Tomaten-Sandwiches 144
  Knusper-Käsebrote 38
  Leberkäse-Senf-Toasts 40
  Paprika-Braten-Toasts 41
  Paprika-Mozzarella-Toasts 41
  Roastbeef-Sandwich 101
  Schinken-Käse-Toasts 40
  Schnelles Pausenbrot 32
  Spaghetti mit Brotbröseln 50
  Speck-Eier-Sandwiches 145
  Speck-Paprika-Sandwiches 144
  Stockbrot 147
  Thunfisch-Brote 39
  Tomaten-Käse-Toasts 40
  Tramezzini mit Fischcreme 145
  Zucchini-Feta-Toasts 41
  Zwiebel-Speck-Brote 39
Brotpizza mit Salami 38
Brühe: Blitzbrühe aus Hackfleisch 42
Bruschetta vom Grill 147
Bruschette: Überbackene Bruschette 38
Butter
  Garnelen-Dill-Butter 88
  Kräuterfische mit Zitronenbutter 122
  Mangobutter 88
  Marmorwaffeln mit Erdbeer-Quark-Butter 104
  Orangenbutterfisch mit Paprikareis 70

Caffè Affogato 25
Chinatown Ice Tea 25
Cordon-bleu: Puten-Cordon-bleu 75

Couscous
  Couscoussalat mit Käsebällchen 142
  Lammsteaks mit Tomaten-Couscous 76
  Paprika mit Couscous 66
Crostini mit Schinkencreme 129
Curry: Rindercurry mit Reisnudelkuchen 119

Dattel-Nuss-Paste 90
Deftiges Pausenbrot 136
Dill: Garnelen-Dill-Butter 88
Dips mit Gemüse 142
Dukkah 12

Eier
  Eier im Glas mit Gurken 94
  Eier-Tomaten-Salat mit Mais 36
  Eierbrote mit Remoulade 101
  Käseomelett 95
  Rührei mit Schinken 94
  Speck-Eier-Sandwiches 145
  Tomaten-Eier-Quark 88
Eisgekühlte Gurkensuppe 128
Eistee: Chinatown Ice Tea 25
Entenbrust mit süßsaurer Sauce 77
Erbsen
  Erbsensuppe mit Frischkäsenockerl 45
  Kartoffel-Erbsen-Tortilla mit Lachs 56
Erdbeeren: Marmorwaffeln mit Erdbeer-Quark-Butter 104
Extrazarter Tafelspitz 121

Feier-Flammkuchen 107
Feier-Pizza 106
Feta
  Zucchini-Feta-Füllung 140
  Zucchini-Feta-Toasts 41
Fettunta 147
Fisch
  Avocadobrote mit Fisch 100
  Fischfilets in Tomatensahne 122
  Fischfilets mit Gemüse und Mozzarella 70
  Fischtopf mit Gemüse 123
  Ganze Fische mit Nusskruste 69
  Gebratene Fischfilets mit Wedges 68
  Joghurtfisch 151
  Kartoffel-Spargel-Topf mit Fisch 46
  Kartoffel-Tomaten-Püree mit Fisch 59
  Kräuterfische mit Zitronenbutter 122
  Orangenbutterfisch mit Paprikareis 70
  Räucherfisch mit Melonentatar 128
  Steckerlfisch 146
  Tramezzini mit Fischcreme 145
Fixe Zwetschgenkonfitüre 12
Flammkuchen: Feier-Flammkuchen 107

Focaccia mit Kirschtomaten 96
Focaccia mit Zucchini 96
Focaccia mit Zwiebeln 96
Folienkartoffeln 110
Fondue: Früchte-Fondue 133
Frische Tomatensauce 52
Frischkäse
   Beerenfrischkäse 90
   Erbsensuppe mit Frischkäsenockerl 45
   Frischkäsebrote mit Lachs 100
   Frischkäsenockerl (Suppeneinlage) 45
   Radieschenfrischkäse 88
   Schinken-Frischkäse-Füllung 140
Frischkornmüsli mit Beeren 92
Frittata: Kürbis-Frittata mit Räucherspeck 56
Früchte-Fondue 133

Ganze Fische mit Nusskruste 69
Garnelen
   Garnelen in Paprikasahne 71
   Garnelen-Dill-Butter 88
Gazpacho 129
Gebratene Fischfilets mit Wedges 68
Gefüllte Gemüse 124
Gefüllte Kartoffeln 149
Gefüllte Zucchini 148
Gegrillter Mais 149
Gelbe Grütze 152
Gemüse
   Dips mit Gemüse 142
   Fischfilets mit Gemüse und Mozzarella 70
   Fischtopf mit Gemüse 123
   Gefüllte Gemüse 124
   Mariniertes Gemüseallerlei 126
   Ofengemüse mit Knoblauchquark 60
   Ofengemüse mit Tomatenmayonnaise 60
   Tortellini und Gemüse (Suppeneinlage) 42
   Wokgemüse mit Nussreis 61
Geschnetzeltes: Hähnchengeschnetzeltes mit Orangensahne 74
Gesundes Pausenbrot 84
Gnocchi: Rinderrouladen mit Gnocchi 118
Gratin: Hähnchenkeulen auf Apfel-Kürbis-Gratin 120
Gratinierte Polenta 67
Grieß
   Beerenkaltschale mit Grießplätzchen 152
   Grießnockerl (Suppeneinlage) 42
Grüne Mojo 111
Grütze: Gelbe Grütze 152
Gurken
   Eier im Glas mit Gurken 94
   Eisgekühlte Gurkensuppe 128
   Hähnchen-Gurken-Sandwich 101
   Knusperkoteletts mit Gurkenjoghurt 74
   Räucherfisch-Gurken-Füllung 102
   Tafelspitzsalat mit Gurke 139
   Wurstsalat mit Paprika und Gurke 35
Guten-Morgen-Röllchen 104

Hackfleisch
   Blätterteigtäschchen mit Rinderhack 102
   Blitzbrühe aus Hackfleisch 42
   Hack-Spinat-Pflänzchen 78
   Hackbällchen in Senfsahne 78
   Hackbällchen mit Joghurtdip 138
   Hacksauce (Pfannkuchenfüllung) 63
   Nudelpfanne mit Hack 55
Hähnchen
   Hähnchen-Gurken-Sandwich 101
   Hähnchen-Saltimbocca 73
   Hähnchengeschnetzeltes mit Orangensahne 74
   Hähnchenkeulen auf Apfel-Kürbis-Gratin 120
   Hähnchensalat mit Orangensauce 34
   Hühnerkeulen mit Honig-Ketchup-Glasur 79
   Joghurthuhn 151
   Suppentopf mit Nudeln und Hähnchen 47
Heiße Schokolade 86
Himbeer-Smoothie 87
Honig
   Hühnerkeulen mit Honig-Ketchup-Glasur 79
   Mandelpfirsiche mit Honig 132
Hotty Frutty 13
Hühnerkeulen mit Honig-Ketchup-Glasur 79

Joghurt
   Hackbällchen mit Joghurtdip 138
   Joghurtfisch 151
   Joghurthuhn 151
   Knusperkoteletts mit Gurkenjoghurt 74
   Nudelsalat mit Joghurtsauce 98
   Obstsalat mit Orangenjoghurt 93

Kaffee
   Caffè Affogato 25
   Kardamom-Zimt-Kaffee 87
Kalbsbraten 120
Kaltschale: Beerenkaltschale mit Grießplätzchen 152
Kardamom-Zimt-Kaffee 87
Kartoffeln
   Blechkartoffeln 110
   Bratkartoffeln mit Käse 58
   Folienkartoffeln 110
   Gebratene Fischfilets mit Wedges 68
   Gefüllte Kartoffeln 149
   Kartoffel-Erbsen-Tortilla mit Lachs 56
   Kartoffel-Spargel-Topf mit Fisch 46
   Kartoffel-Tomaten-Püree mit Fisch 59
   Kartoffelsalat mit Krabben 98
   Kartoffelsuppe mit Knusperspeck 44
   Kartoffeltopf mit Möhren und Kohlrabi 46
   Kürbissuppe mit Kartoffeln 45
   Ofenrösti mit Räucherspeck 58

Käse
   Bratkartoffeln mit Käse 58
   Couscoussalat mit Käsebällchen 142
   Käse im Päckchen 148
   Käse-Nuss-Quiche 109
   Käsenudeln 50
   Käseomelett 95
   Käsespätzle 51
   Knusper-Käsebrote 38
   Obatzda 89
   Schafkäse-Spinat-Quiche 109
   Schinken-Käse-Füllung 102
   Schinken-Käse-Toasts 40
   Tomaten-Käse-Tatar 110
   Tomaten-Käse-Toasts 40
   Zucchini-Käse-Sauce 52
Ketchup: Hühnerkeulen mit Honig-Ketchup-Glasur 79
Kindamisu 153
Kinderfrüchtebowle 25
Kirschen
   Reisauflauf mit Zimtkirschen 80
   Vanille-Polenta mit Balsamico-Kirschen 130
Kleine Avocado-Tomaten-Sandwiches 144
Knoblauch
   Knoblauchmayonnaise 111
   Ofengemüse mit Knoblauchquark 60
Knödel: Semmelknödel mit Speck und Zitronenlauch 64
Knusper-Käsebrote 38
Knusperkoteletts mit Gurkenjoghurt 74
Knusprige Mini-Schnitzel 138
Kohlrabi: Kartoffeltopf mit Möhren und Kohlrabi 46
Konfitüre: Fixe Zwetschgenkonfitüre 12
Koteletts: Knusperkoteletts mit Gurkenjoghurt 74
Krabben
   Kartoffelsalat mit Krabben 98
   Krabbenschmant (Pfannkuchenfüllung) 63
Kräuterfische mit Zitronenbutter 122
Kürbis
   Hähnchenkeulen auf Apfel-Kürbis-Gratin 120
   Kürbis-Birnen-Gläschen 12
   Kürbis-Frittata mit Räucherspeck 56
   Kürbissuppe mit Kartoffeln 45

Lachs
   Lachs-Häckerle 13
   Frischkäsebrote mit Lachs 100
   Kartoffel-Erbsen-Tortilla mit Lachs 56
   Zitronen-Lachs-Sauce 53
Lamm
   Lammragout 119
   Lammspieße 150
   Lammsteaks mit Tomaten-Couscous 76
Landpasteten-Aufstrich 89

Lassi: Mango-Lassi 25
Lauch: Semmelknödel mit Speck und Zitronenlauch 64
Leberkäse-Senf-Toasts 40

Mais
Eier-Tomaten-Salat mit Mais 36
Gegrillter Mais 149
Mandelpfirsiche mit Honig 132

Mango
Mango-Lassi 25
Mangobutter 88
Mariniertes Gemüseallerlei 126
Marmorwaffeln mit Erdbeer-Quark-Butter 104
Marzipan-Apfelkücherl aus dem Ofen 132

Mayonnaise
Knoblauchmayonnaise 111
Ofengemüse mit Tomatenmayonnaise 60
Pesto-Mayo 12

Melone
Nudelsalat mit Melone 143
Räucherfisch mit Melonentatar 128

Mett: Tomatensuppe mit Mettbällchen 44
Milch: Bananen-Orangen-Milch 87
Mini-Quiches mit Tomaten 140

Möhren
Kartoffeltopf mit Möhren und Kohlrabi 46
Möhrenquiche vom Blech 108

Mojo
Grüne Mojo 111
Rote Mojo 111

Moussaka 125

Mozzarella
Fischfilets mit Gemüse und Mozzarella 70
Paprika-Mozzarella-Toasts 41
Pizza „Margherita" mit Mozzarella 107

Muscheln in Tomatensauce 68

Müsli
Birchermüesli mit Birnen 92
Frischkornmüsli mit Beeren 92

Nudeln
Blitzbolognese 49
Nudelauflauf mit Ricotta und Tomaten 54
Nudelomelett mit Paprika und Zucchini 54
Nudelpfanne mit Hack 55
Nudelsalat mit Joghurtsauce 98
Nudelsalat mit Melone 143
Nudelsalat mit Ofentomaten 36
Pasta Bolognese 48
Penne mit Tomaten-Wurst-Sahne 51
Rindercurry mit Reisnudelkuchen 119
Spaghetti mit Brotbröseln 50
Speck-Zwiebel-Nudeln 55
Suppentopf mit Nudeln und Hähnchen 47
Veggie-Bolognese 49

Nudelsaucen
Frische Tomatensauce 52
Zitronen-Lachs-Sauce 53
Zucchini-Käse-Sauce 52

Nüsse
Dattel-Nuss-Paste 90
Ganze Fische mit Nusskruste 69
Käse-Nuss-Quiche 109
Wokgemüse mit Nussreis 61

Obatzda 89
Obstsalat mit Orangenjoghurt 93
Ofen-Palatschinken mit Birnen 81
Ofengemüse mit Knoblauchquark 60
Ofengemüse mit Tomatenmayonnaise 60
Ofenrösti mit Räucherspeck 58

Orangen
Bananen-Orangen-Milch 87
Hähnchengeschnetzeltes mit Orangensahne 74
Hähnchensalat mit Orangensauce 34
Obstsalat mit Orangenjoghurt 93
Orangenbutterfisch mit Paprikareis 70
Würzorangen 13

Palatschinken: Ofen-Palatschinken mit Birnen 81

Paprika
Garnelen in Paprikasahne 71
Nudelomelett mit Paprika und Zucchini 54
Orangenbutterfisch mit Paprikareis 70
Paprika mit Couscous 66
Paprika-Braten-Toasts 41
Paprika-Mozzarella-Toasts 41
Speck-Paprika-Sandwiches 144
Wurstsalat mit Paprika und Gurke 35

Parmesancreme 13
Pasta Bolognese 48
Pastete: Landpasteten-Aufstrich 89
Penne mit Tomaten-Wurst-Sahne 51
Pesto-Mayo 12
Pfannkuchen 62
Pfirsiche: Mandelpfirsiche mit Honig 132

Pilze
Pilzrisotto 66
Rahmpilze 64

Pizza
Brotpizza mit Salami 38
Feier-Pizza 106
Pizza „Margherita" mit Mozzarella 107
Pizza mit Salami 107
Pizza mit Sardellen und Zucchini 107
Pizza mit Spargel und Schinken 107

Polenta
Gratinierte Polenta 67
Vanille-Polenta mit Balsamico-Kirschen 130

Püree: Kartoffel-Tomaten-Püree mit Fisch 59

Pute
Puten-Cordon-bleu 75
Puten-Souflaki 72

Quark
Marmorwaffeln mit Erdbeer-Quark-Butter 104
Ofengemüse mit Knoblauchquark 60
Tomaten-Eier-Quark 88
Zitronenquark (Pfannkuchenfüllung) 63

Quiche
Käse-Nuss-Quiche 109
Mini-Quiches mit Tomaten 140
Möhrenquiche vom Blech 108
Schafkäse-Spinat-Quiche 109

Radieschenfrischkäse 88
Ragout: Lammragout 119
Rahmpilze 64

Räucherfisch
Räucherfisch mit Melonentatar 128
Räucherfisch-Gurken-Füllung 102

Räucherspeck
Kürbis-Frittata mit Räucherspeck 56
Ofenrösti mit Räucherspeck 58

Reis
Orangenbutterfisch mit Paprikareis 70
Pilzrisotto 66
Reisauflauf mit Zimtkirschen 80
Reissalat mit Specksauce 99
Wokgemüse mit Nussreis 61

Remoulade: Eierbrote mit Remoulade 101

Ricotta
Nudelauflauf mit Ricotta und Tomaten 54
Ricottanockerl (Suppeneinlage) 42
Zucchini-Ricotta-Füllung 102

Rind
Rindercurry mit Reisnudelkuchen 119
Rinderrouladen mit Gnocchi 118
Rindersteaks 150

Risotto: Pilzrisotto 66
Roastbeef-Sandwich 101
Rösti: Ofenrösti mit Räucherspeck 58
Rote Mojo 111
Rouladen: Rinderrouladen mit Gnocchi 118
Rührei mit Schinken 94

Sahne
Fischfilets in Tomatensahne 122
Garnelen in Paprikasahne 71
Hackbällchen in Senfsahne 78
Hähnchengeschnetzeltes mit Orangensahne 74
Penne mit Tomaten-Wurst-Sahne 51

Salami
Brotpizza mit Salami 38
Pizza mit Salami 107

Salate
Asia-Salat 139
Bohnensalat 73

Couscoussalat mit Käsebällchen 142
Eier-Tomaten-Salat mit Mais 36
Hähnchensalat mit Orangensauce 34
Kartoffelsalat mit Krabben 98
Nudelsalat mit Joghurtsauce 98
Nudelsalat mit Melone 143
Nudelsalat mit Ofentomaten 36
Obstsalat mit Orangenjoghurt 93
Reissalat mit Specksauce 99
Salatteller mit Zitronenschnitzelchen 37
Tafelspitzsalat mit Gurke 139
Wurstsalat mit Paprika und Gurke 35
Saltimbocca: Hähnchen-Saltimbocca 73

Sandwiches
Hähnchen-Gurken-Sandwich 101
Kleine Avocado-Tomaten-Sandwiches 144
Roastbeef-Sandwich 101
Speck-Eier-Sandwiches 145
Speck-Paprika-Sandwiches 144

Sardellen: Pizza mit Sardellen und Zucchini 107

Schafkäse
Schafkäse-Spinat-Füllung 102
Schafkäse-Spinat-Quiche 109

Scheiterhäuflein 80

Schinken
Crostini mit Schinkencreme 129
Pizza mit Spargel und Schinken 107
Rührei mit Schinken 94
Schinken-Frischkäse-Füllung 140
Schinken-Käse-Füllung 102
Schinken-Käse-Toasts 40

Schmant: Krabbenschmant (Pfannkuchenfüllung) 63
Schnelles Pausenbrot 32

Schnitzel
Knusprige Mini-Schnitzel 138
Salatteller mit Zitronenschnitzelchen 37

Schokolade
Heiße Schokolade 86
Schokocreme 91
Schokogläschen 12

Schweinefleisch aus dem Wok 76
Semmelknödel mit Speck und Zitronenlauch 64

Senf
Hackbällchen in Senfsahne 78
Leberkäse-Senf-Toasts 40

Smoothie: Himbeer-Smoothie 87
Souflaki: Puten-Souflaki 72
Spaghetti mit Brotbröseln 50

Spargel
Kartoffel-Spargel-Topf mit Fisch 46
Pizza mit Spargel und Schinken 107

Spätzle: Käsespätzle 51

Speck
Kartoffelsuppe mit Knusperspeck 44
Kürbis-Frittata mit Räucherspeck 56
Ofenrösti mit Räucherspeck 58
Reissalat mit Specksauce 99
Semmelknödel mit Speck und Zitronenlauch 64
Speck-Eier-Sandwiches 145
Speck-Paprika-Sandwiches 144
Speck-Zwiebel-Nudeln 55
Zwiebel-Speck-Brote 39

Spinat
Hack-Spinat-Pflänzchen 78
Schafkäse-Spinat-Füllung 102
Schafkäse-Spinat-Quiche 109

Steaks
Lammsteaks mit Tomaten-Couscous 76
Rindersteaks 150
T-Bone-Steak 150

Steckerlfisch 146
Stockbrot 147
Studentenfuttertaschen 105

Suppen
Blitzbrühe aus Hackfleisch 42
Eisgekühlte Gurkensuppe 128
Erbsensuppe mit Frischkäsenockerl 45
Fischtopf mit Gemüse 123
Gazpacho 129
Kartoffel-Spargel-Topf mit Fisch 46
Kartoffelsuppe mit Knusperspeck 44
Kartoffeltopf mit Möhren und Kohlrabi 46
Kürbissuppe mit Kartoffeln 45
Tomatensuppe mit Mettbällchen 44

Suppeneinlagen
Brätnockerl 42
Frischkäsenockerl 45
Grießnockerl 42
Mettbällchen 44
Ricottanockerl 42
Tortellini und Gemüse 42

Suppentopf mit Nudeln und Hähnchen 47

T-Bone-Steak 150

Tafelspitz
Extrazarter Tafelspitz 121
Tafelspitzsalat mit Gurke 139

Tatar
Räucherfisch mit Melonentatar 128
Tomaten-Käse-Tatar 110

Tee: Chinatown Ice Tea 25
Thunfisch-Brote 39

Toasts
Leberkäse-Senf-Toasts 40
Paprika-Braten-Toasts 41
Paprika-Mozzarella-Toasts 41
Schinken-Käse-Toasts 40
Tomaten-Käse-Toasts 40
Zucchini-Feta-Toasts 41

Tomaten
Brotauflauf mit Tomaten 65
Eier-Tomaten-Salat mit Mais 36
Fischfilets in Tomatensahne 122
Focaccia mit Kirschtomaten 96
Frische Tomatensauce 52
Kartoffel-Tomaten-Püree mit Fisch 59
Kleine Avocado-Tomaten-Sandwiches 144
Lammsteaks mit Tomaten-Couscous 76
Mini-Quiches mit Tomaten 140
Muscheln in Tomatensauce 68
Nudelauflauf mit Ricotta und Tomaten 54
Nudelsalat mit Ofentomaten 36
Ofengemüse mit Tomatenmayonnaise 60
Penne mit Tomaten-Wurst-Sahne 51
Tomaten-Eier-Quark 88
Tomaten-Käse-Tatar 110
Tomaten-Käse-Toasts 40
Tomaten-Verrines 13
Tomatensuppe mit Mettbällchen 44
Tortellini und Gemüse (Suppeneinlage) 42
Tortilla: Kartoffel-Erbsen-Tortilla mit Lachs 56
Tramezzini mit Fischcreme 145

Überbackene Bruschette 38

Vanille-Polenta mit Balsamico-Kirschen 130
Veggie-Bolognese 49

Waffeln: Marmorwaffeln mit Erdbeer-Quark-Butter 104
Wedges: Gebratene Fischfilets mit Wedges 68
Wokgemüse mit Nussreis 61
Wolke Süß 130

Wurst
Penne mit Tomaten-Wurst-Sahne 51
Wurstsalat mit Paprika und Gurke 35

Würzorangen 13

Zimt
Kardamom-Zimt-Kaffee 87
Reisauflauf mit Zimtkirschen 80

Zitronen
Avocado-Zitronen-Creme 91
Kräuterfische mit Zitronenbutter 122
Salatteller mit Zitronenschnitzelchen 37
Semmelknödel mit Speck und Zitronenlauch 64
Zitronen-Lachs-Sauce 53
Zitronenquark (Pfannkuchenfüllung) 63

Zucchini
Focaccia mit Zucchini 96
Gefüllte Zucchini 148
Nudelomelett mit Paprika und Zucchini 54
Pizza mit Sardellen und Zucchini 107
Zucchini-Feta-Füllung 140
Zucchini-Feta-Toasts 41
Zucchini-Käse-Sauce 52
Zucchini-Ricotta-Füllung 102
Zucchinipflänzchen 60

Zwetschgen: Fixe Zwetschgenkonfitüre 12

Zwiebeln
Focaccia mit Zwiebeln 96
Speck-Zwiebel-Nudeln 55
Zwiebel-Speck-Brote 39

Die Basic family
rund ums Kochen und Verwöhnen

Basic cooking for family
ISBN 978-3-8338-1833-2

French Basics
ISBN 978-3-8338-1440-2

Meat Basics
ISBN 978-3-8338-1064-0

Sweet Basics
ISBN 978-3-7742-0916-3

Indien Basics
ISBN 978-3-8338-0835-7

Basic cooking 2
ISBN 978-3-8338-0446-5

Fish Basics
ISBN 978-3-8338-0077-1

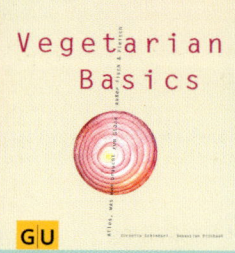
Vegetarian Basics
ISBN 978-3-7742-8795-2

Oriental Basics
ISBN 978-3-7742-6624-7

Asian Basics
ISBN 978-3-7742-4910-3

Cocktail Basics
ISBN 978-3-7742-5798-6

Italian Basics
ISBN 978-3-7742-2005-8

Basic baking
ISBN 978-3-7742-1642-6

Basic cooking
ISBN 978-3-7742-1142-1

küchengötter.de
powered by GU

Einfach göttlich kochen und himmlisch speisen? Die passenden Rezepte, Küchentipps und -tricks in Wort und Film finden Sie ganz einfach unter:
www.küchengötter.de